AF532576

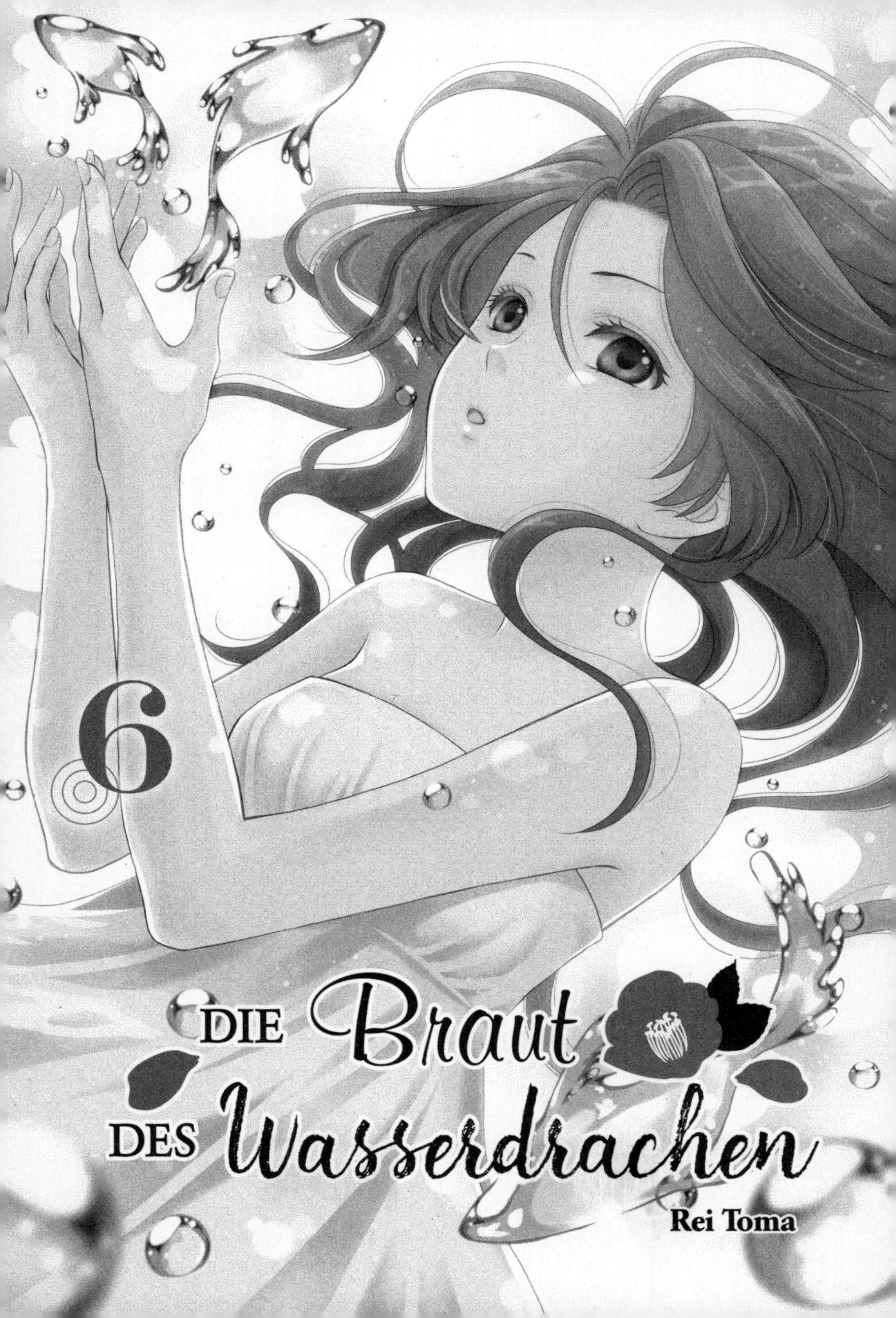
6
DIE Braut
DES Wasserdrachen
Rei Toma

CHARAKTERE

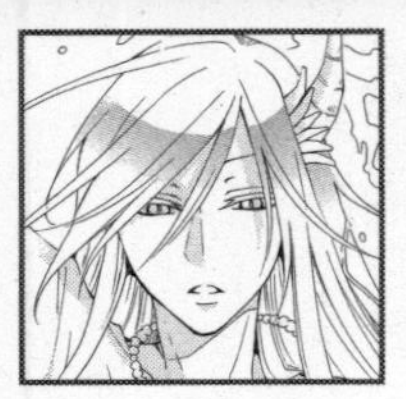

WASSERGOTT

Ein Gott, der im Wasser lebt.
Er verabscheut die Menschen wegen ihrer Dummheit, Asahi aber weckt sein Interesse und er beginnt, Mitleid für sie zu empfinden.

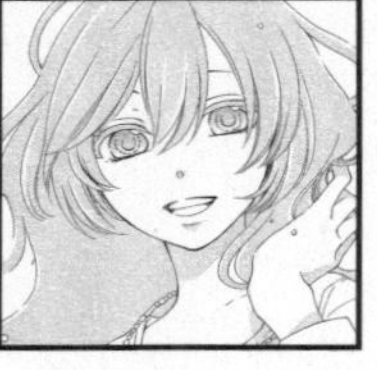

ASAHI

Ein Mädchen, das plötzlich in eine fremde Welt geworfen wurde. Subarus Mutter erklärte Asahi zur Opfergabe für den Wassergott und wollte sie im See ertränken.

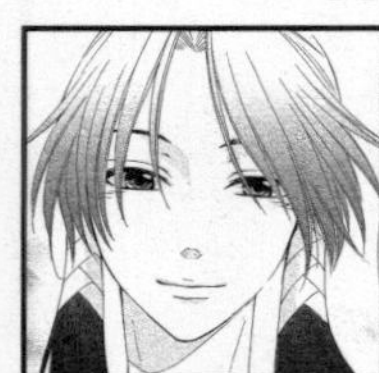

SUBARU

Er ist von Asahi bezaubert und beschließt, sie zu beschützen.

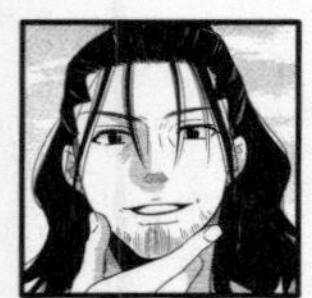

MATORI

Kommandant der Palastwache. Subaru geht bei ihm in die Lehre.

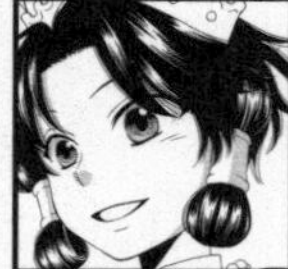

KÖNIG

Der kindliche König von Naga.

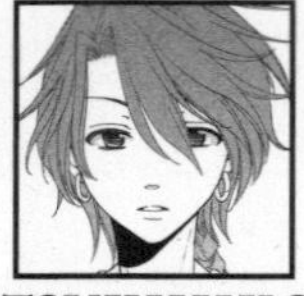

TSUKIHIKO

Wurde mit Asahis Betreuung beauftragt. Er hat ein besonderes Gespür für die Empfindungen anderer.

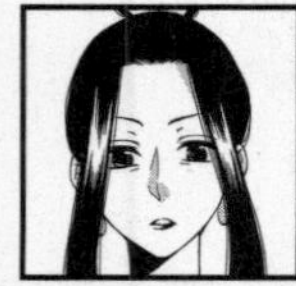

SUBARUS MUTTER

Sie hasst Asahi und wollte ihren Tod.

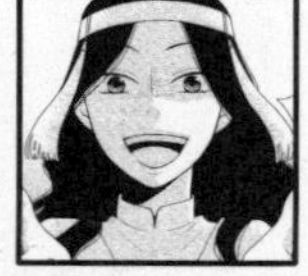

SCHAMANIN

Die Schamanin von Naga. Sie will die Kräfte des Wassergottes für sich haben.

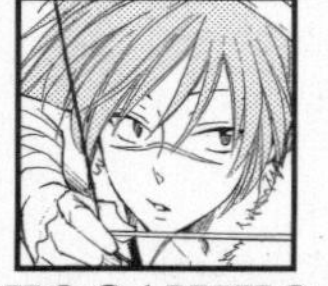

KOGAHIKO

Will Asahi in seine Gewalt bringen, um in den Besitz ihrer Kräfte zu gelangen.

WAS BISHER GESCHAH …

◎ Die kleine Asahi wird völlig unvermittelt aus ihrem friedlichen Alltag gerissen und zur Opfergabe für den Wassergot in einer anderen Welt erklärt. Doch der Wassergott will Asahi ga nicht töten, sondern sie zu seiner Frau machen, sie aber weigert sich, woraufhin er ihr die Stimme nimmt. Nachdem er Asahi jedoch mit wundersamen Kräften ausgestattet hat, wird sie von den Dorfbewohnern zur hochverehrten Schamanin ernannt. Di Tage und Monate vergehen, ohne dass Asahi eine Möglichkeit findet, nach Hause zurückzugelangen. In den drei Tagen der jährlichen Zeremonie, die Asahi mit dem Wassergott alleine verbringt, verändert sich ihre Beziehung ganz allmählich.

◎ Inzwischen ist sie zu einer schönen jungen Frau herangewachsen. Doch dann wird Asahi von Kogahiko entführt, weil er sich ihre Kräfte zunutze machen will, und es kommt zum Krieg zwischen den Dörfern. Als der Wassergott sieht, wie verzweifelt Asahi darüber ist, dass wegen ihr ein Krieg entbrannt ist, gibt er ihr ihre Stimme zurück und der Krieg wird beendet. Nachdem Asahi dem Wassergott gesagt hat, dass es keine Heirat geben wird, bevor sie einander nicht unersetzlich geworden sind, erscheint der Wassergott in menschlicher Gestalt, um mit ihr im Dorf zusammenzuleben.

◎ Die Schamanin des Königreiches Naga erfährt von Asahi und berichtet ihrem König davon. Der verlangt von Asahi, ihre göttlichen Kräfte in seinen Dienst zu stellen. Doch Asahi kann ihn überreden, sie wieder gehen zu lassen. Wieder in ihrem Dor angekommen, wird sie erneut von Kogahiko angegriffen. Der Wassergott rettet sie und Tsukihiko, der wie Asahi eine Mutter aus der Menschenwelt hatte und nun sein Leben für Asahis Freiheit opfern will.

◎ Nachdem Asahi von Tsukihikos Geheimnis und seinen Gefühlen erfahren hat und unbedingt verhindern will, dass er sich opfert, begeben sie, Subaru und der Wassergott sich zum König von Naga. Doch der will Asahi zu seiner Frau machen und plötzlich entwickelt der sonst so gleichgültige Wassergott Gefühle der Eifersucht …

DIE Braut DES Wasserdrachen

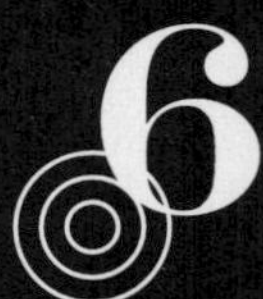

INHALT

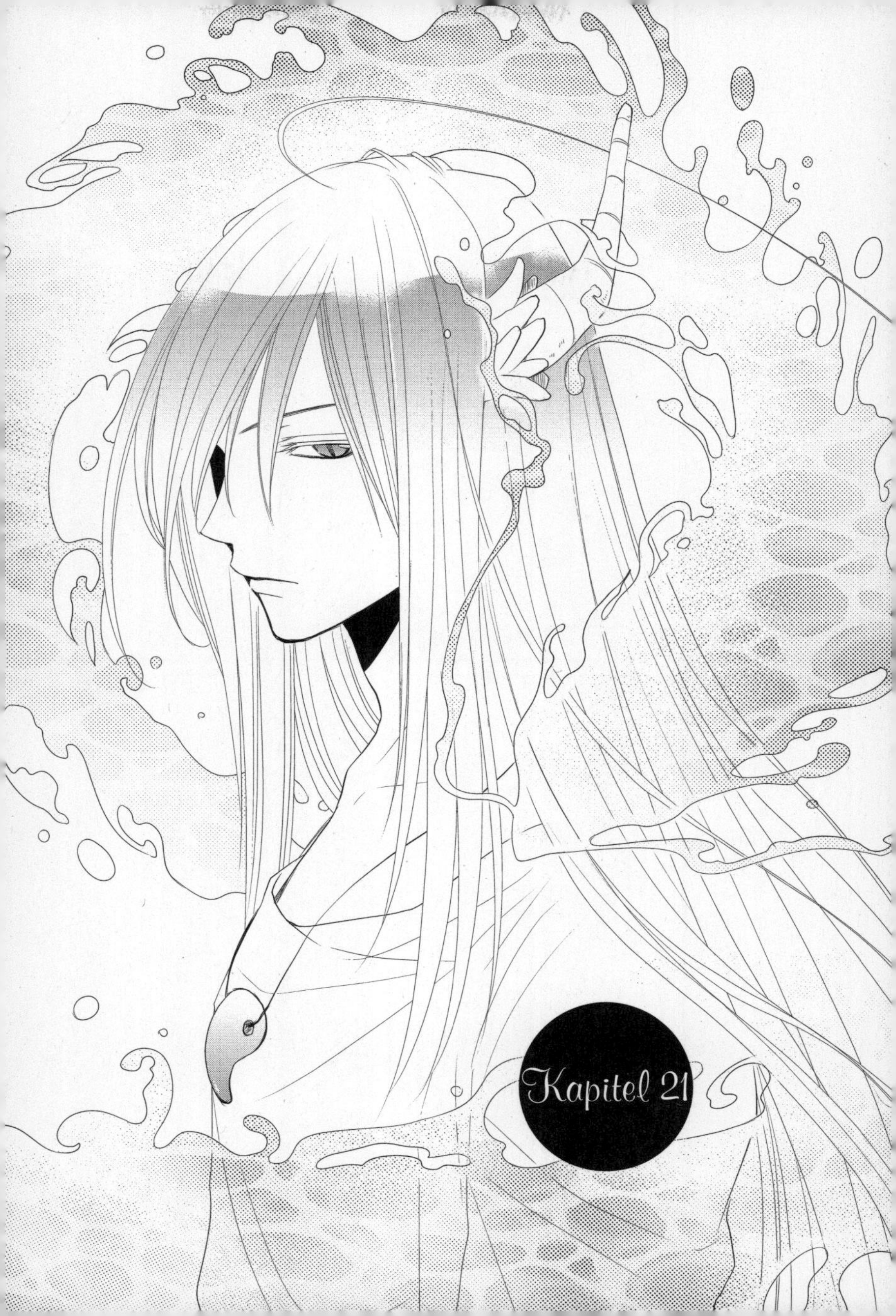
Kapitel 21

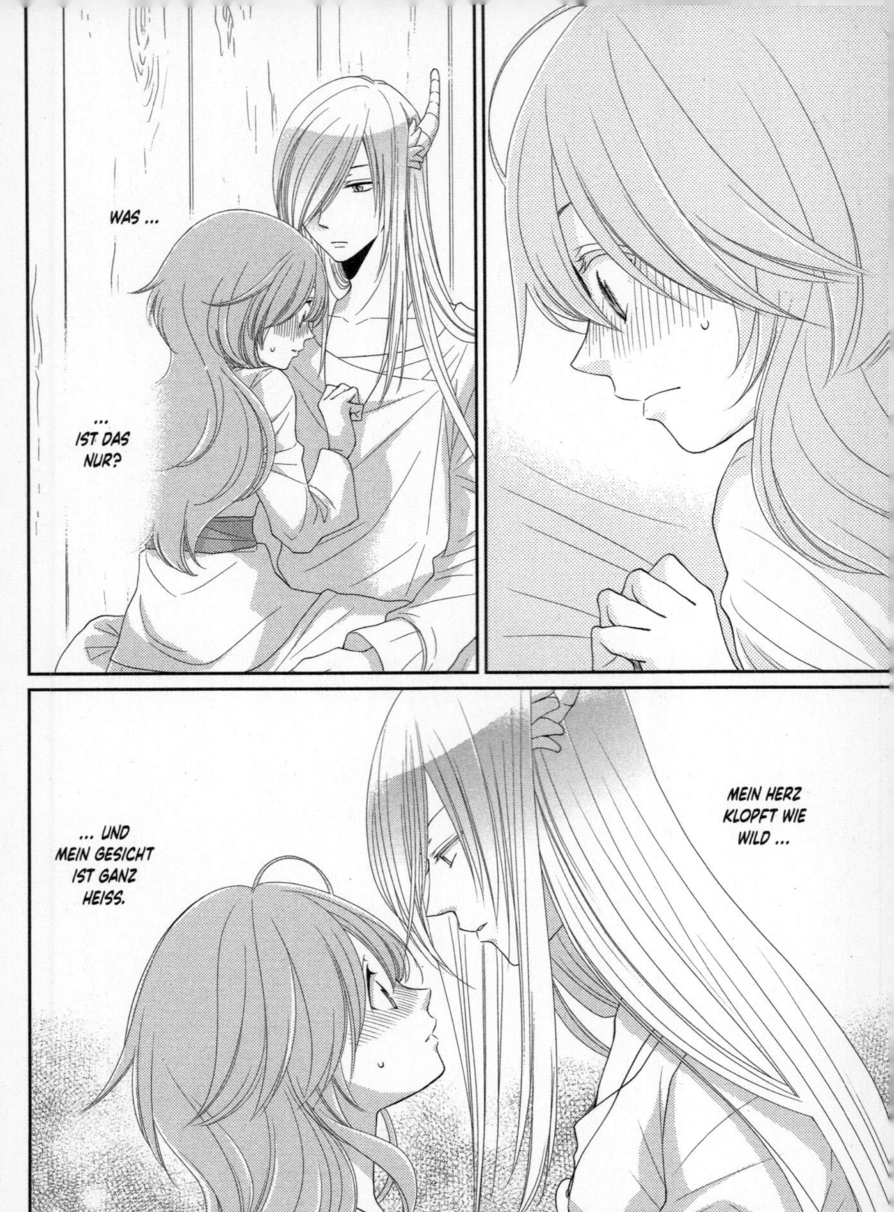
WAS ...
... IST DAS NUR?
MEIN HERZ KLOPFT WIE WILD ...
... UND MEIN GESICHT IST GANZ HEISS.

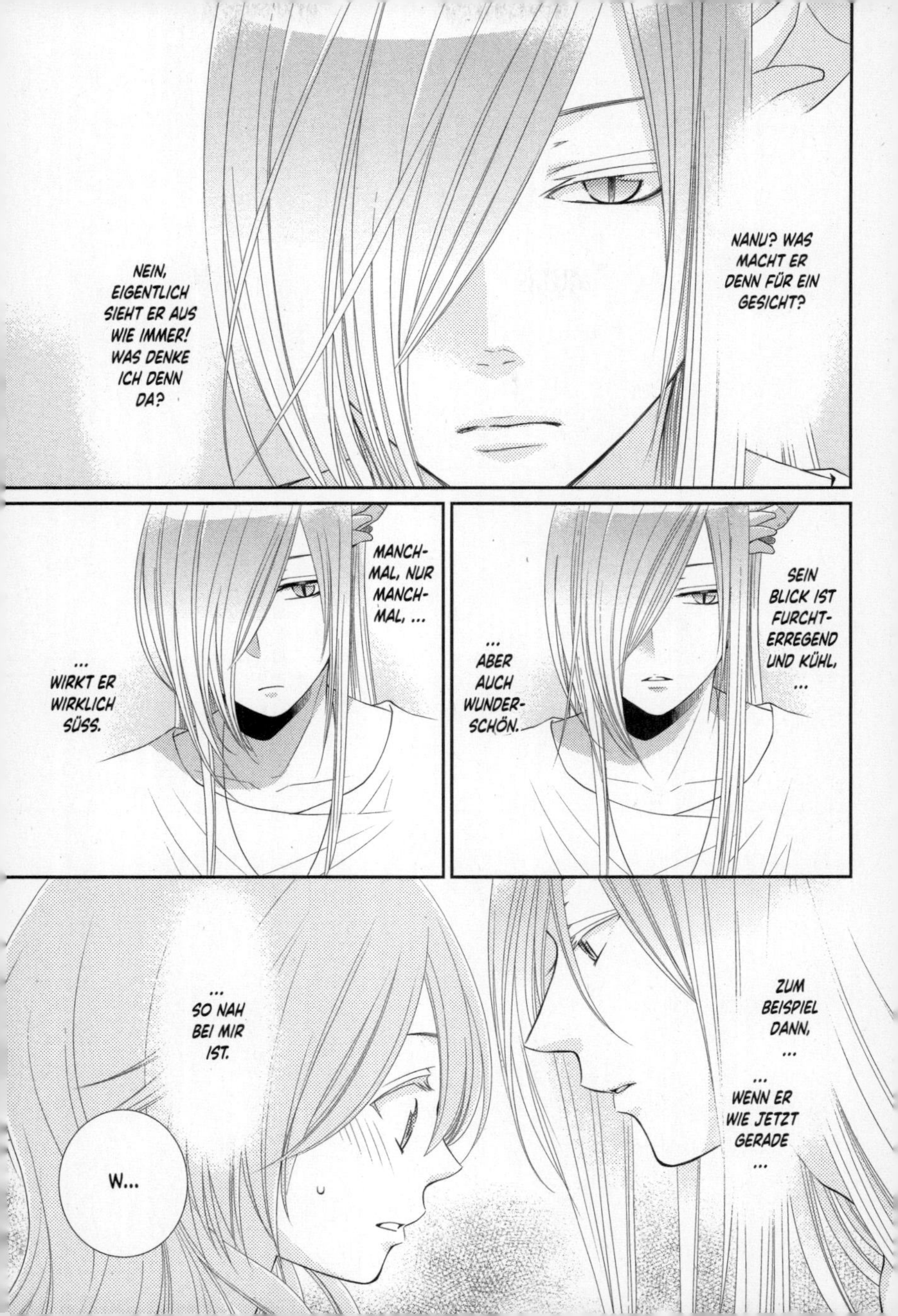
NANU? WAS MACHT ER DENN FÜR EIN GESICHT?
NEIN, EIGENTLICH SIEHT ER AUS WIE IMMER! WAS DENKE ICH DENN DA?
SEIN BLICK IST FURCHT-ERREGEND UND KÜHL, ...
... ABER AUCH WUNDER-SCHÖN.
MANCH-MAL, NUR MANCH-MAL, ...
... WIRKT ER WIRKLICH SÜSS.
ZUM BEISPIEL DANN, ...
... WENN ER WIE JETZT GERADE ...
... SO NAH BEI MIR IST.
W...

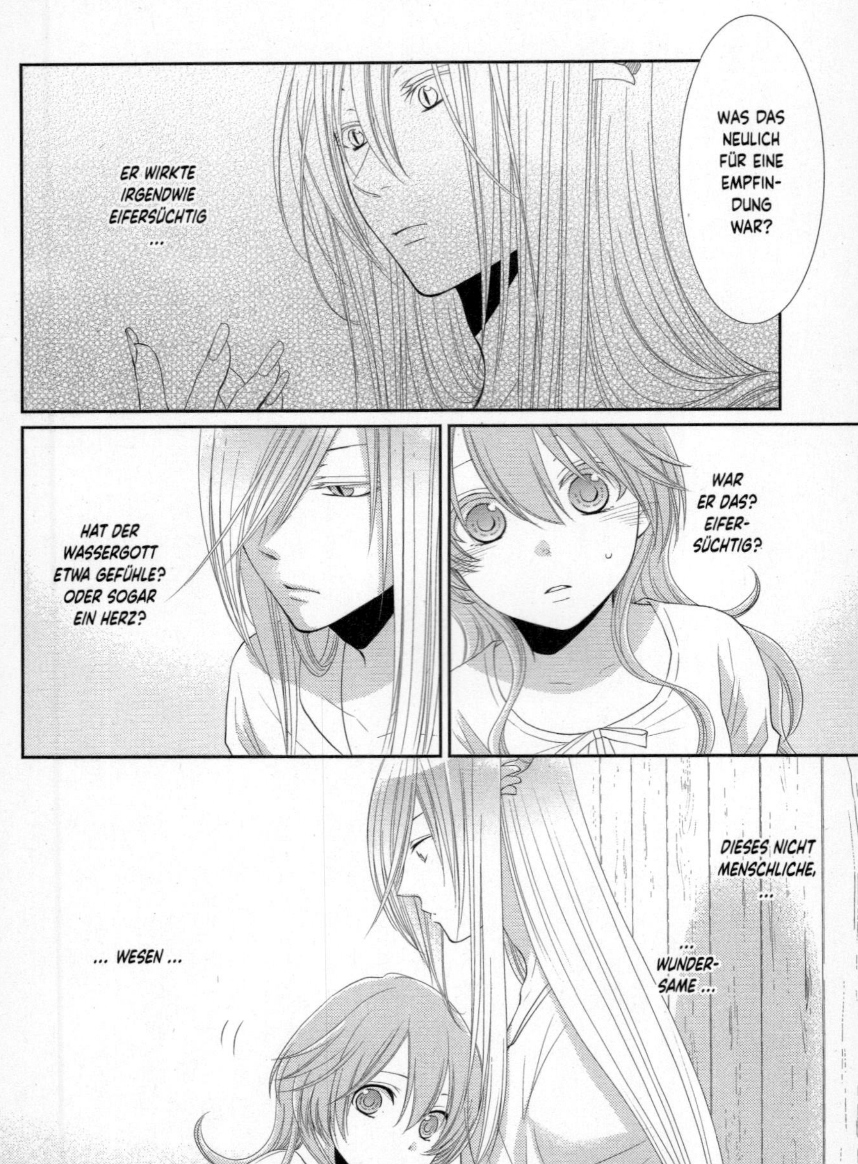

WAS DAS NEULICH FÜR EINE EMPFIN-DUNG WAR?
ER WIRKTE IRGENDWIE EIFERSÜCHTIG ...
WAR ER DAS? EIFER-SÜCHTIG?
HAT DER WASSERGOTT ETWA GEFÜHLE? ODER SOGAR EIN HERZ?
DIESES NICHT MENSCHLICHE, ...
... WUNDER-SAME ...
... WESEN ...

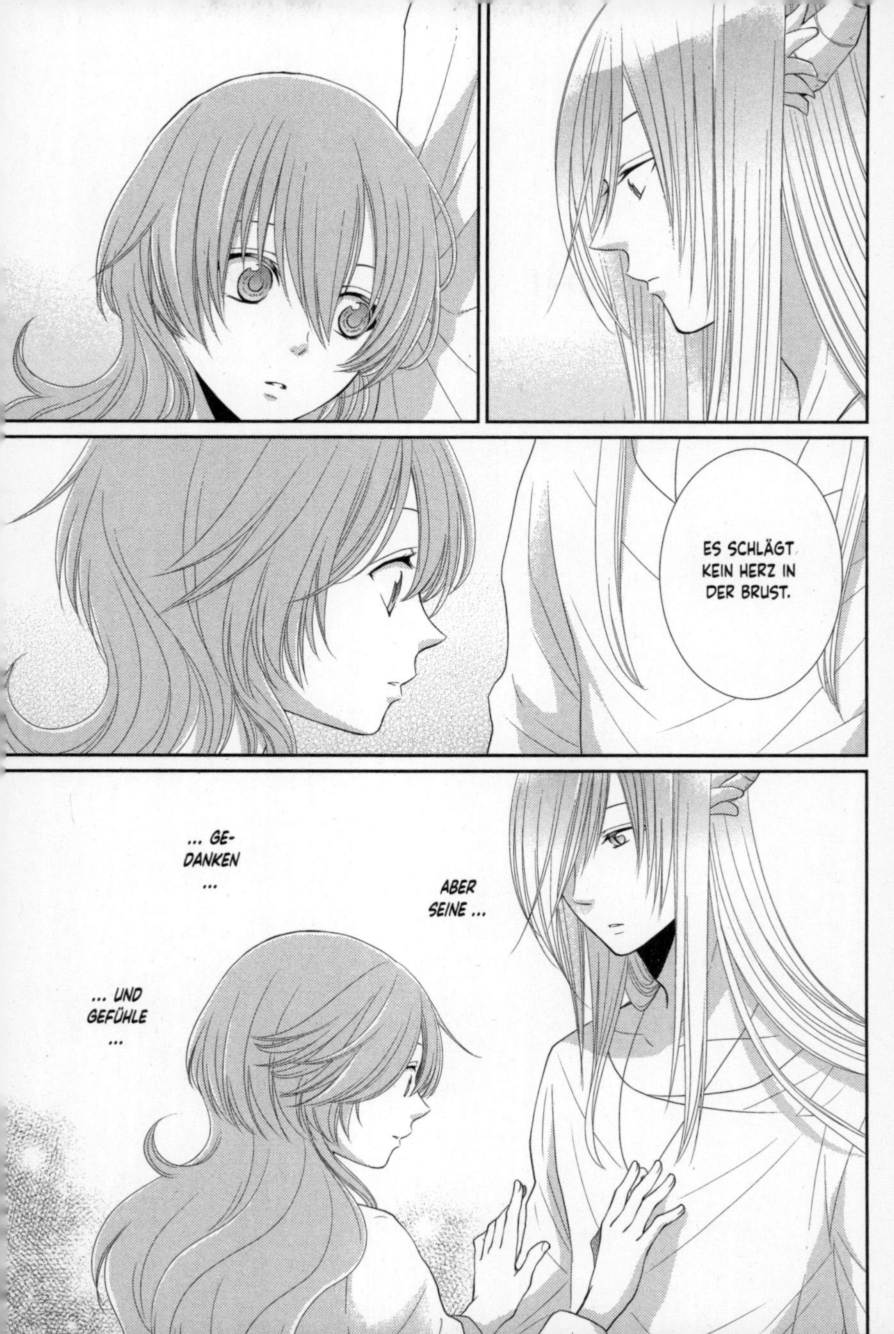
ES SCHLÄGT KEIN HERZ IN DER BRUST.
ABER SEINE ...
... GE-DANKEN ...
... UND GEFÜHLE ...

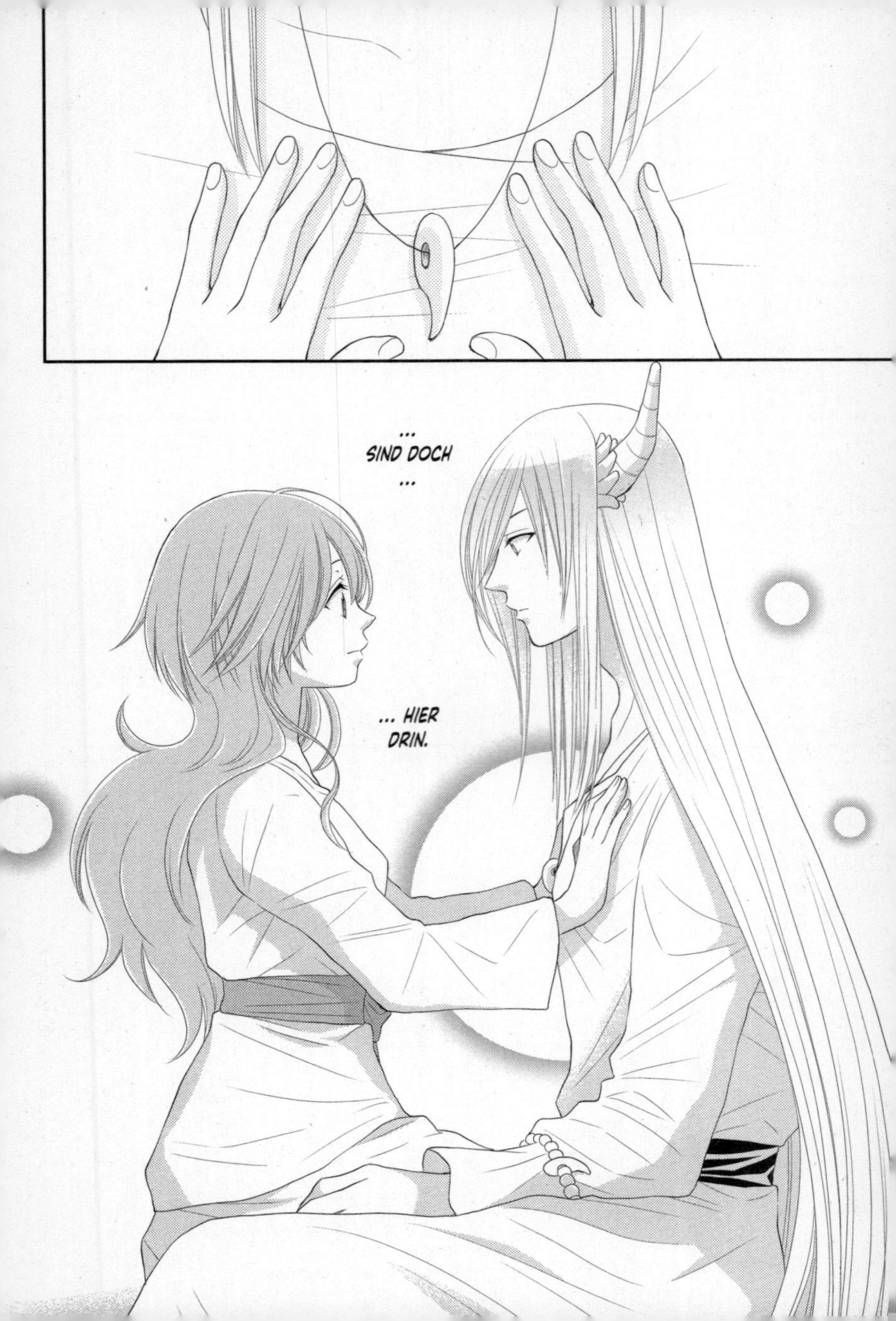
... SIND DOCH ...
... HIER DRIN.

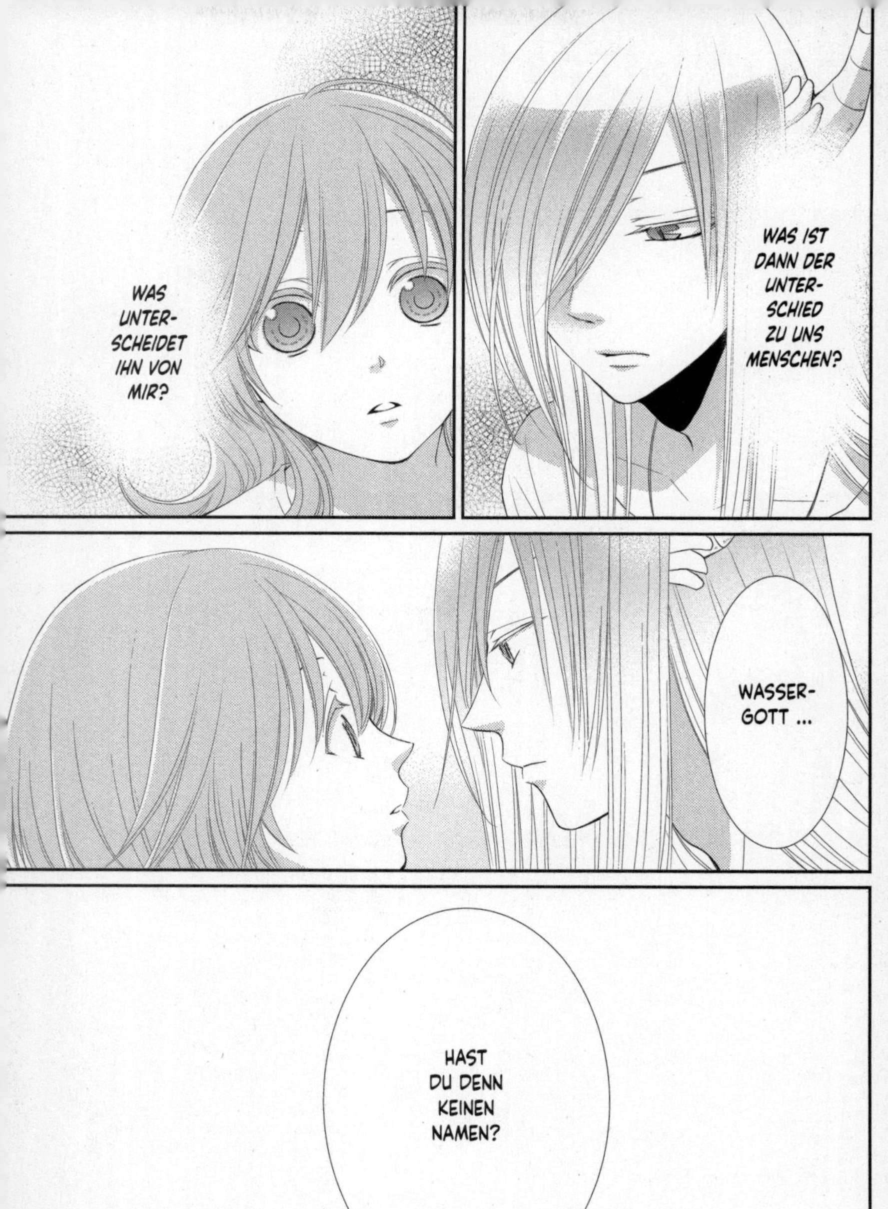
WAS IST DANN DER UNTER-SCHIED ZU UNS MENSCHEN?
WAS UNTER-SCHEIDET IHN VON MIR?
WASSER-GOTT ...
HAST DU DENN KEINEN NAMEN?

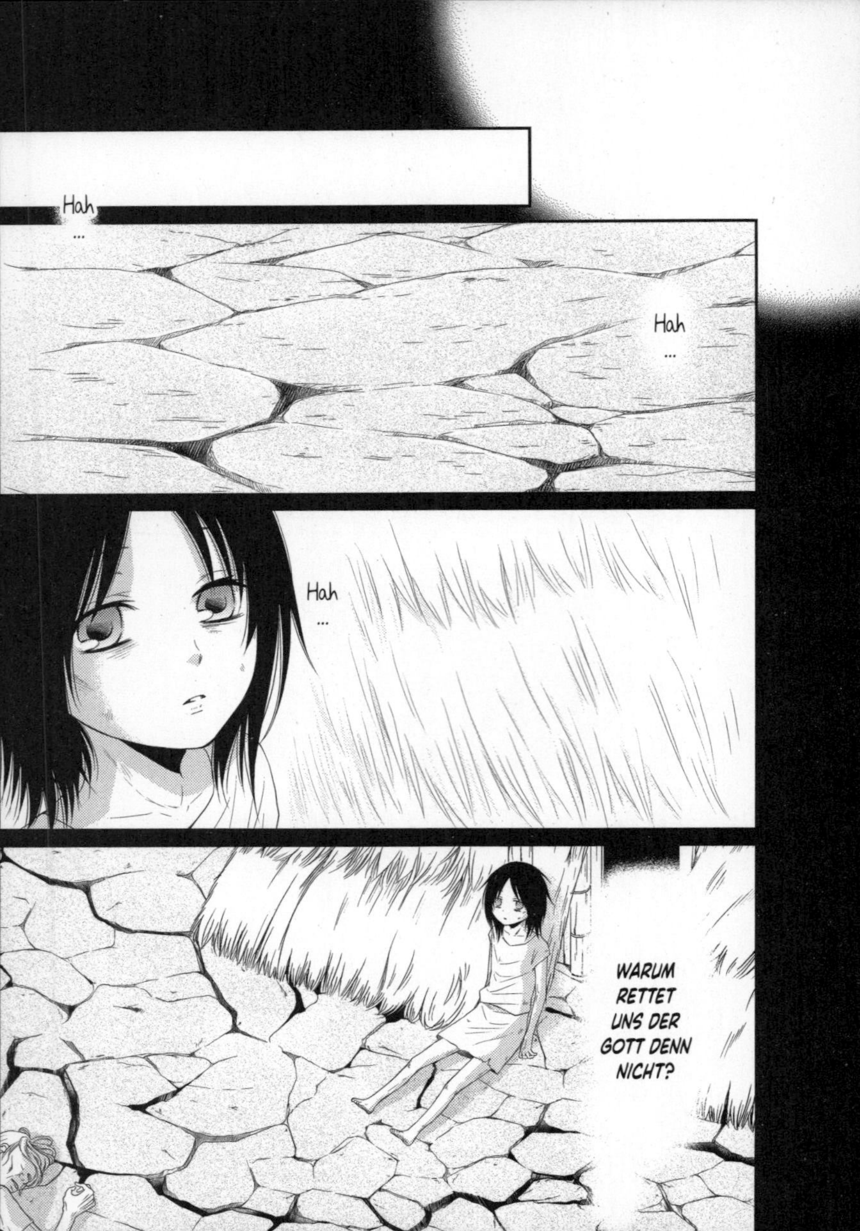
Hah
...
Hah
...
Hah
...
WARUM RETTET UNS DER GOTT DENN NICHT?

ER HAT ES DOCH ERST SO SEHR REGNEN LASSEN, DASS ÄCKER UND FELDER VÖLLIG ÜBER-SCHWEMMT WAREN.

UND JETZT KEIN TROPFEN WASSER UND ALLES VERDORRT.

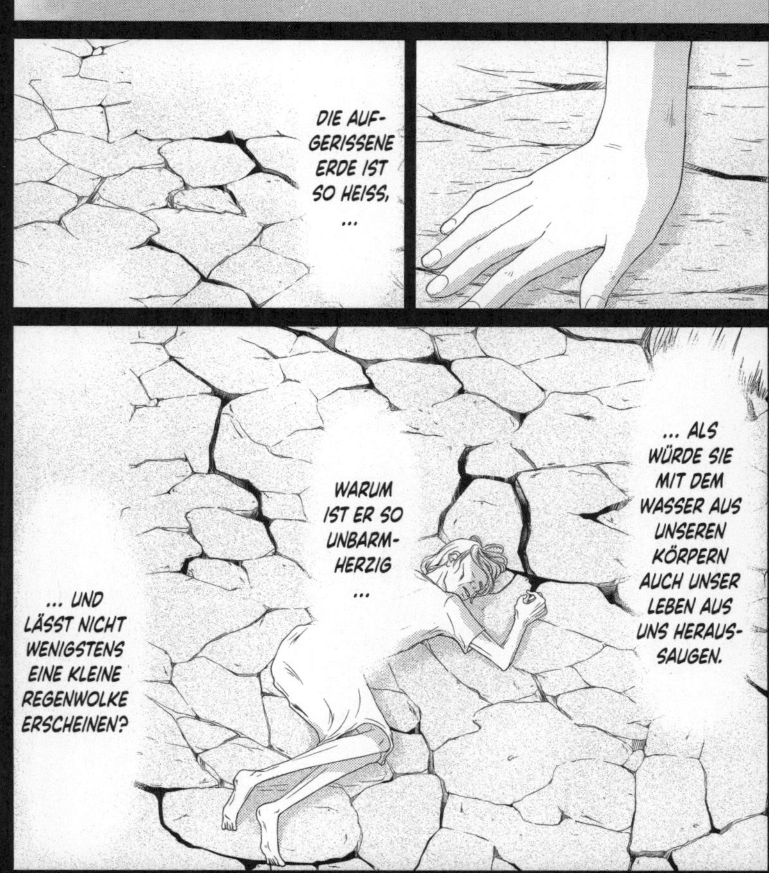

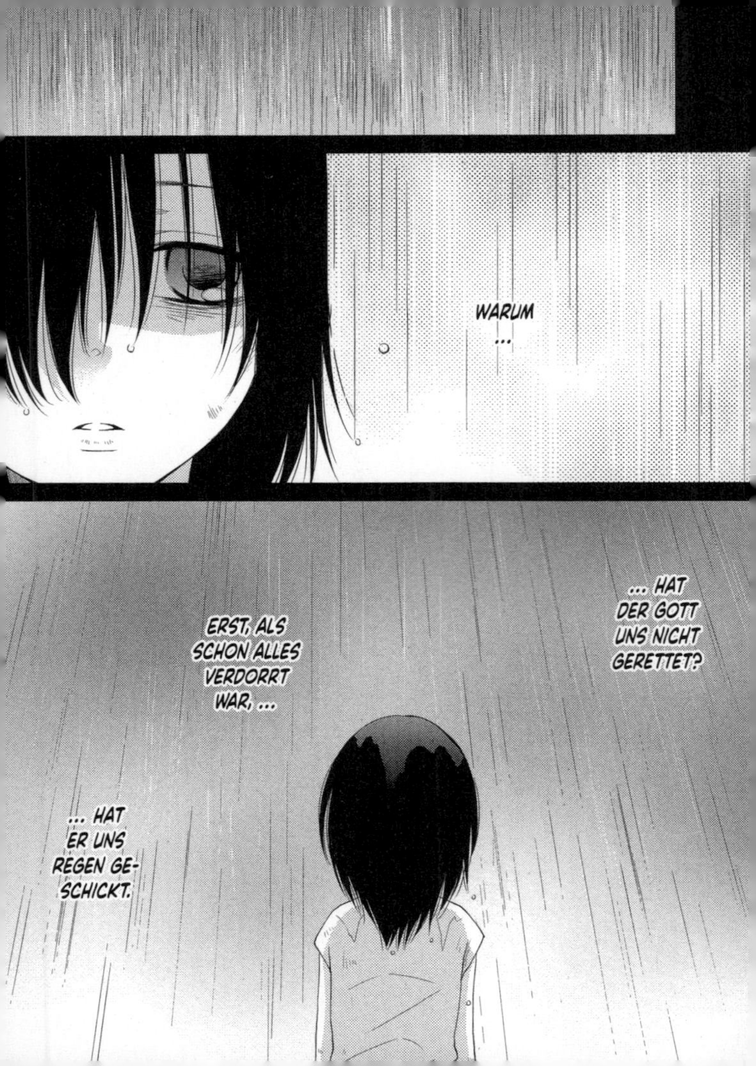

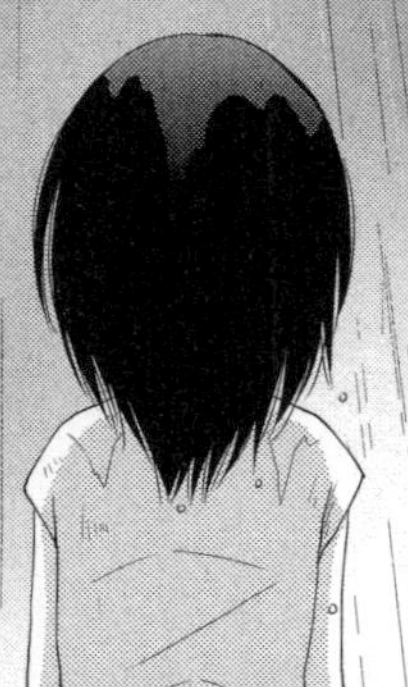
WARUM ...
... HAT DER GOTT UNS NICHT GERETTET?
ERST, ALS SCHON ALLES VERDORRT WAR, ...
... HAT ER UNS REGEN GESCHICKT.

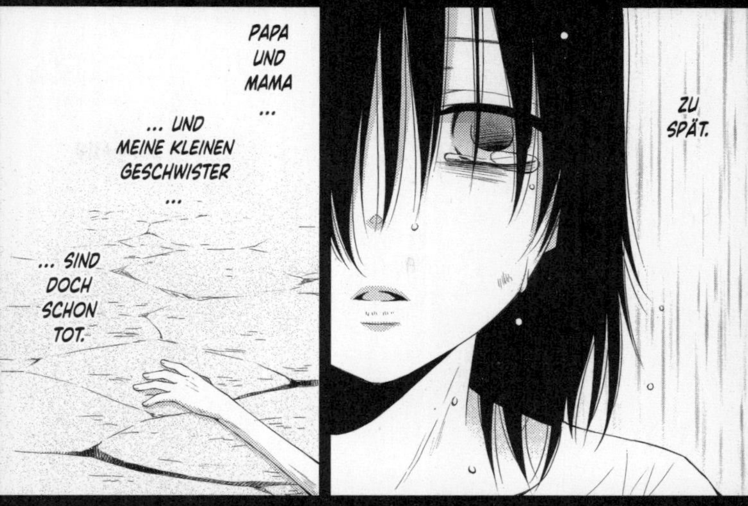

ER HAT UNSER DORF IM STICH GELASSEN.

VIELLEICHT, WEIL ES SO KLEIN IST.

ICH WILL NICHT HUNGERN, ...

... ICH WILL NICHT LEIDEN, ...

... ICH WILL NICHT VERDURSTEN.

NUR WER STARK IST, WIRD ÜBERLEBEN.

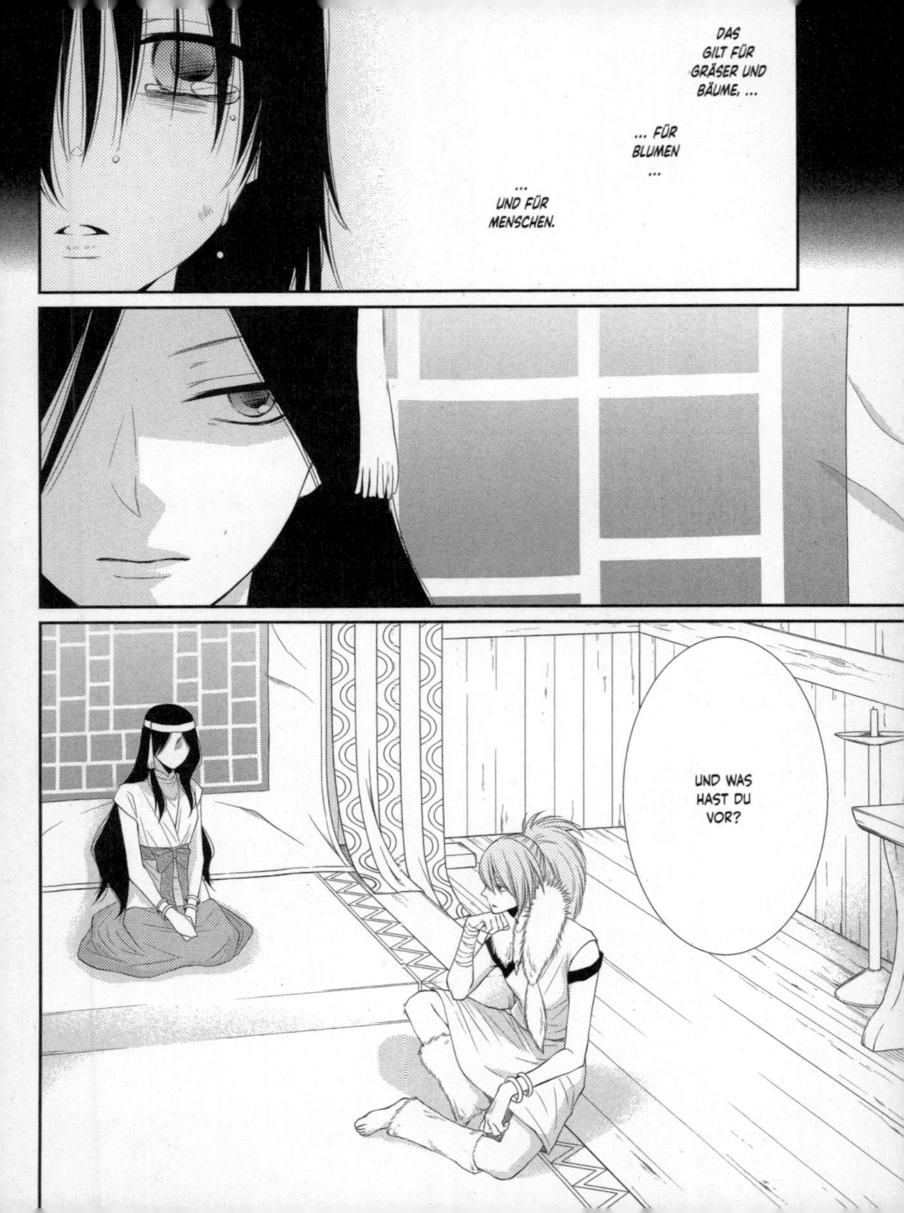
DAS GILT FÜR GRÄSER UND BÄUME, ...
... FÜR BLUMEN ...
... UND FÜR MENSCHEN.
UND WAS HAST DU VOR?

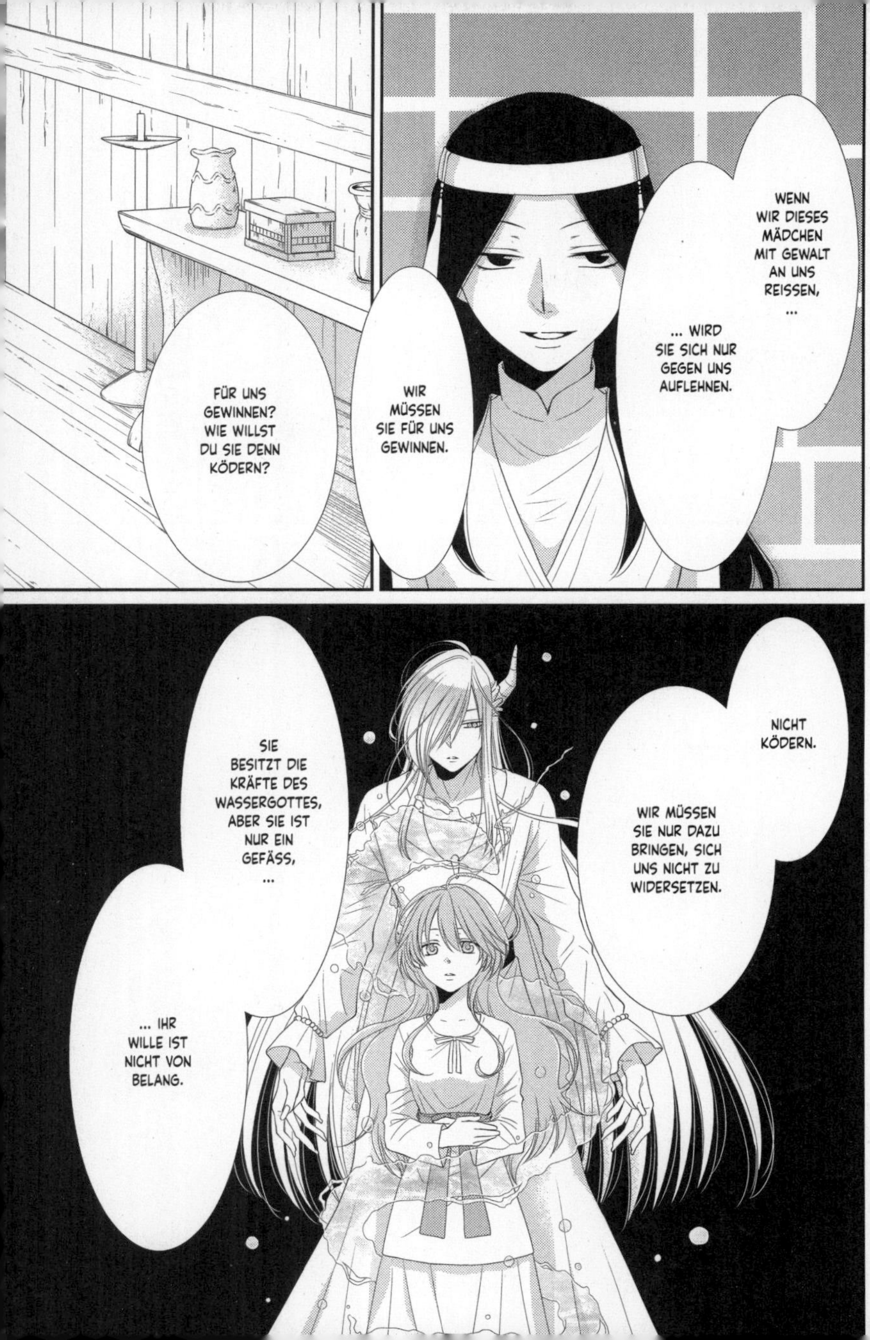

WENN WIR DIESES MÄDCHEN MIT GEWALT AN UNS REISSEN, ...

... WIRD SIE SICH NUR GEGEN UNS AUFLEHNEN.

WIR MÜSSEN SIE FÜR UNS GEWINNEN.

FÜR UNS GEWINNEN? WIE WILLST DU SIE DENN KÖDERN?

NICHT KÖDERN.

WIR MÜSSEN SIE NUR DAZU BRINGEN, SICH UNS NICHT ZU WIDERSETZEN.

SIE BESITZT DIE KRÄFTE DES WASSERGOTTES, ABER SIE IST NUR EIN GEFÄSS, ...

... IHR WILLE IST NICHT VON BELANG.

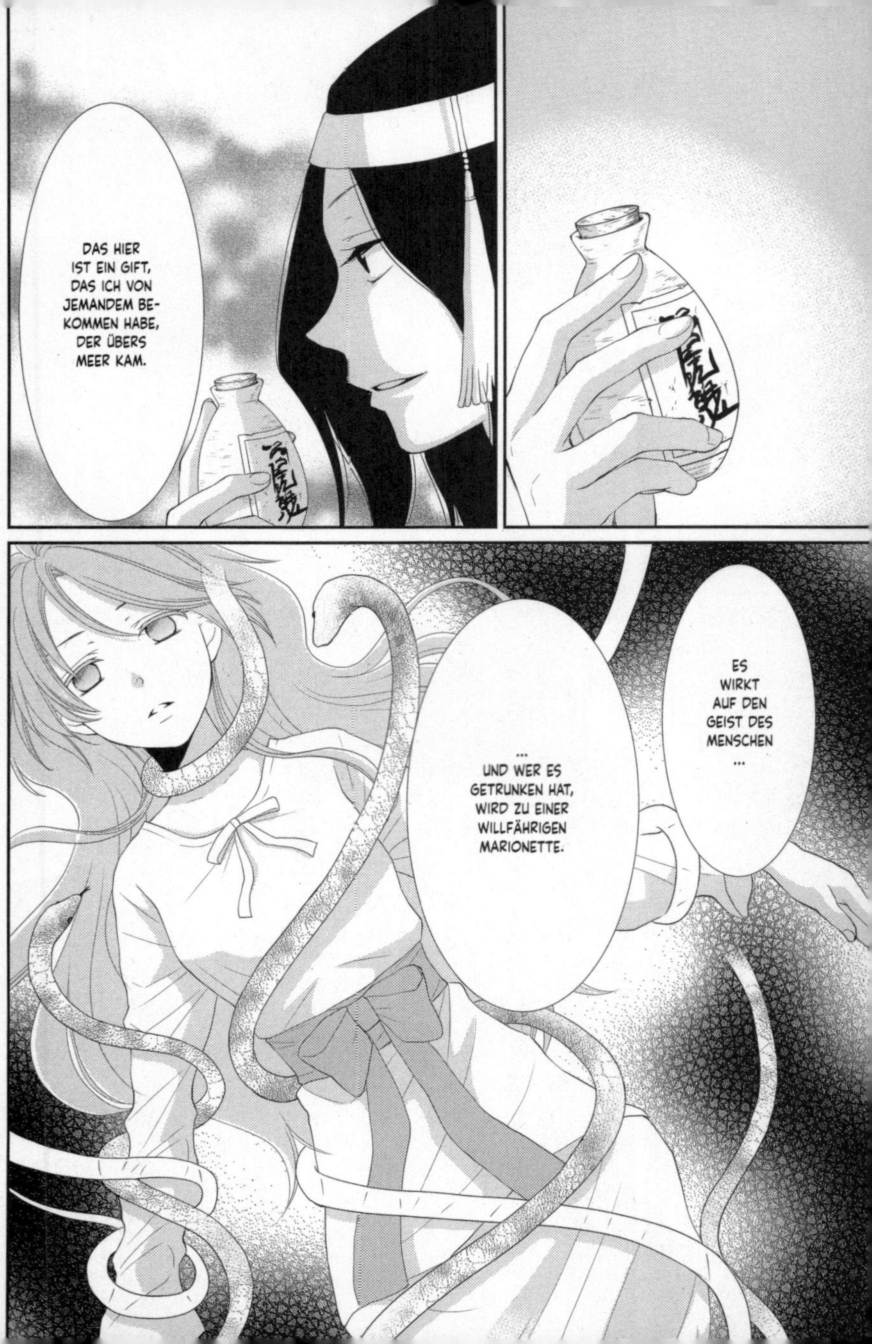

DAS HIER IST EIN GIFT, DAS ICH VON JEMANDEM BEKOMMEN HABE, DER ÜBERS MEER KAM.

ES WIRKT AUF DEN GEIST DES MENSCHEN ...

... UND WER ES GETRUNKEN HAT, WIRD ZU EINER WILLFÄHRIGEN MARIONETTE.

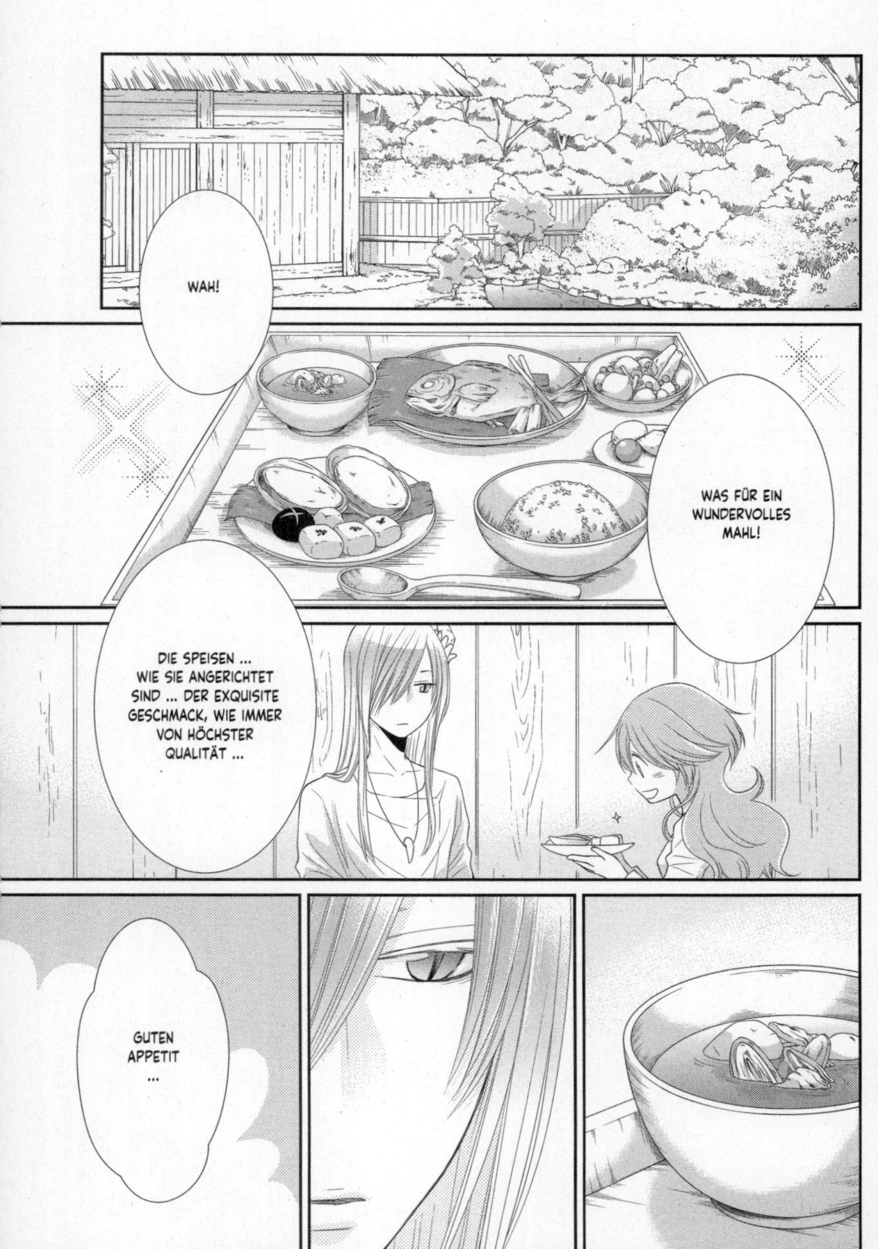
WAH!
WAS FÜR EIN WUNDERVOLLES MAHL!
DIE SPEISEN ... WIE SIE ANGERICHTET SIND ... DER EXQUISITE GESCHMACK, WIE IMMER VON HÖCHSTER QUALITÄT ...
GUTEN APPETIT ...

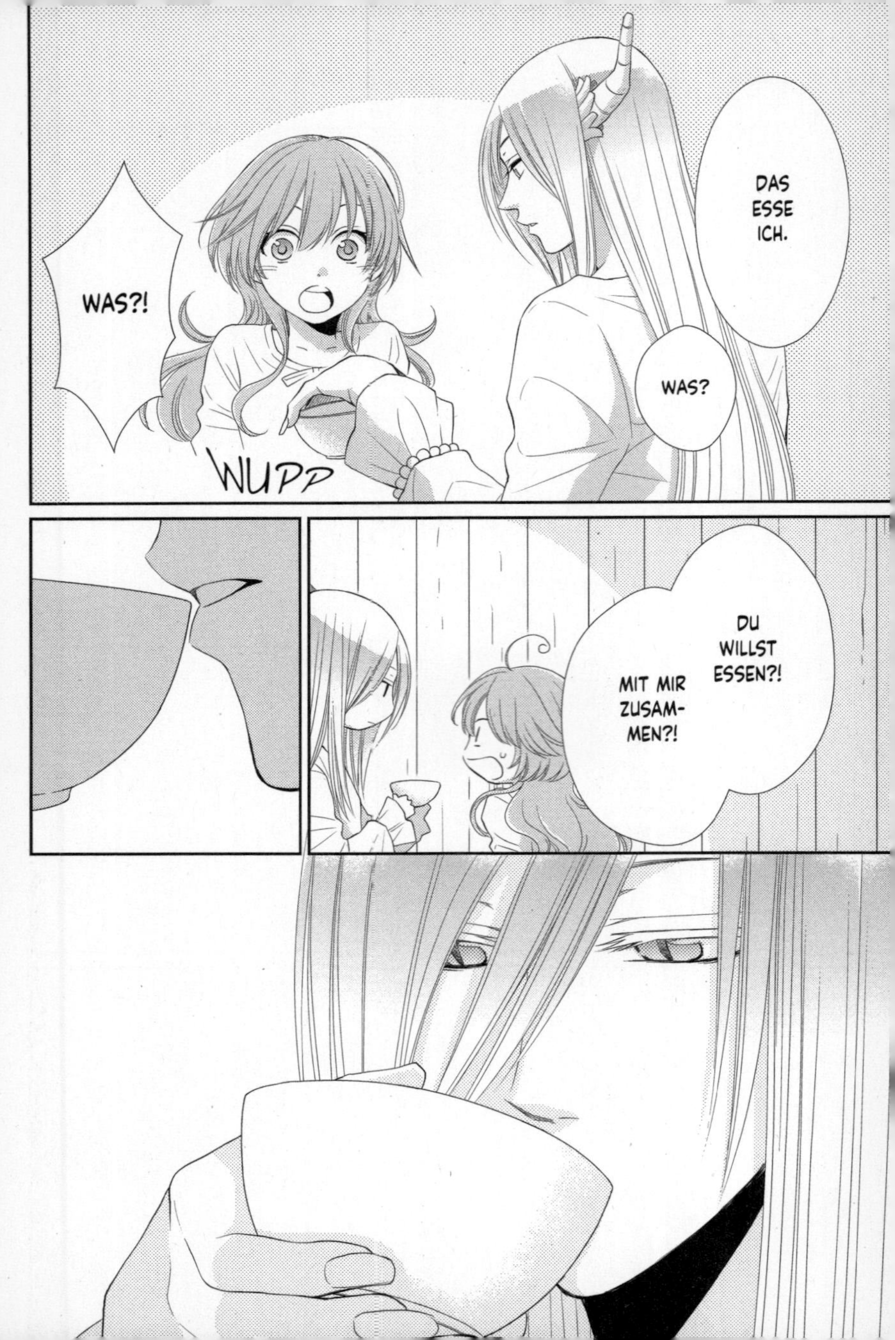
DAS ESSE ICH.
WAS?
WAS?!
WUPP
DU WILLST ESSEN?!
MIT MIR ZUSAM-MEN?!

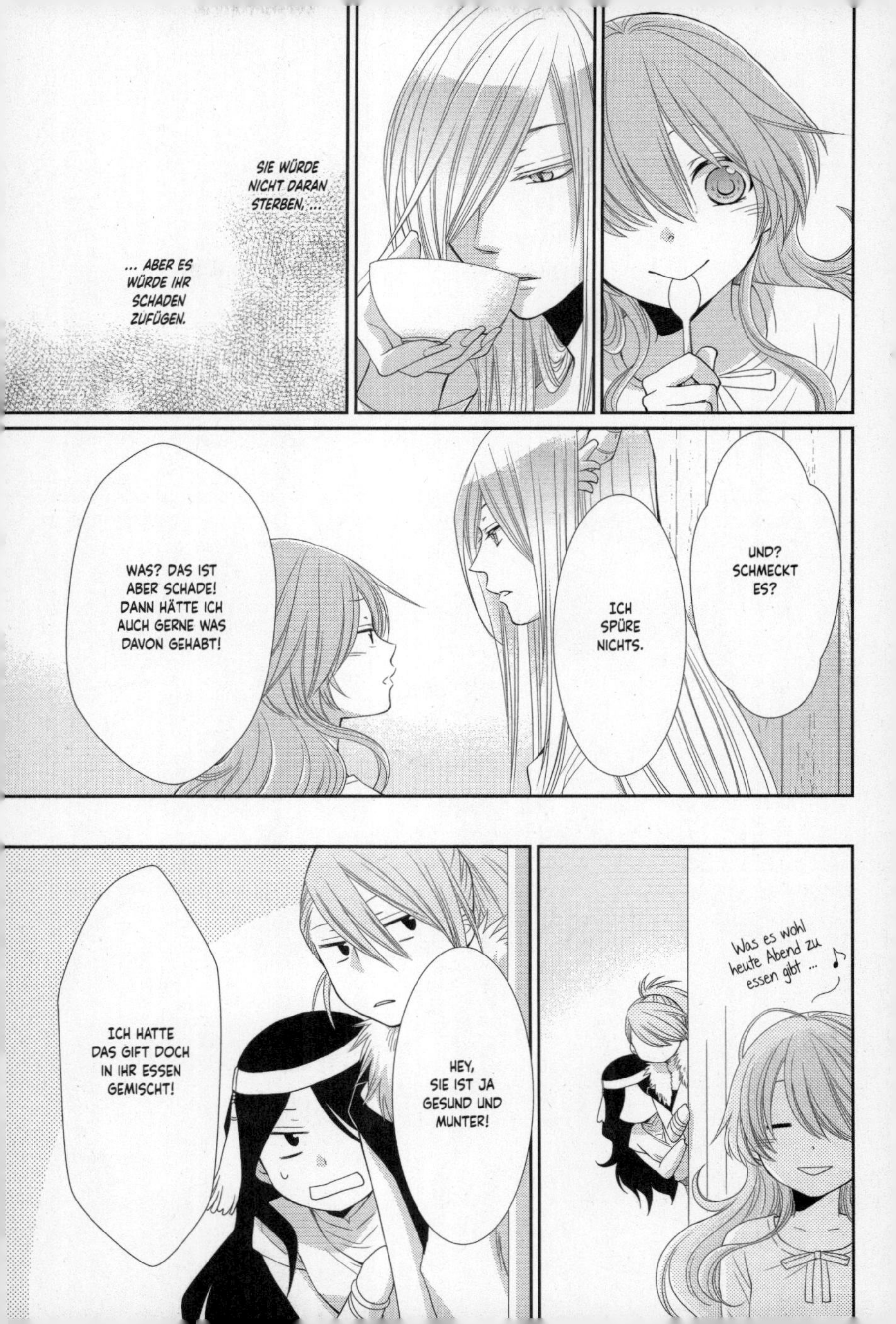

SIE WÜRDE NICHT DARAN STERBEN, ...
... ABER ES WÜRDE IHR SCHADEN ZUFÜGEN.
UND? SCHMECKT ES?
ICH SPÜRE NICHTS.
WAS? DAS IST ABER SCHADE! DANN HÄTTE ICH AUCH GERNE WAS DAVON GEHABT!
Was es wohl heute Abend zu essen gibt ... ♪
HEY, SIE IST JA GESUND UND MUNTER!
ICH HATTE DAS GIFT DOCH IN IHR ESSEN GEMISCHT!

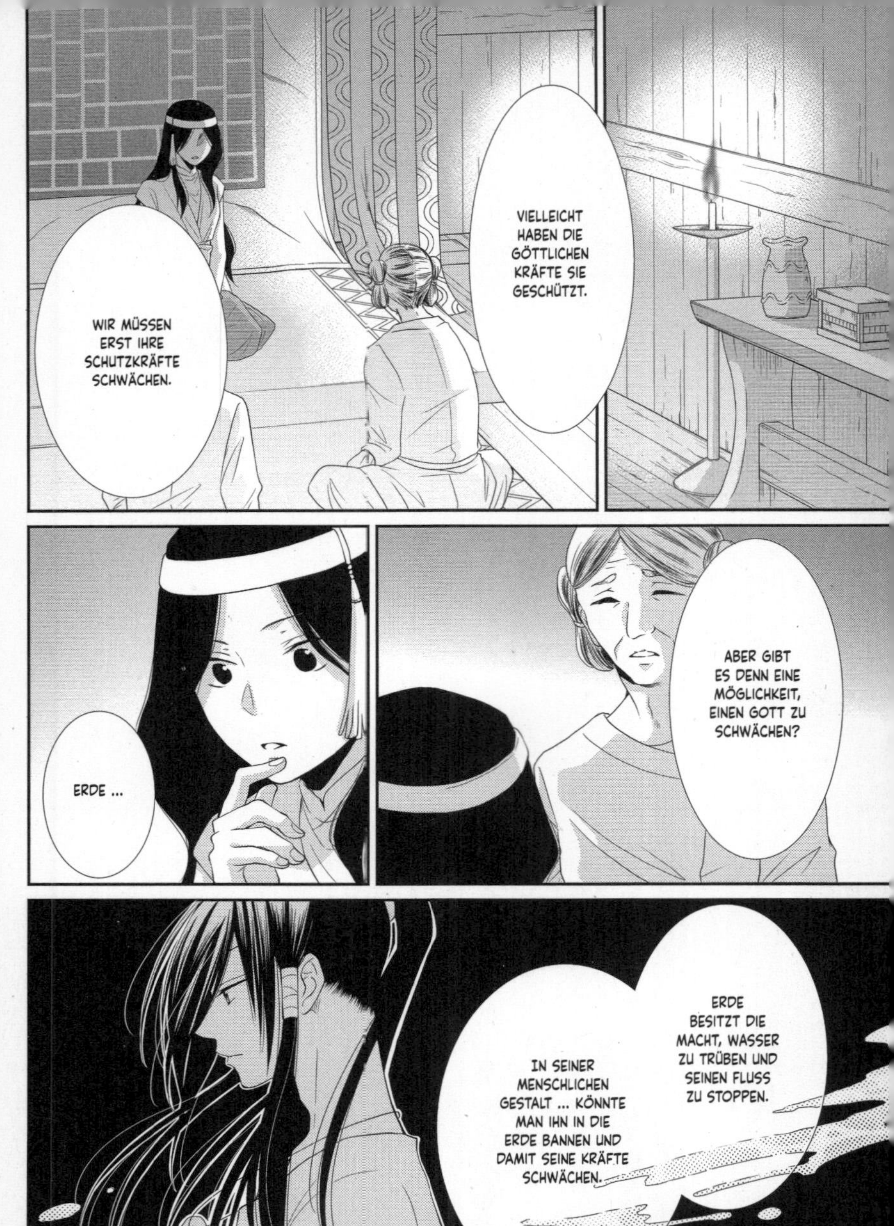
VIELLEICHT HABEN DIE GÖTTLICHEN KRÄFTE SIE GESCHÜTZT.
WIR MÜSSEN ERST IHRE SCHUTZKRÄFTE SCHWÄCHEN.
ABER GIBT ES DENN EINE MÖGLICHKEIT, EINEN GOTT ZU SCHWÄCHEN?
ERDE ...
ERDE BESITZT DIE MACHT, WASSER ZU TRÜBEN UND SEINEN FLUSS ZU STOPPEN.
IN SEINER MENSCHLICHEN GESTALT ... KÖNNTE MAN IHN IN DIE ERDE BANNEN UND DAMIT SEINE KRÄFTE SCHWÄCHEN.

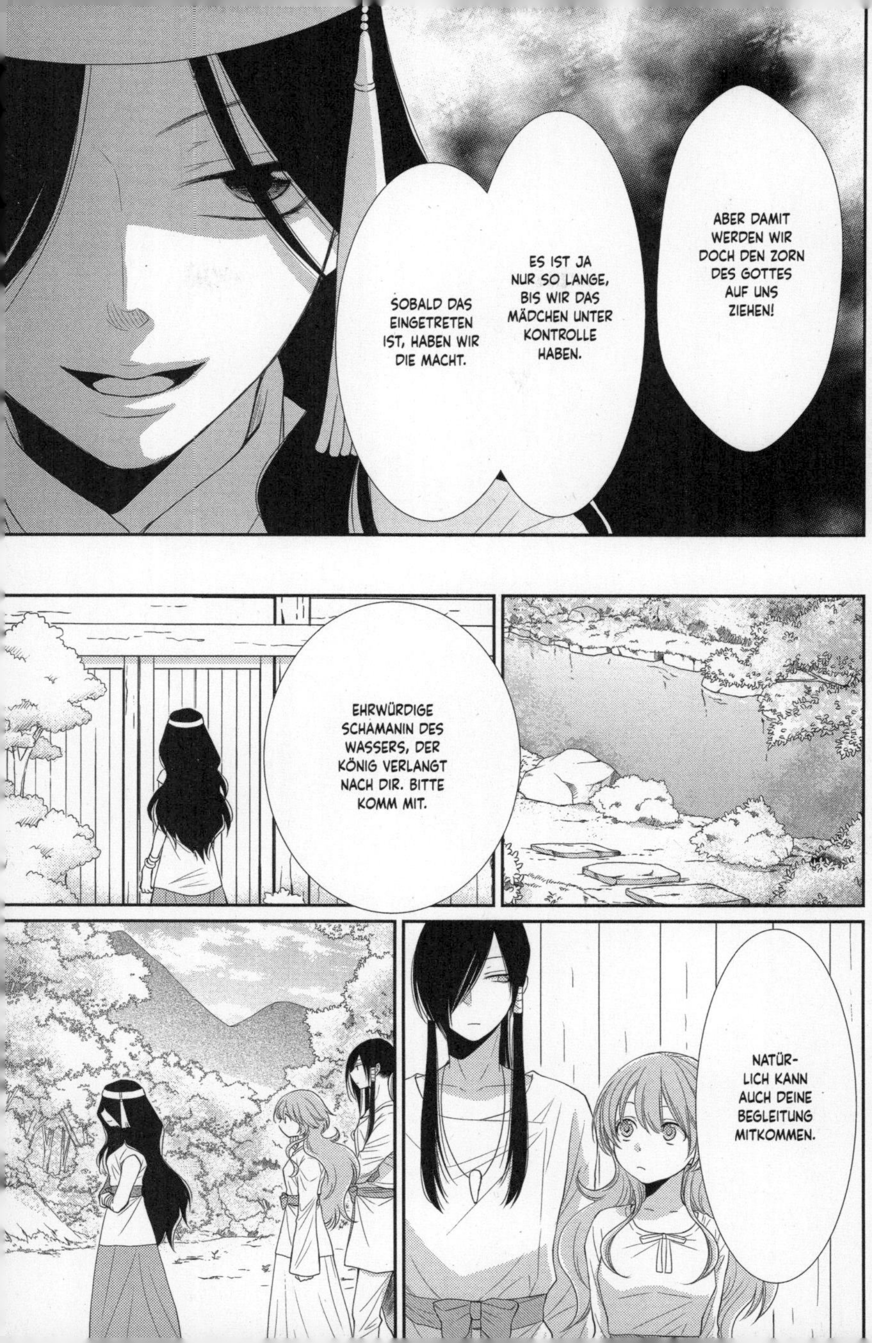

ABER DAMIT WERDEN WIR DOCH DEN ZORN DES GOTTES AUF UNS ZIEHEN!

ES IST JA NUR SO LANGE, BIS WIR DAS MÄDCHEN UNTER KONTROLLE HABEN.

SOBALD DAS EINGETRETEN IST, HABEN WIR DIE MACHT.

EHRWÜRDIGE SCHAMANIN DES WASSERS, DER KÖNIG VERLANGT NACH DIR. BITTE KOMM MIT.

NATÜRLICH KANN AUCH DEINE BEGLEITUNG MITKOMMEN.

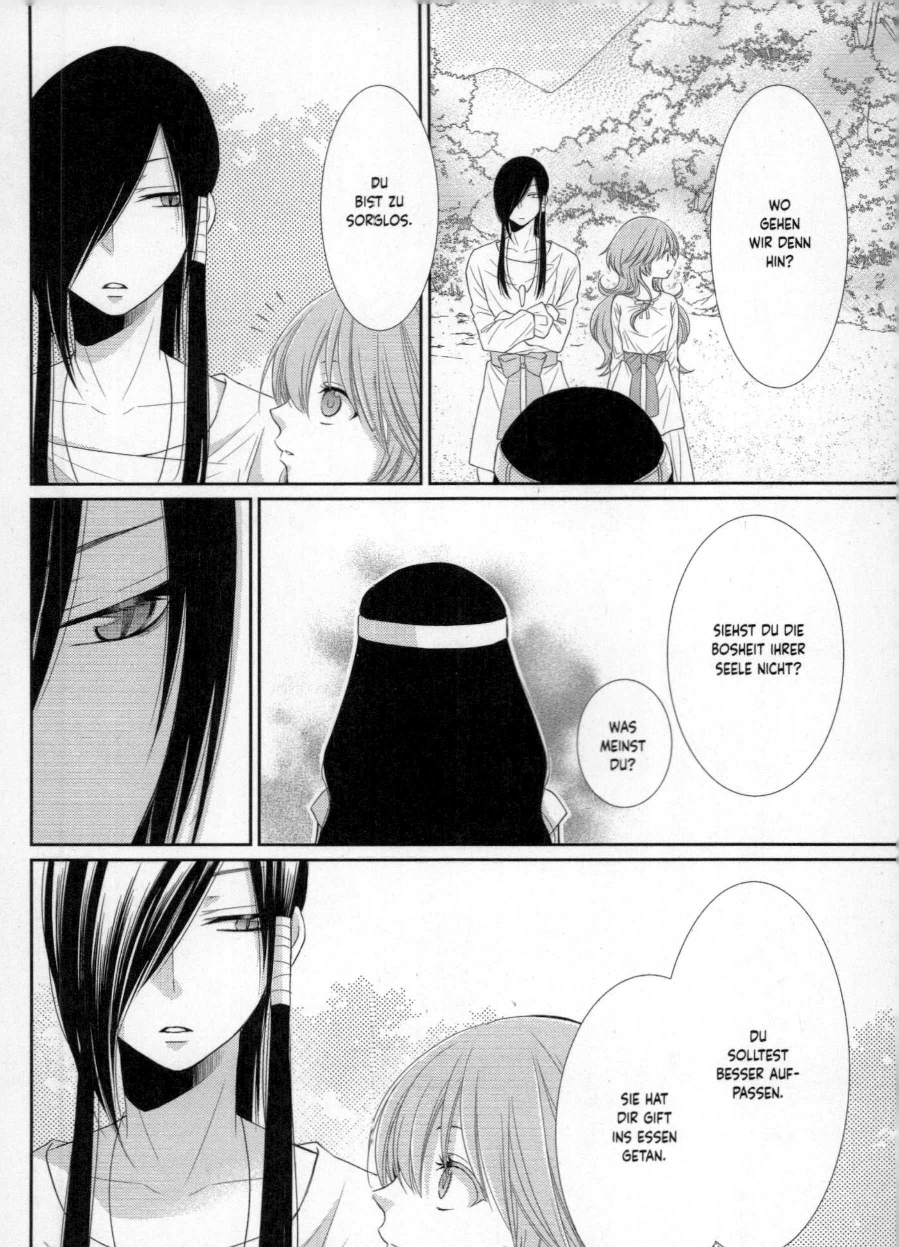
WO GEHEN WIR DENN HIN?
DU BIST ZU SORGLOS.
SIEHST DU DIE BOSHEIT IHRER SEELE NICHT?
WAS MEINST DU?
DU SOLLTEST BESSER AUF-PASSEN.
SIE HAT DIR GIFT INS ESSEN GETAN.

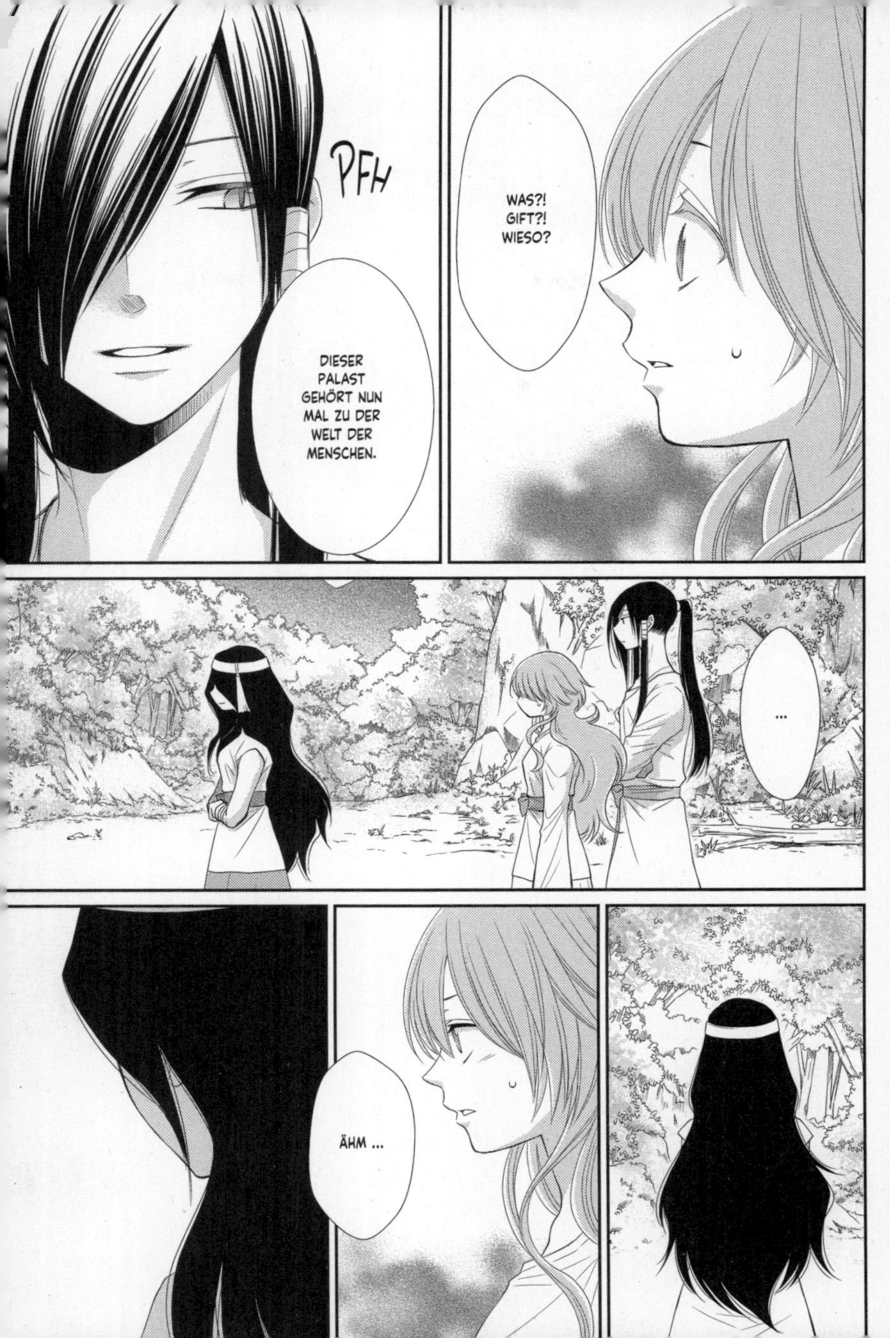
WAS?! GIFT?! WIESO?
PFH
DIESER PALAST GEHÖRT NUN MAL ZU DER WELT DER MENSCHEN.
...
ÄHM ...

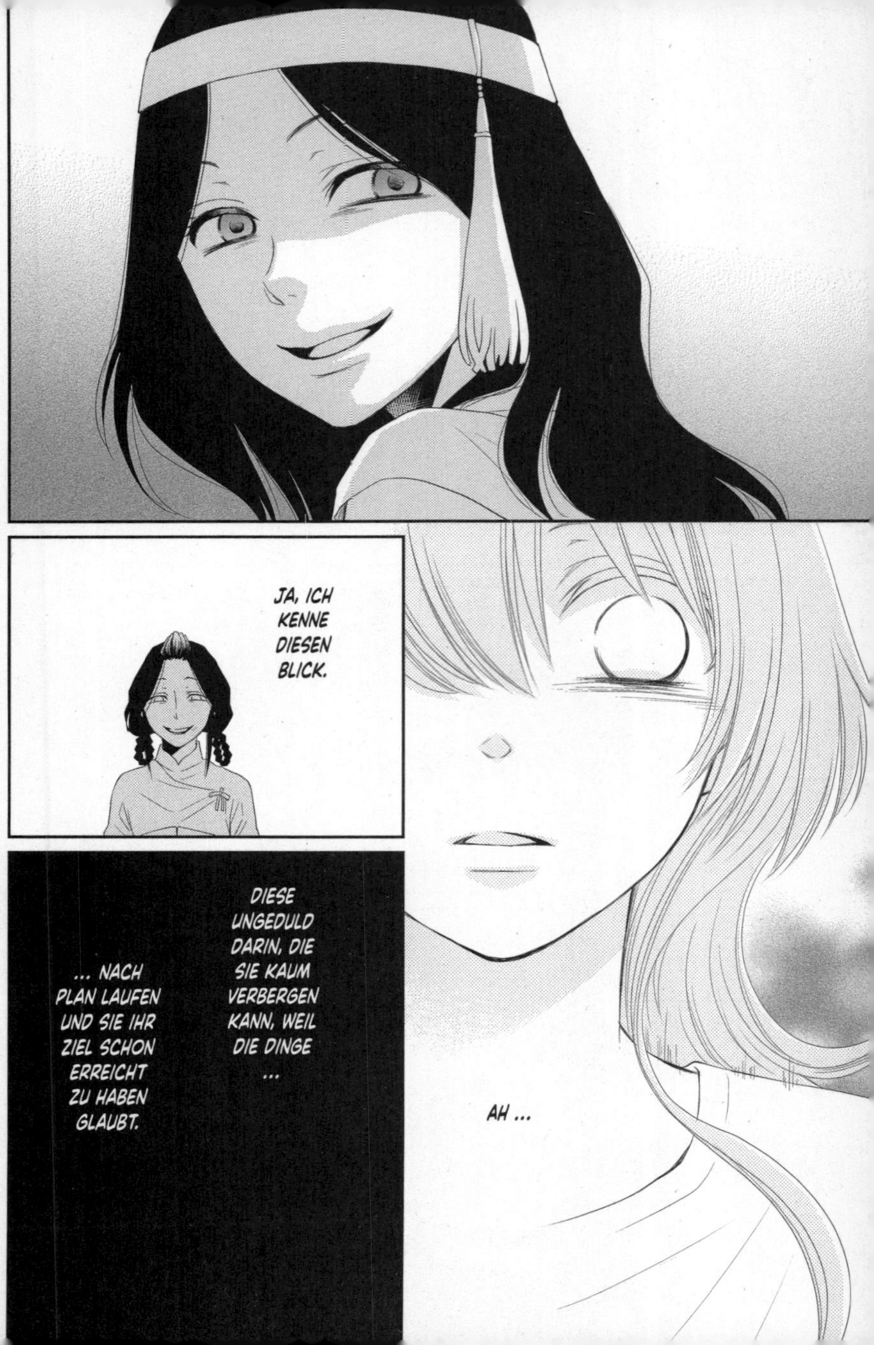

JA, ICH KENNE DIESEN BLICK.

DIESE UNGEDULD DARIN, DIE SIE KAUM VERBERGEN KANN, WEIL DIE DINGE ...

... NACH PLAN LAUFEN UND SIE IHR ZIEL SCHON ERREICHT ZU HABEN GLAUBT.

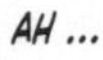

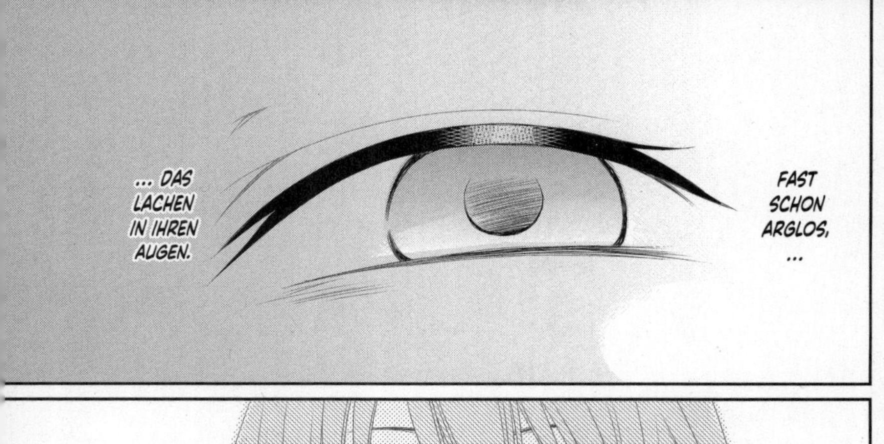
FAST SCHON ARGLOS, ...
... DAS LACHEN IN IHREN AUGEN.

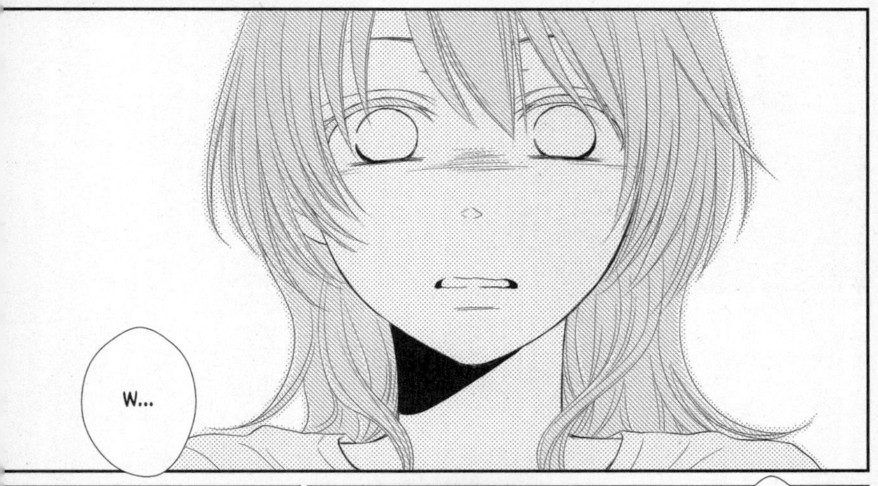
W...

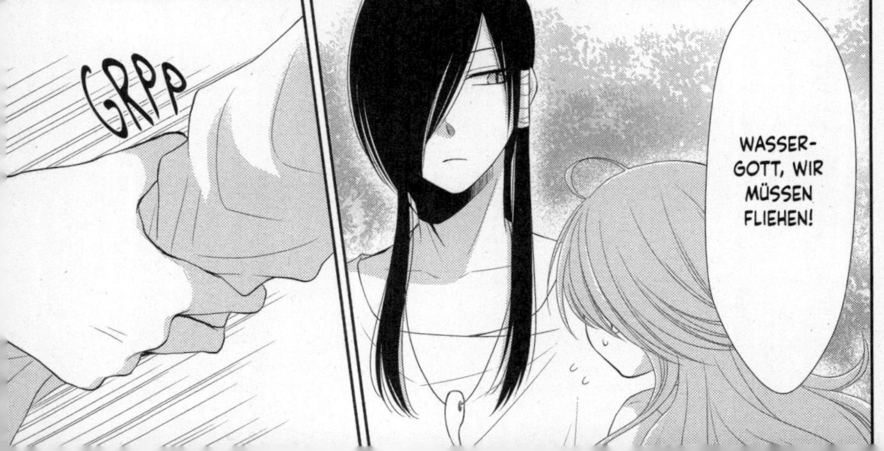
WASSER-GOTT, WIR MÜSSEN FLIEHEN!
GRPP

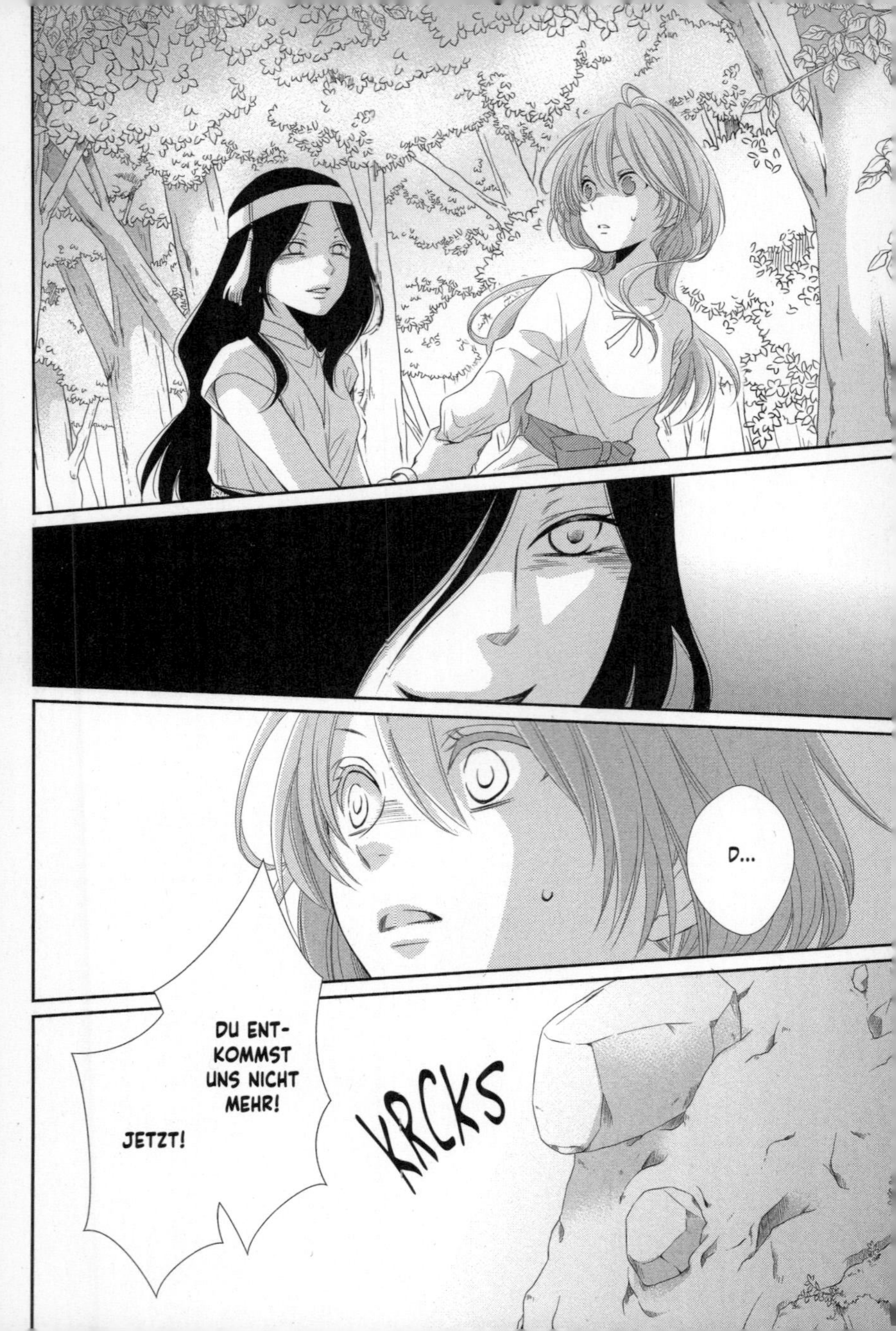
D...
JETZT!
DU ENT-
KOMMST
UNS NICHT
MEHR!
KRCKS

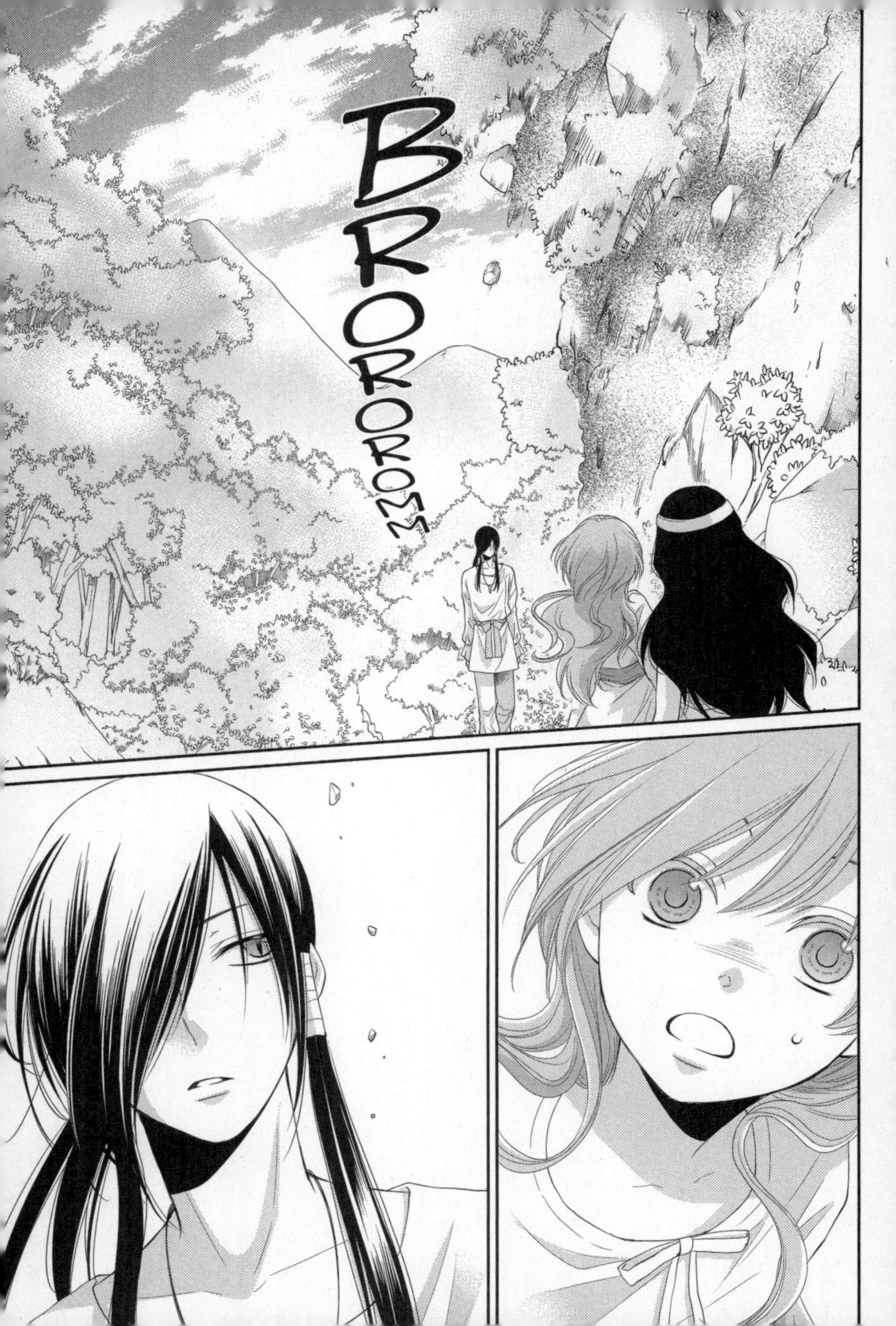
BRORORORomm

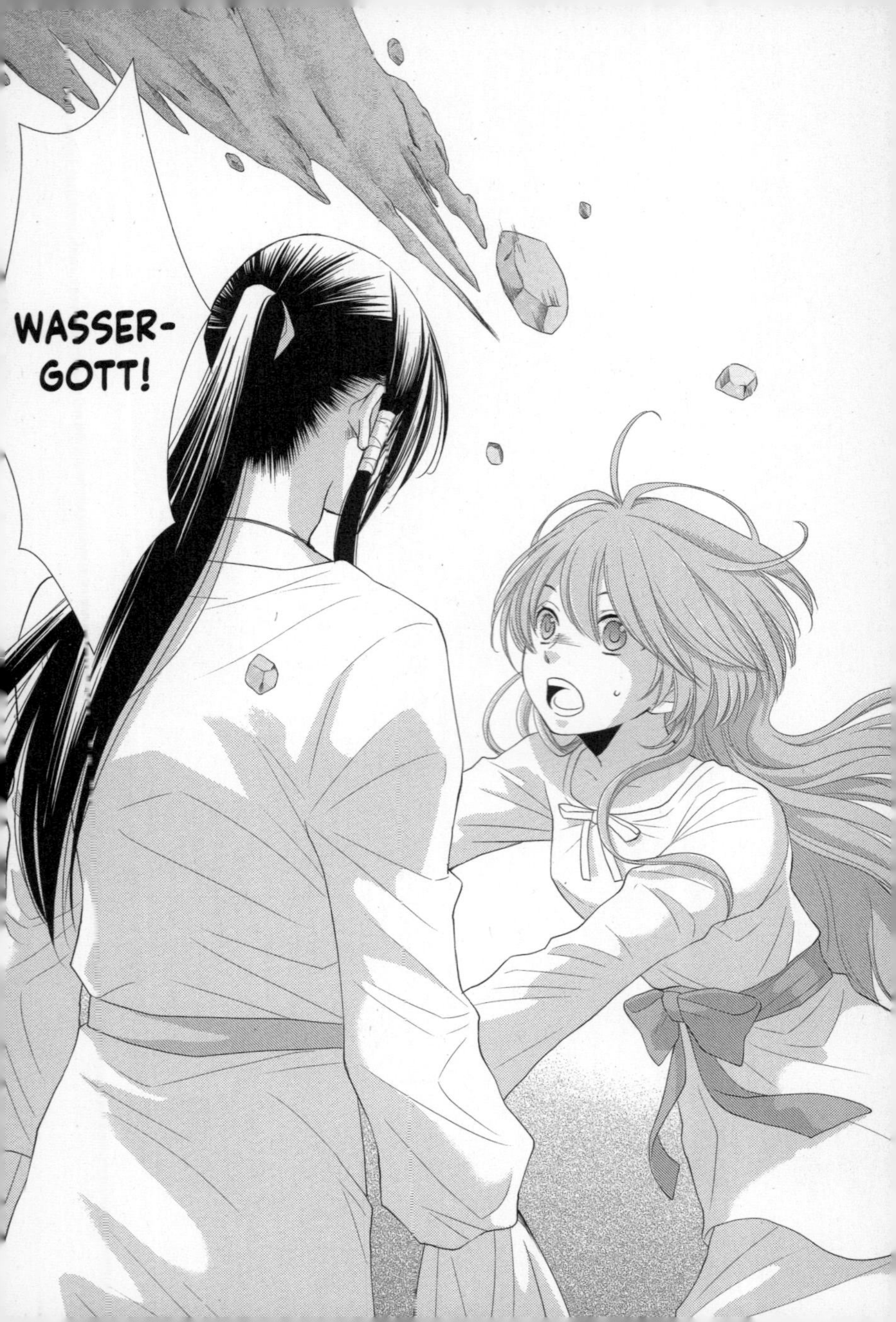
WASSER-
GOTT!

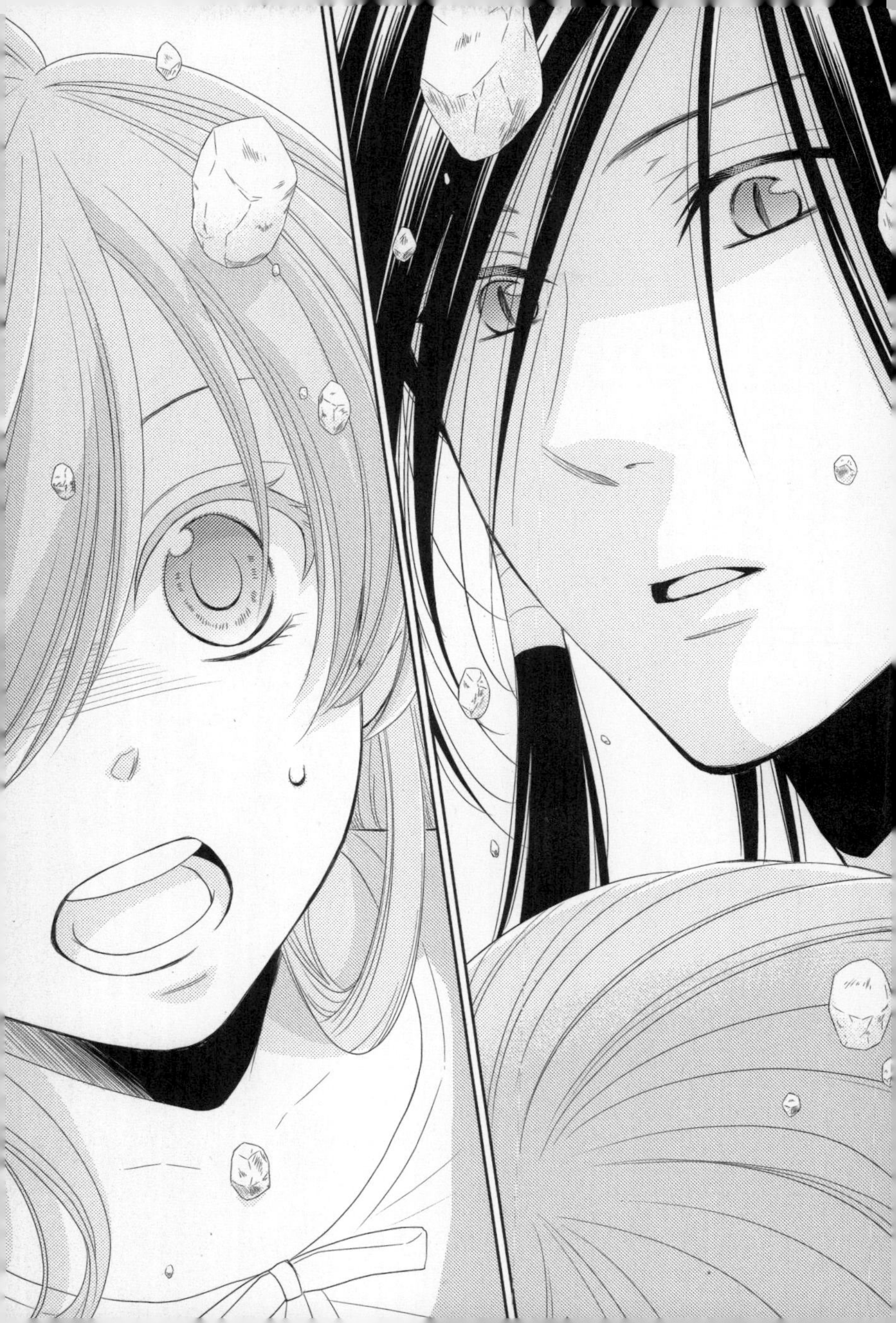

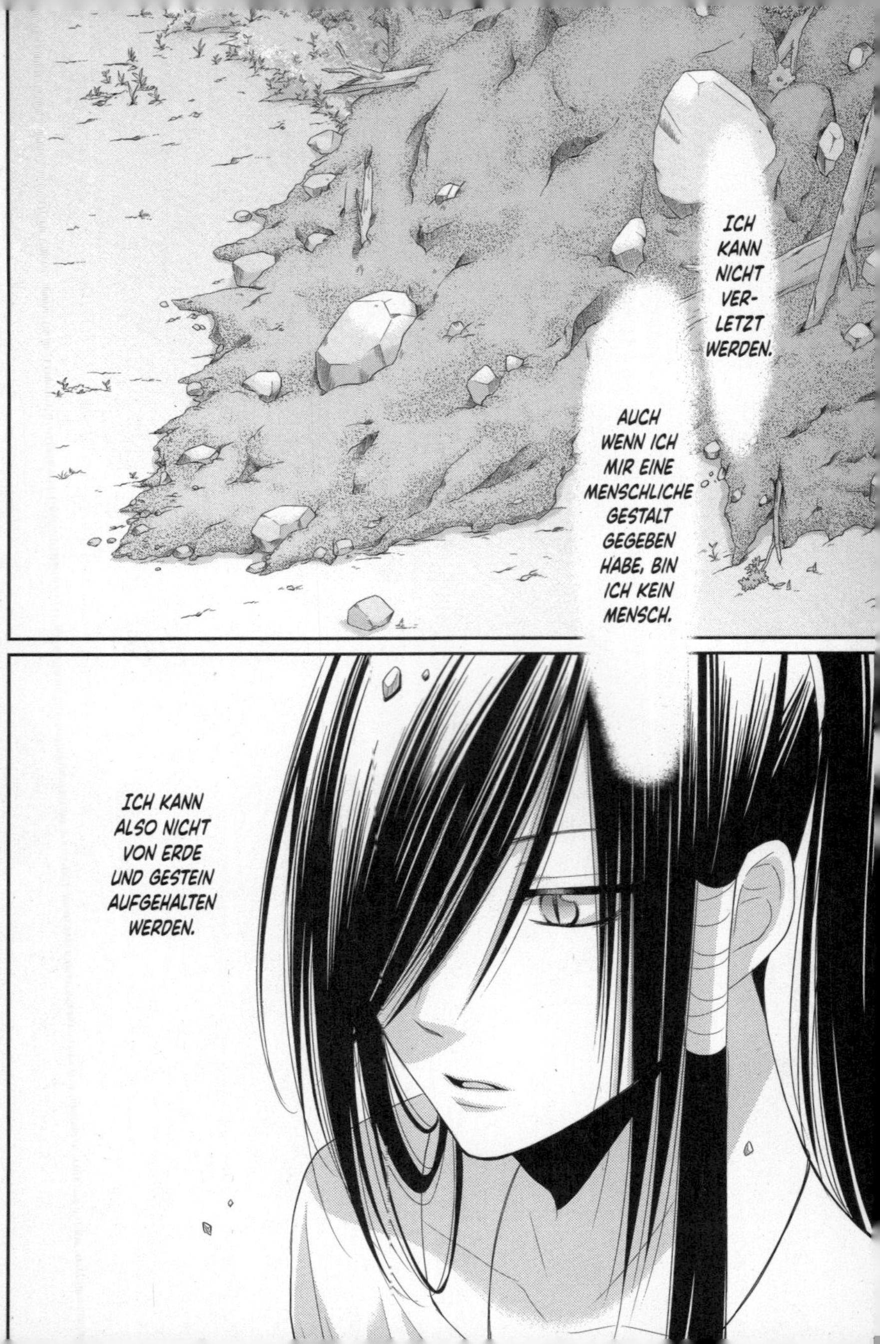

ICH KANN NICHT VER- LETZT WERDEN.

AUCH WENN ICH MIR EINE MENSCHLICHE GESTALT GEGEBEN HABE, BIN ICH KEIN MENSCH.

ICH KANN ALSO NICHT VON ERDE UND GESTEIN AUFGEHALTEN WERDEN.

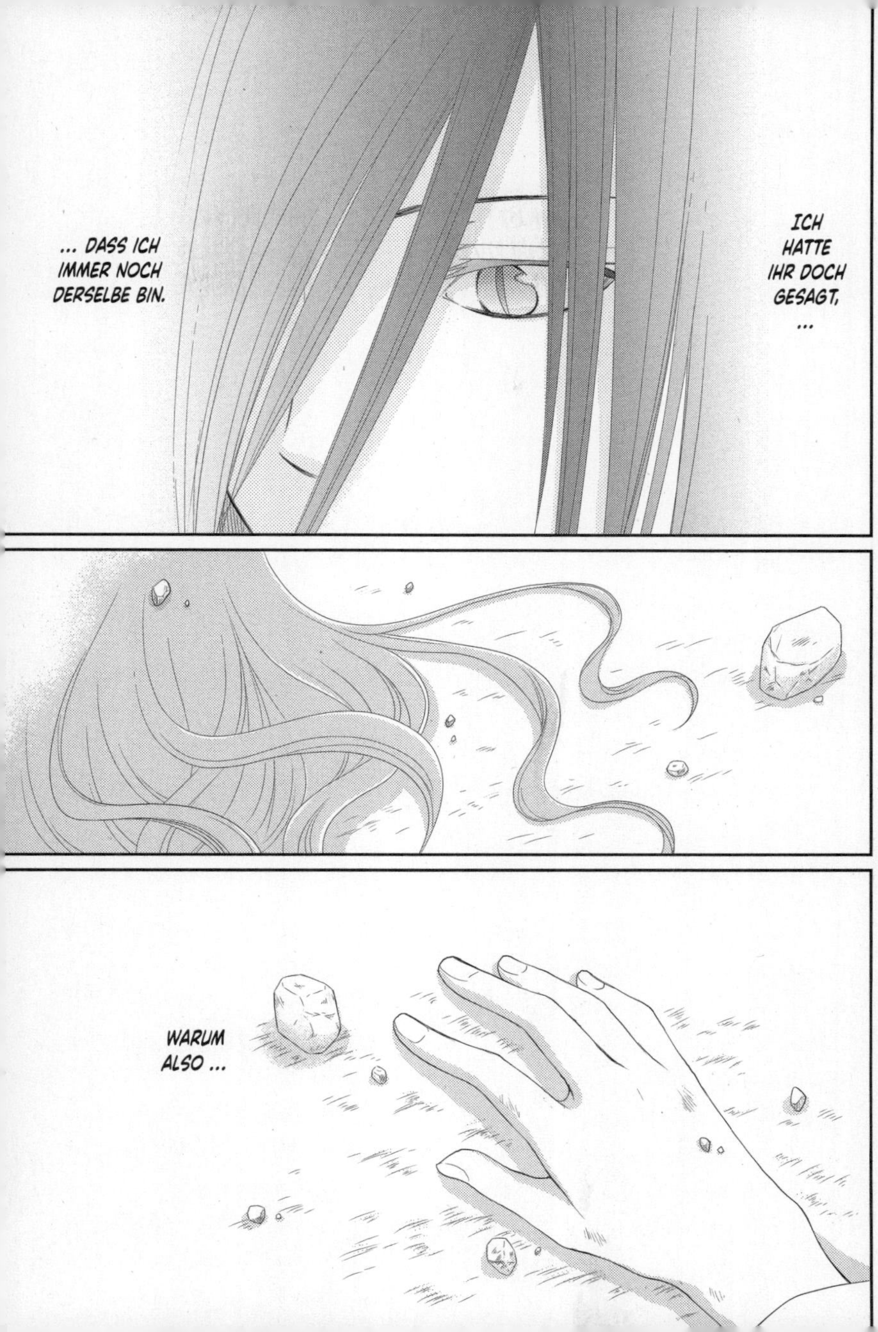

ICH HATTE IHR DOCH GESAGT, ...

... DASS ICH IMMER NOCH DERSELBE BIN.

WARUM ALSO ...

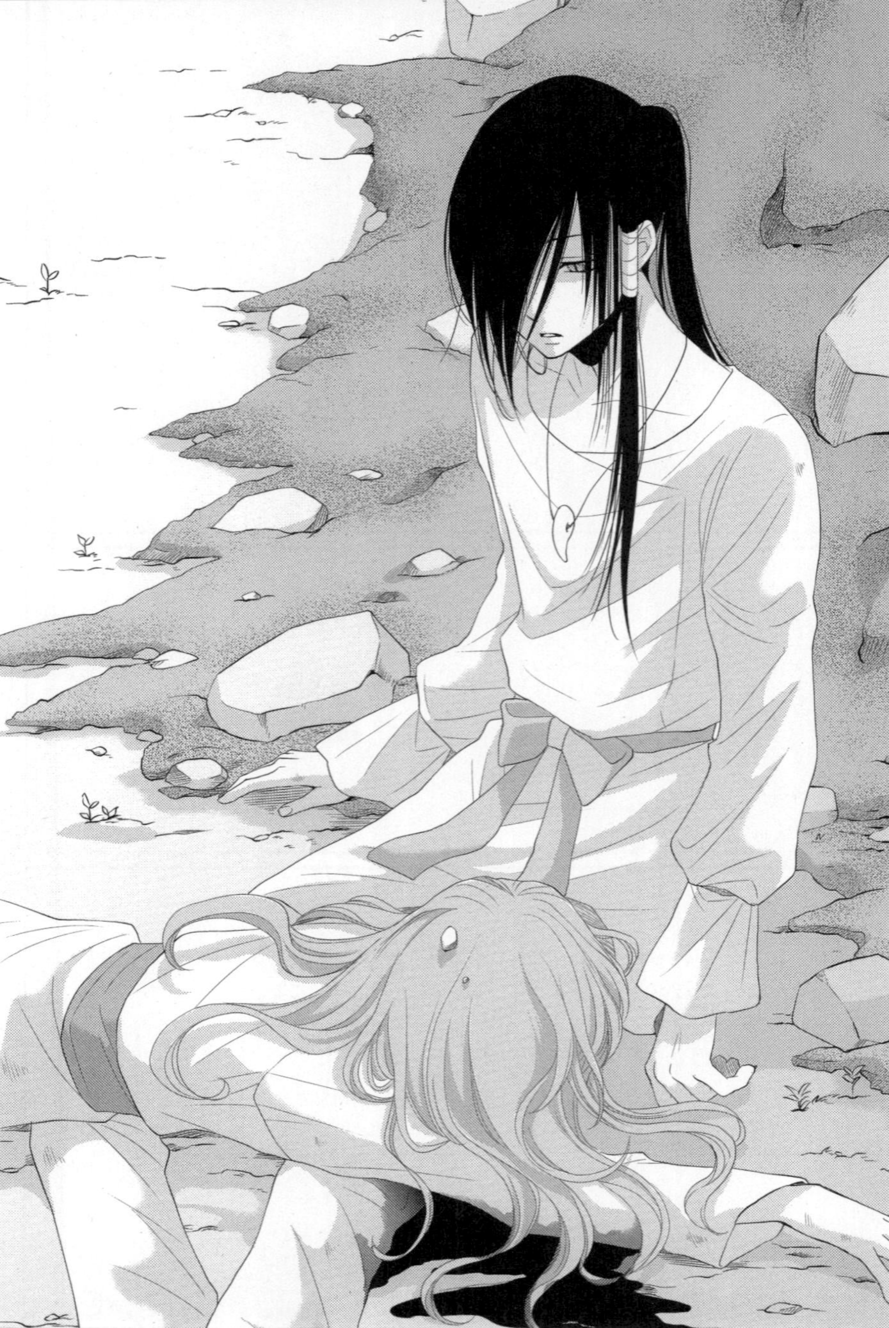

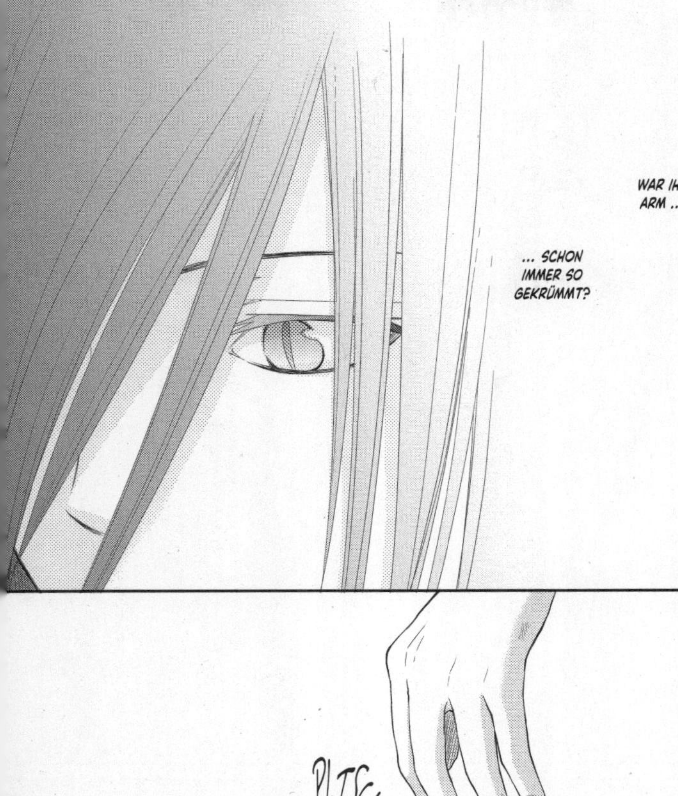

PLTSCH

ICH MUSS SIE SCHNELL HEILEN.

DAS IST ES, WAS ICH TUN MUSS.

ICH KANN HEILEN, WAS VERBOGEN UND GEBROCHEN IST.

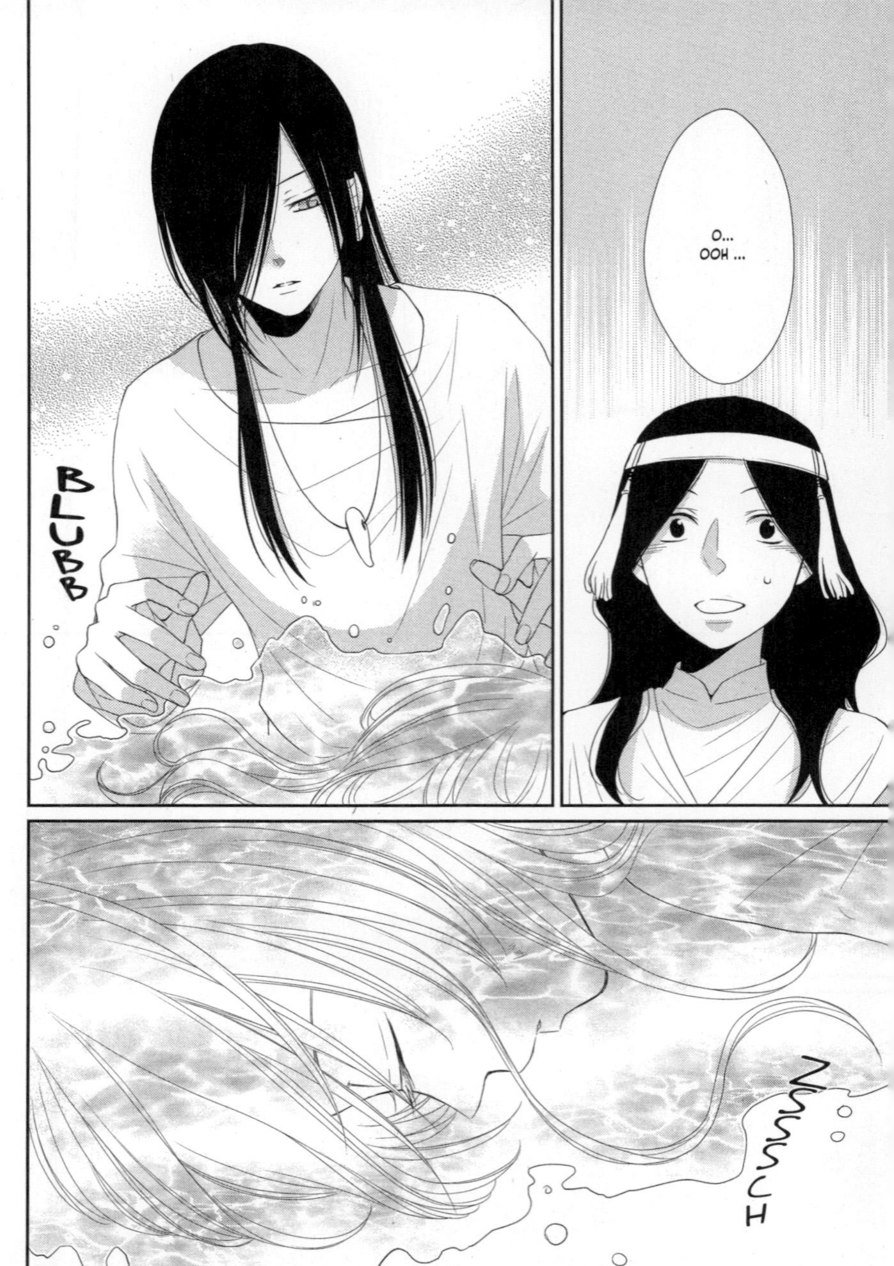
O...
OOH ...
BLUBB

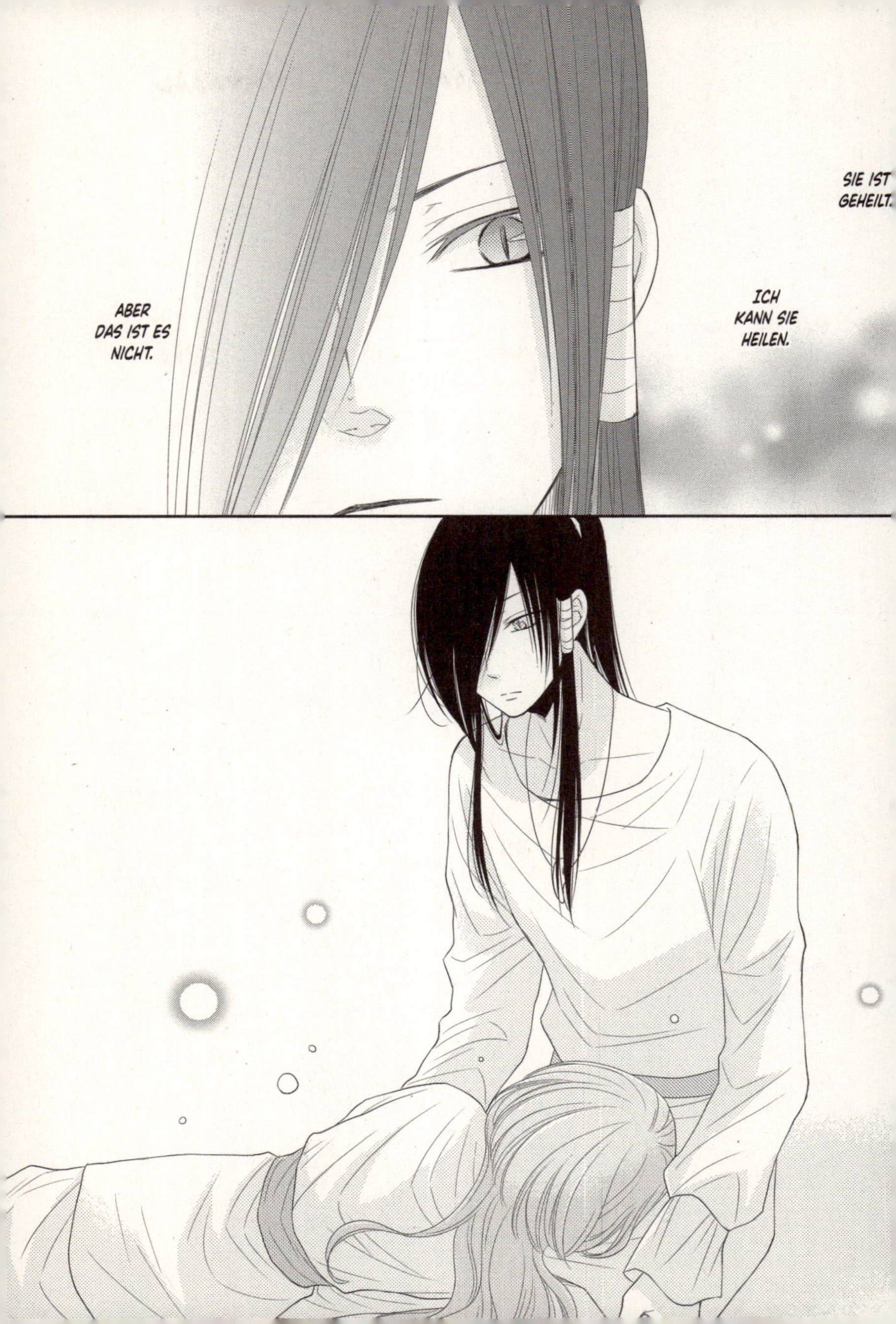
SIE IST GEHEILT.
ICH KANN SIE HEILEN.
ABER DAS IST ES NICHT.

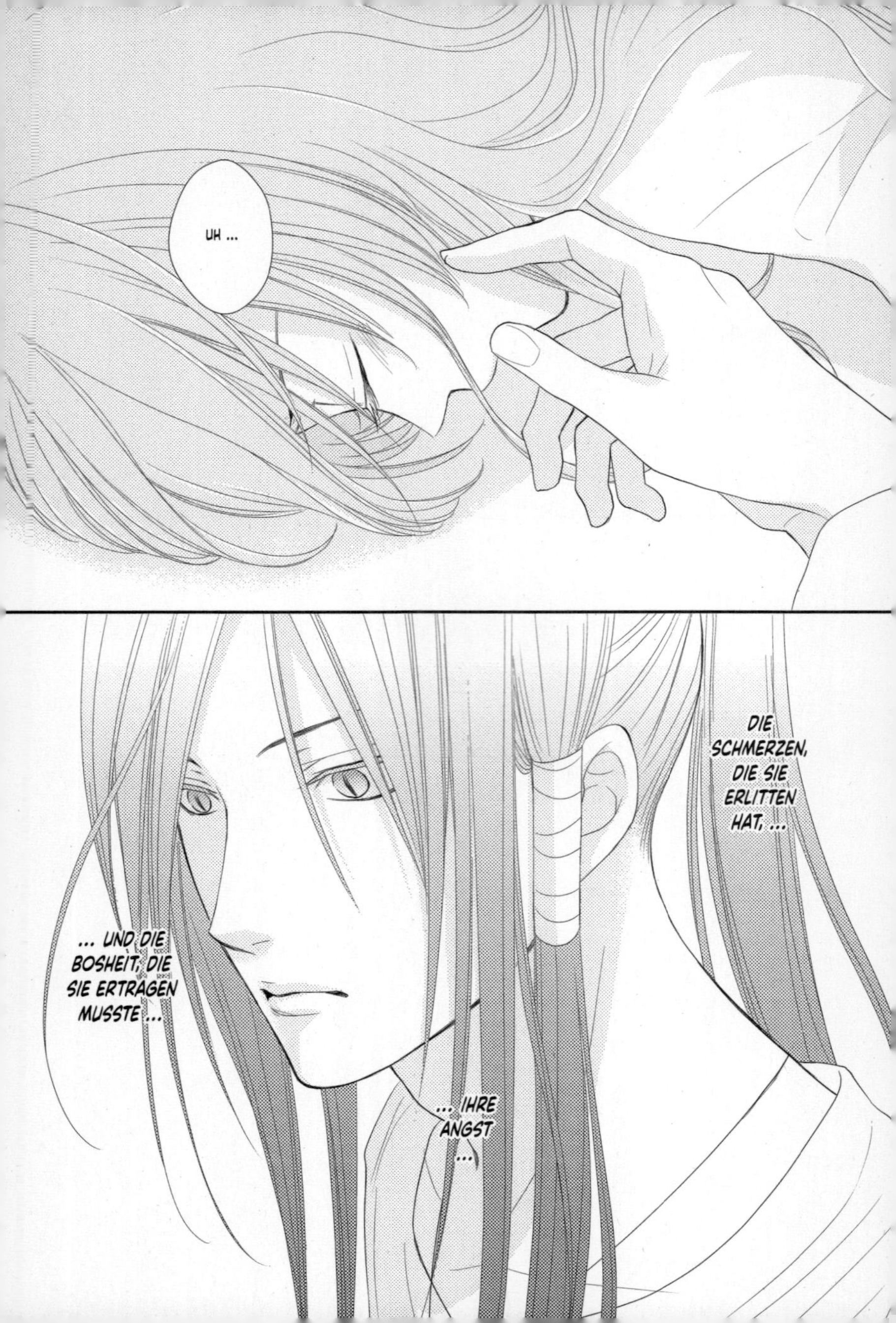
UH ...
DIE SCHMERZEN, DIE SIE ERLITTEN HAT, ...
... UND DIE BOSHEIT, DIE SIE ERTRAGEN MUSSTE ...
... IHRE ANGST ...

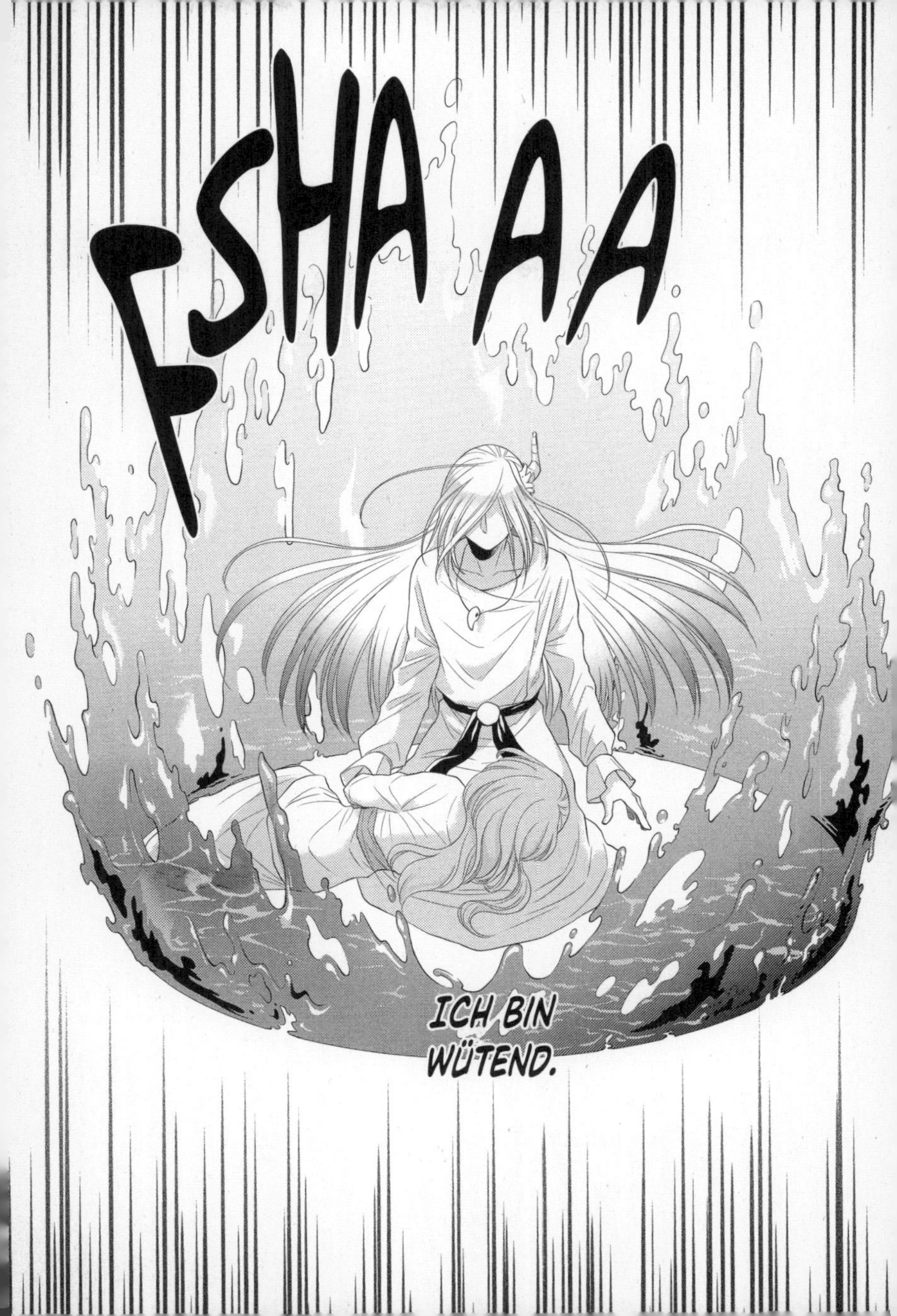
FSHAAA
ICH BIN
WÜTEND.

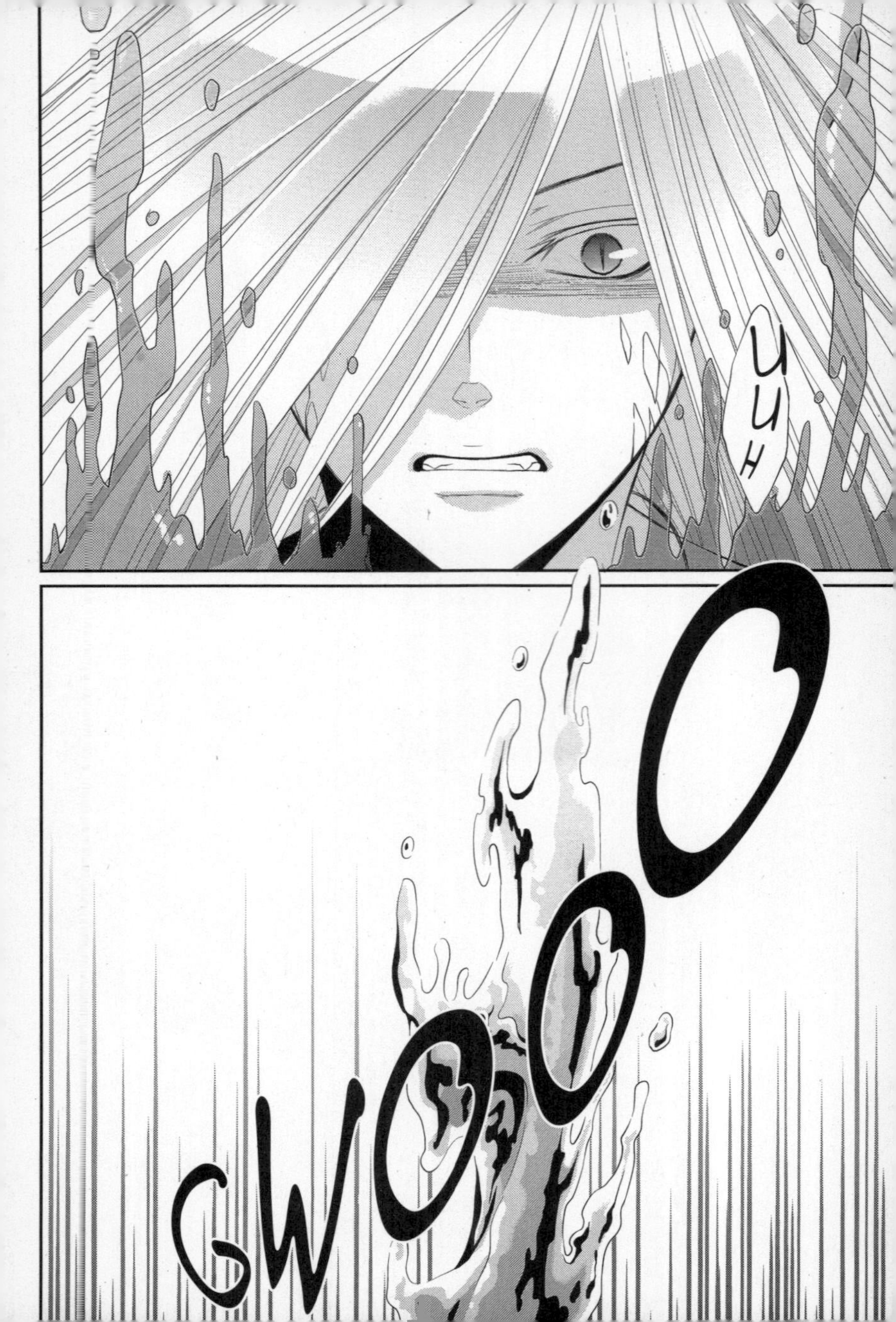
UUH
GWOOOO

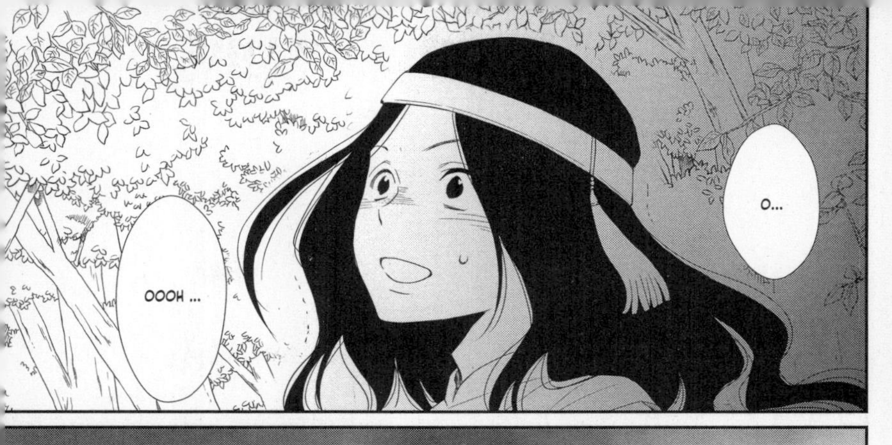
O...
OOOH ...

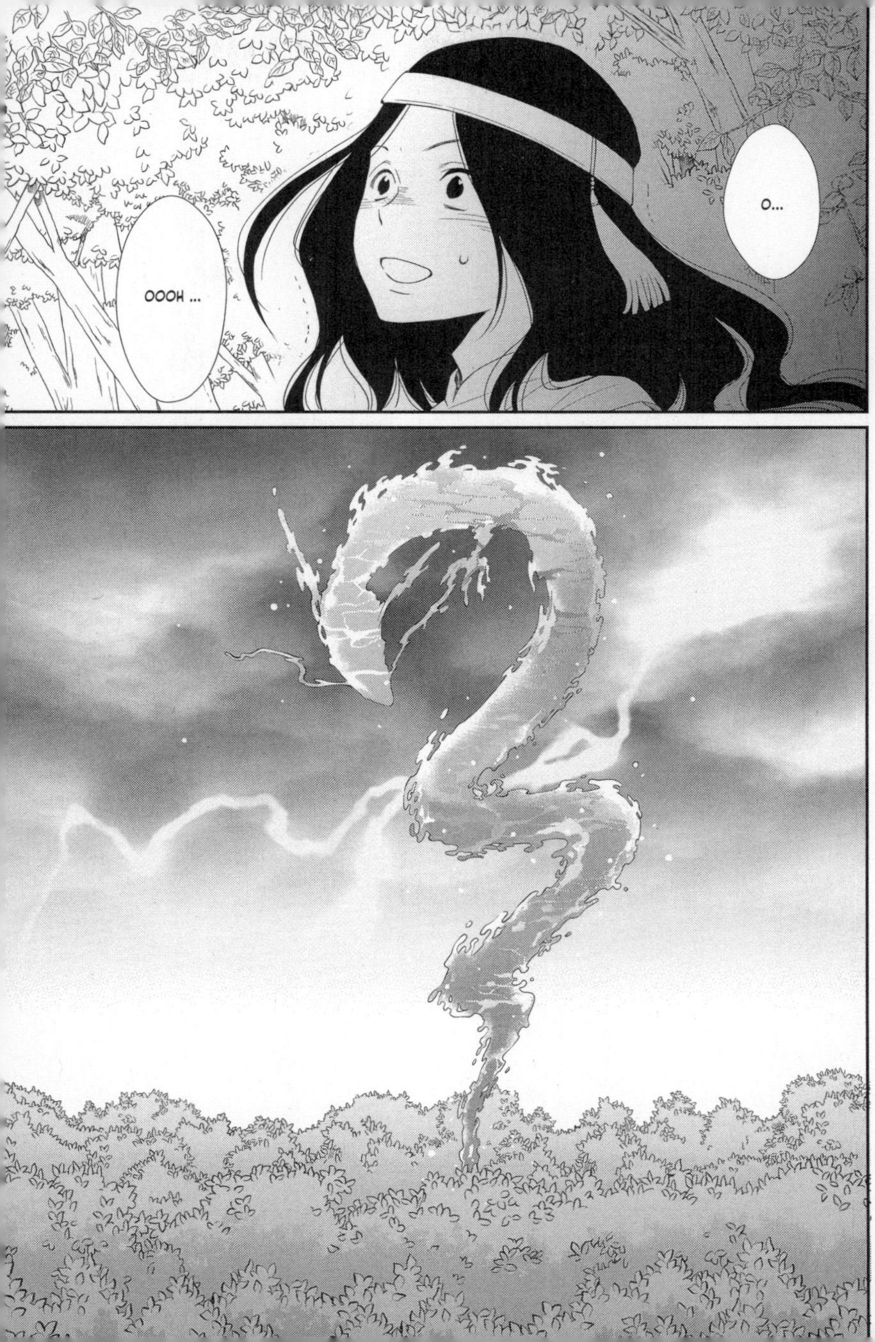

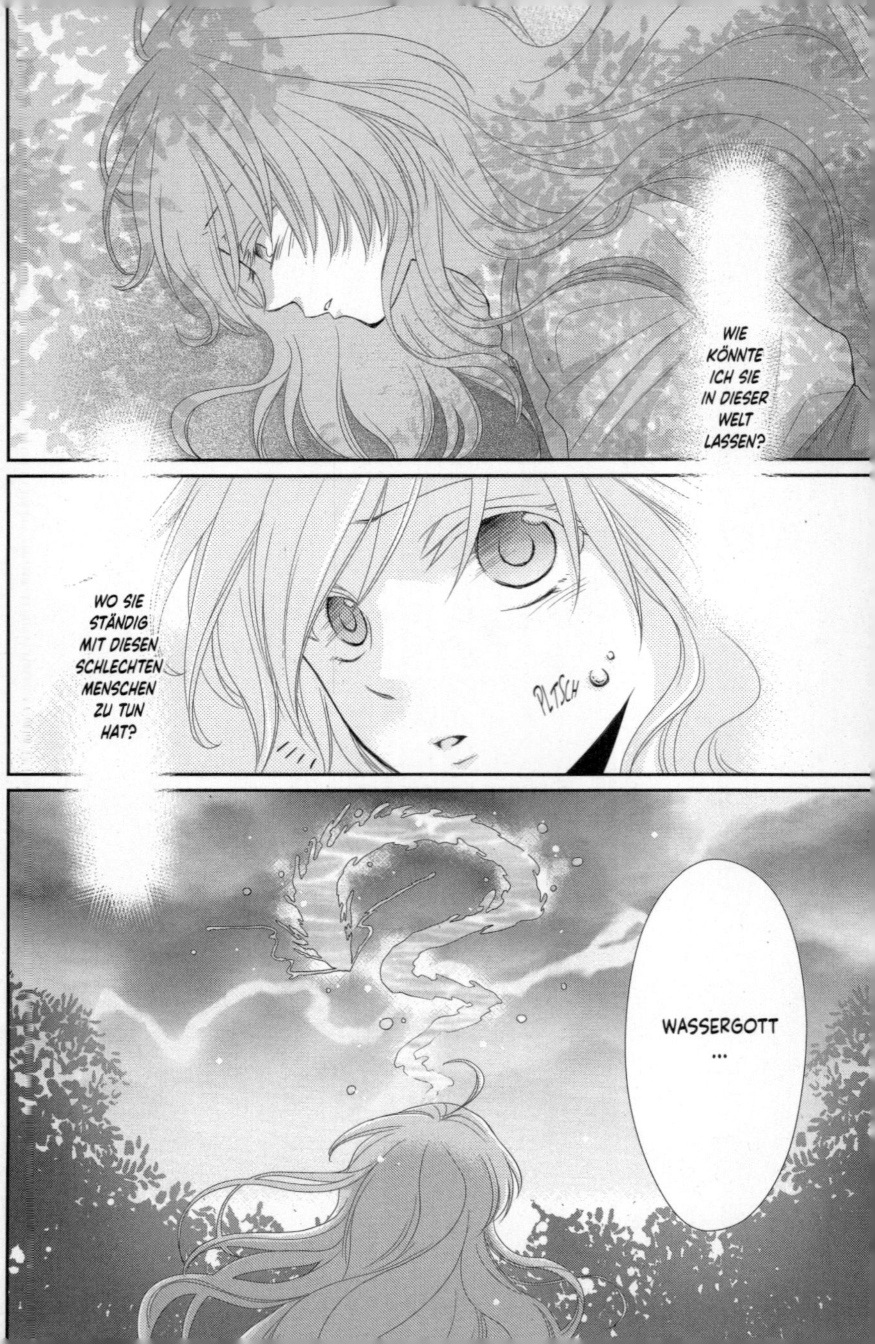

WIE KÖNNTE ICH SIE IN DIESER WELT LASSEN?

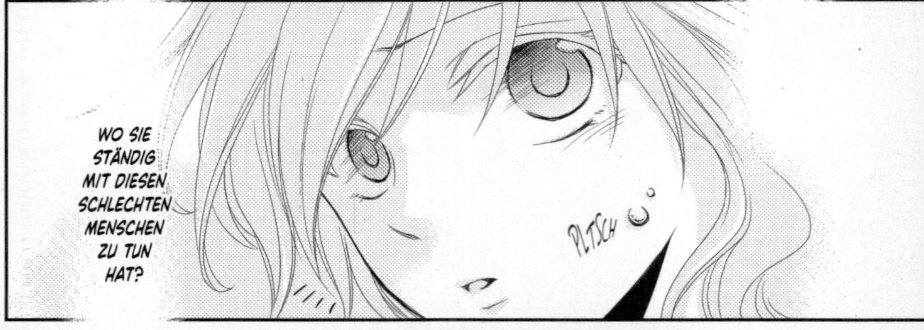

WASSERGOTT ...

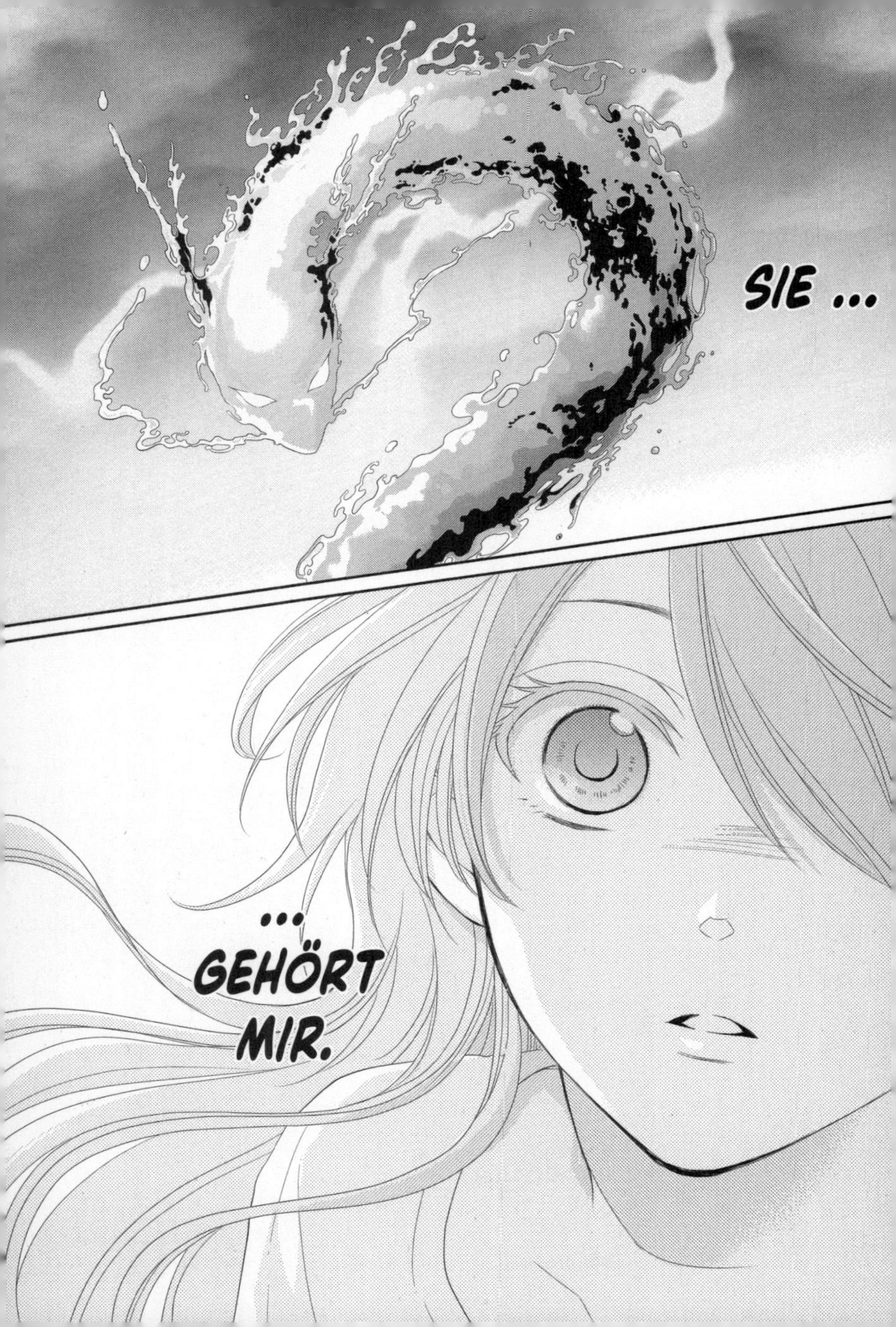
SIE ...
... GEHÖRT MIR.

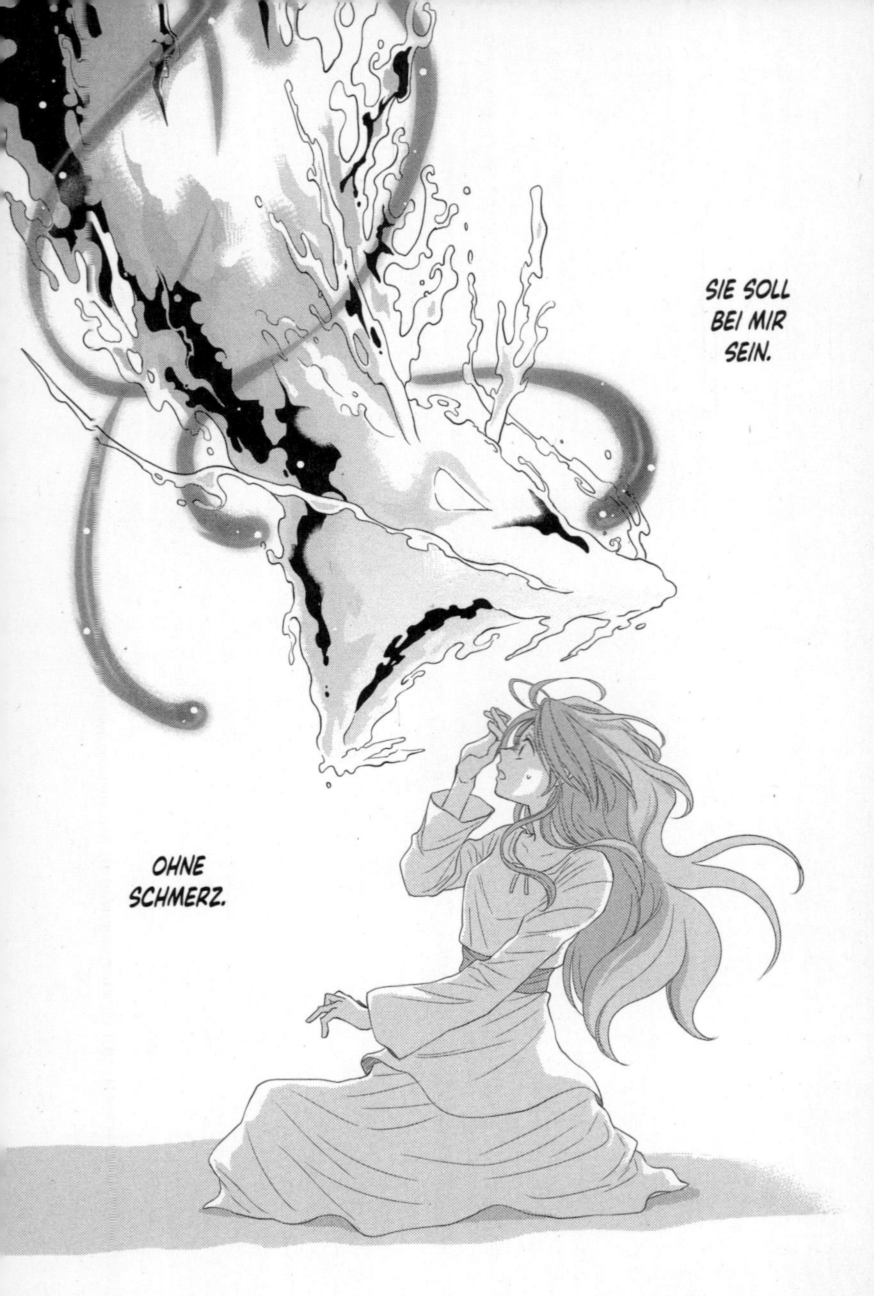
SIE SOLL
BEI MIR
SEIN.
OHNE
SCHMERZ.

OHNE LEID.

OHNE ANGST.

IM INNEREN EINES GOTTES.

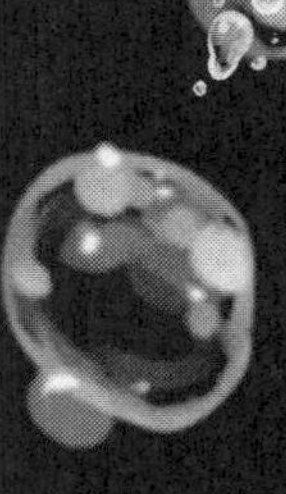

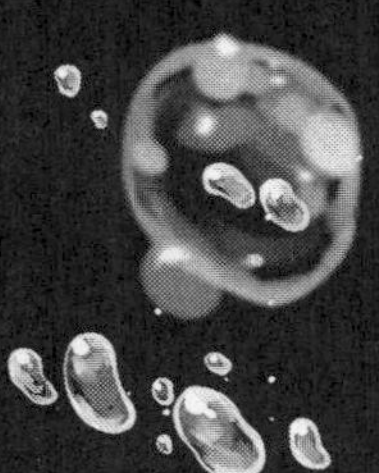

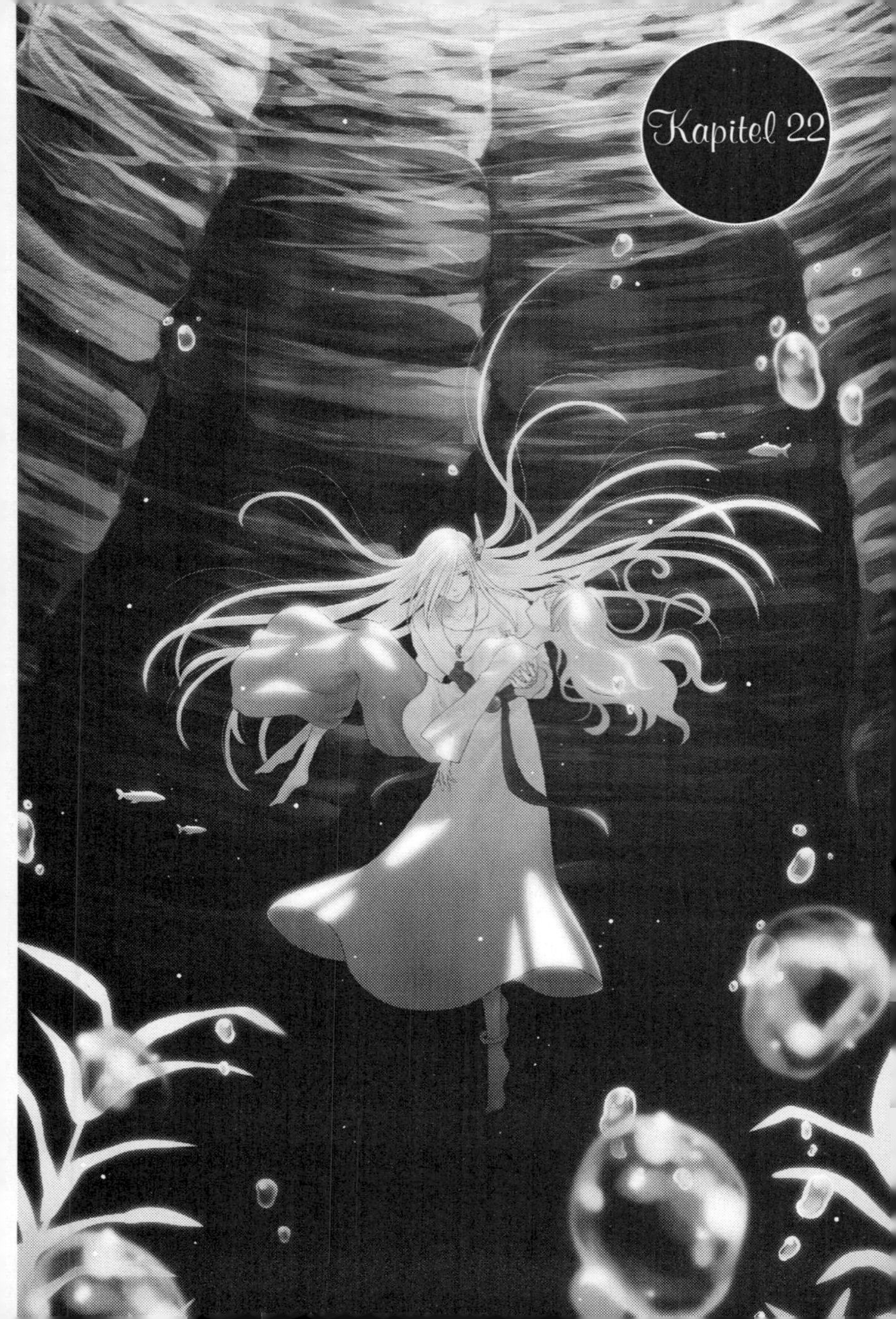
Kapitel 22

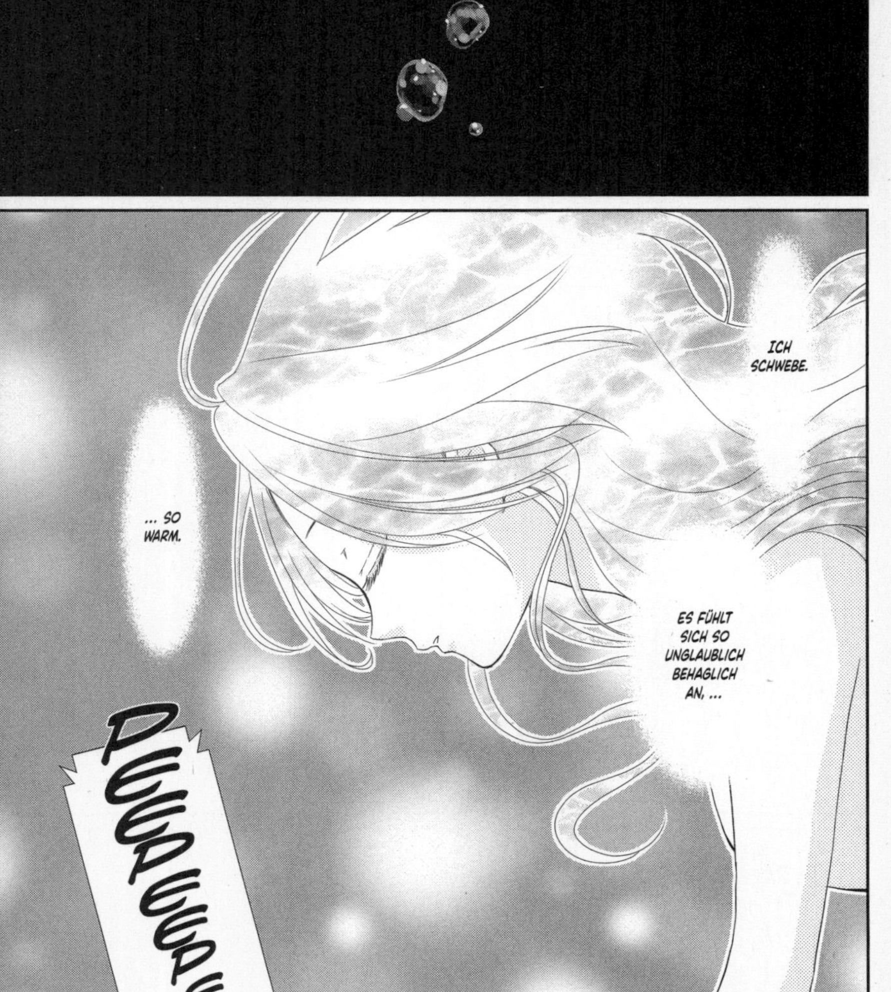
ICH SCHWEBE.
ES FÜHLT SICH SO UNGLAUBLICH BEHAGLICH AN, ...
... SO WARM.
PEEPEEPEEP

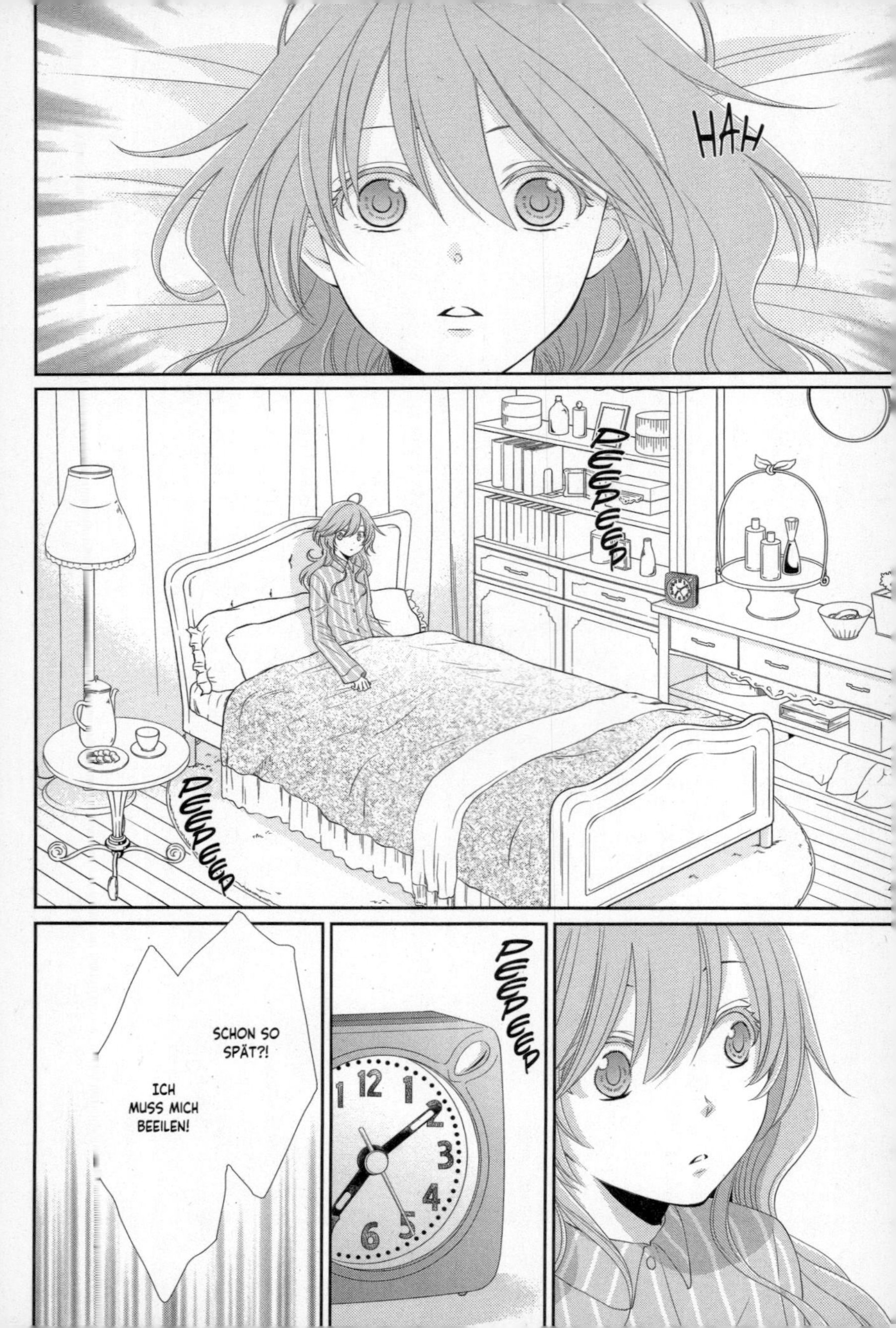
HAH
SCHON SO SPÄT?!
ICH MUSS MICH BEEILEN!

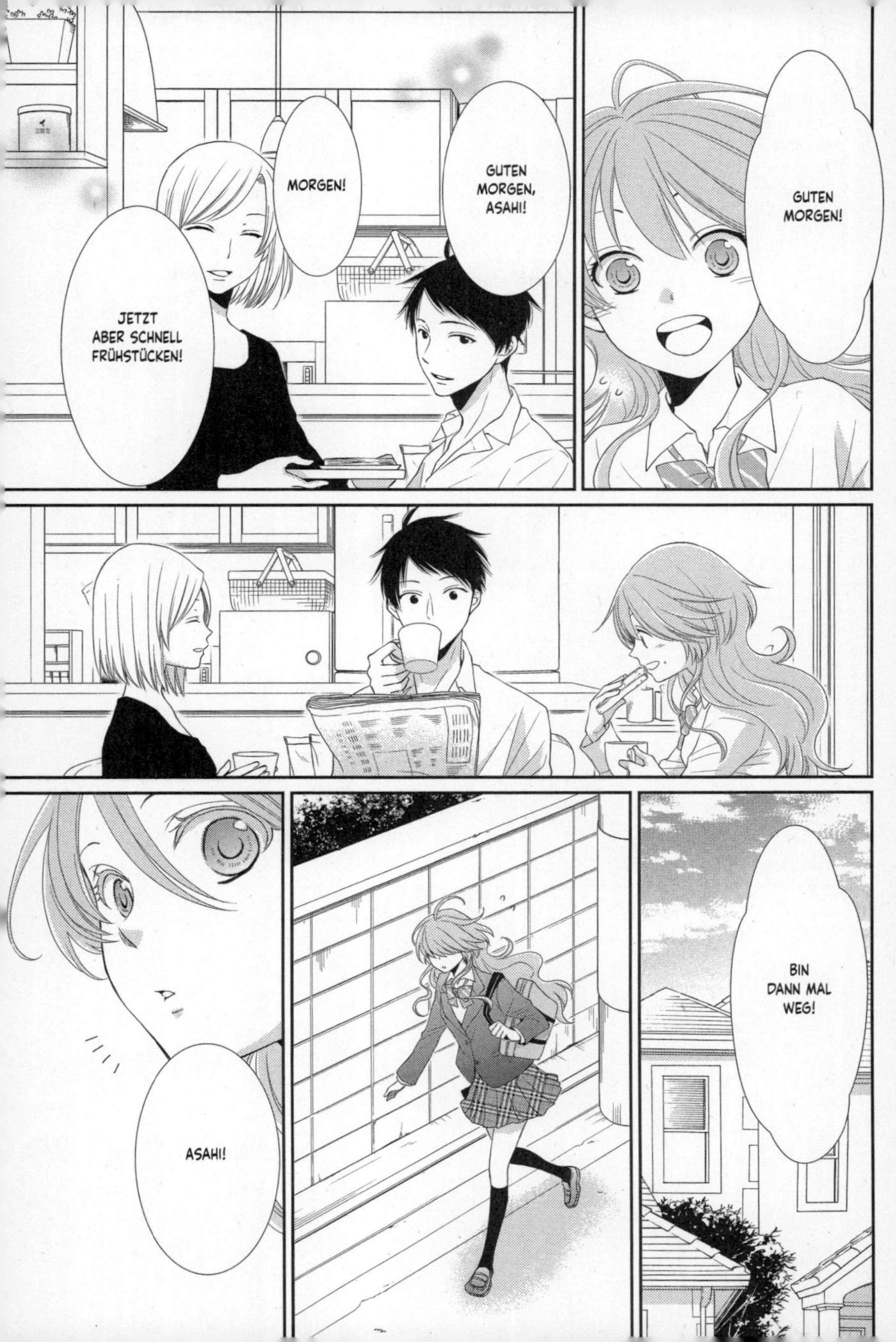
GUTEN MORGEN!
GUTEN MORGEN, ASAHI!
MORGEN!
JETZT ABER SCHNELL FRÜHSTÜCKEN!
BIN DANN MAL WEG!
ASAHI!

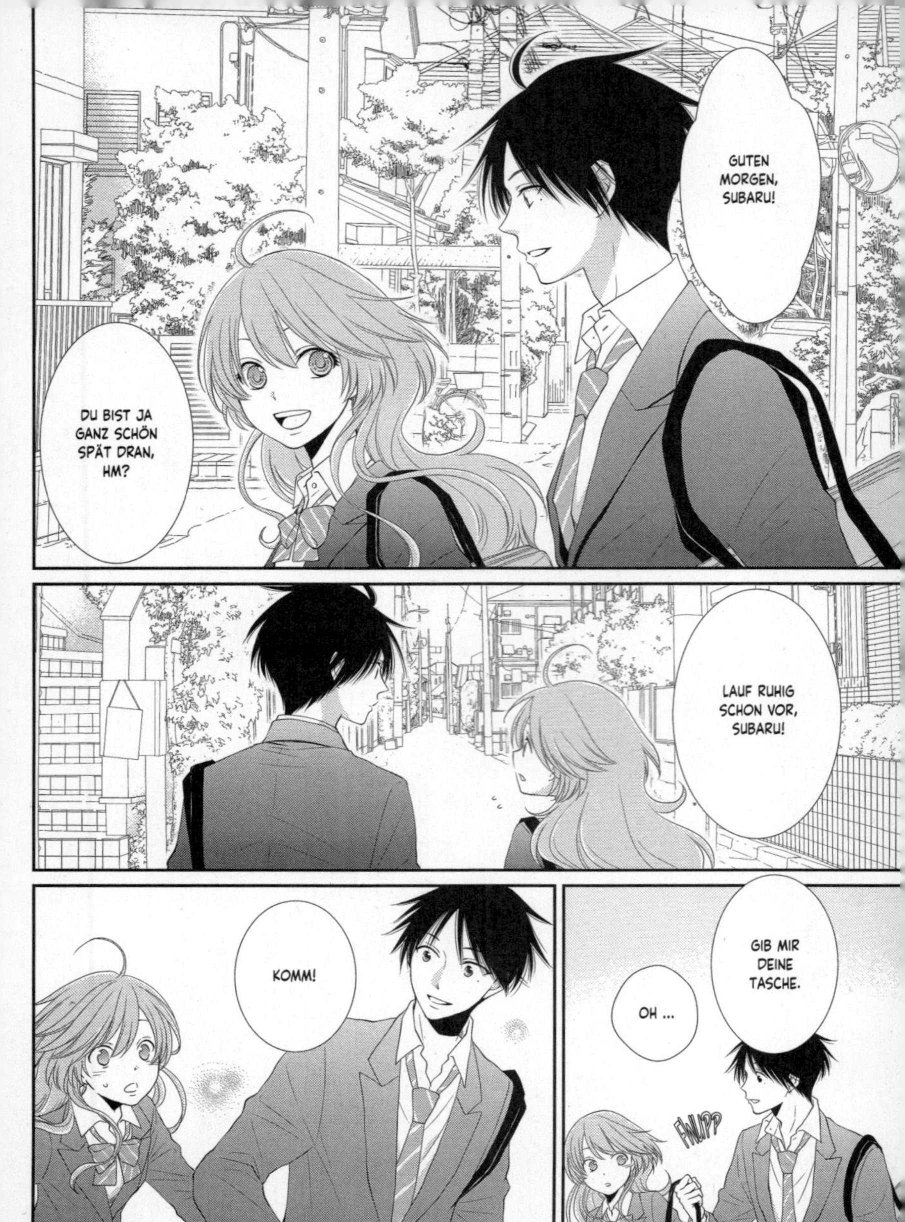

GUTEN MORGEN, SUBARU!
DU BIST JA GANZ SCHÖN SPÄT DRAN, HM?
LAUF RUHIG SCHON VOR, SUBARU!
GIB MIR DEINE TASCHE.
OH ...
FWUPP
KOMM!

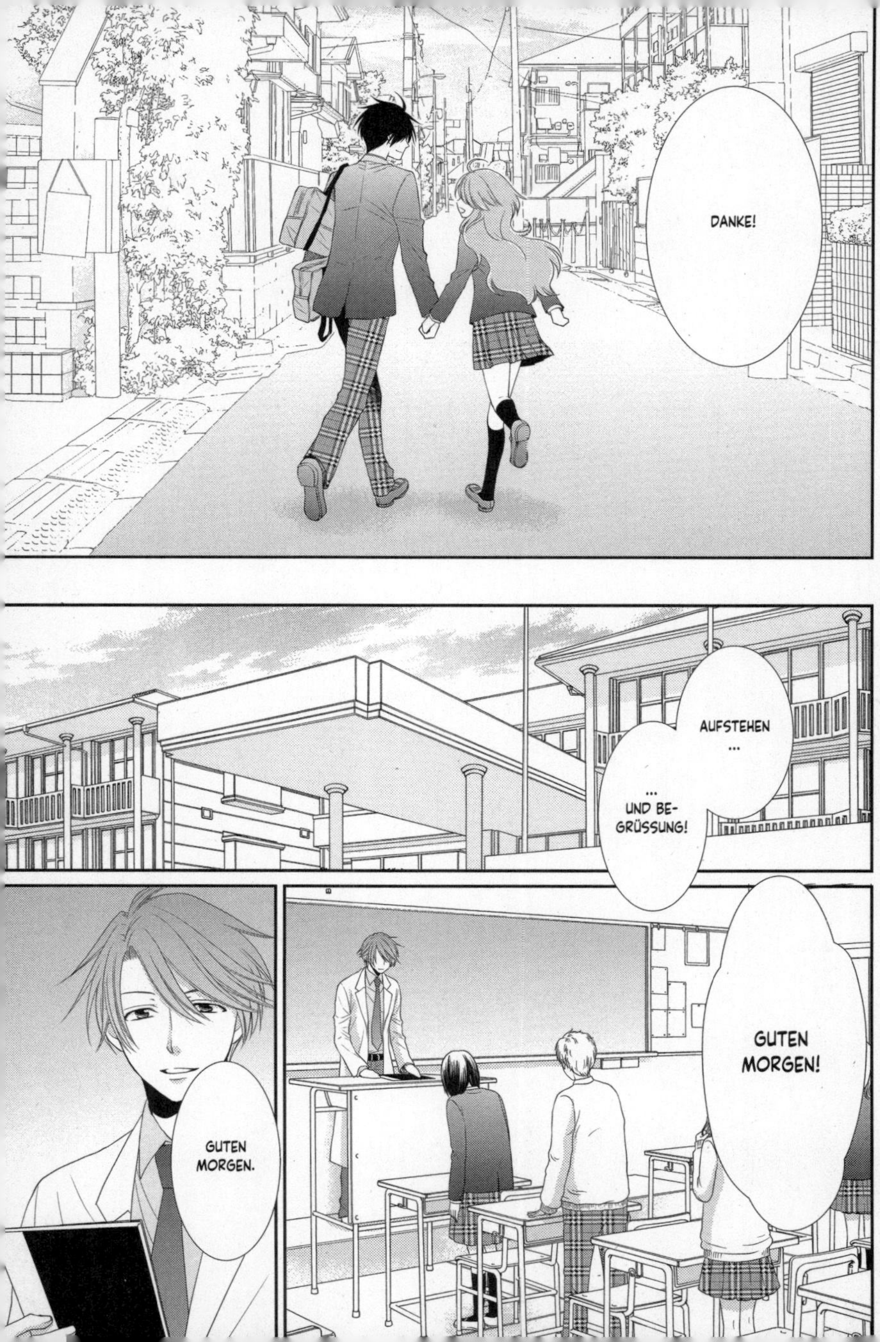

DANKE!
AUFSTEHEN ...
... UND BEGRÜSSUNG!
GUTEN MORGEN!
GUTEN MORGEN.

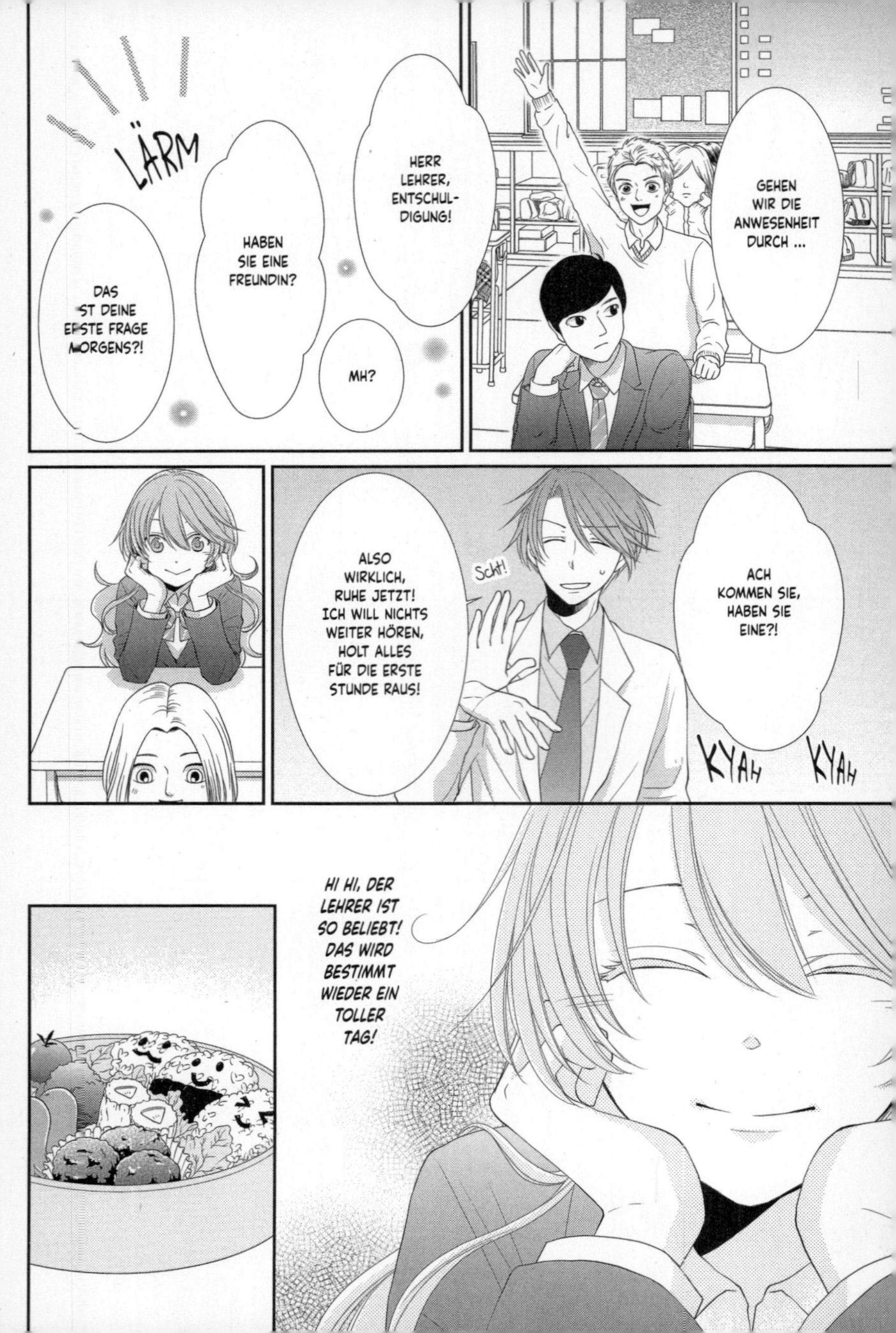
GEHEN WIR DIE ANWESENHEIT DURCH ...
HERR LEHRER, ENTSCHULDIGUNG!
MH?
HABEN SIE EINE FREUNDIN?
LÄRM
DAS IST DEINE ERSTE FRAGE MORGENS?!
ACH KOMMEN SIE, HABEN SIE EINE?!
KYAH KYAH
Scht!
ALSO WIRKLICH, RUHE JETZT! ICH WILL NICHTS WEITER HÖREN, HOLT ALLES FÜR DIE ERSTE STUNDE RAUS!
HI HI, DER LEHRER IST SO BELIEBT! DAS WIRD BESTIMMT WIEDER EIN TOLLER TAG!

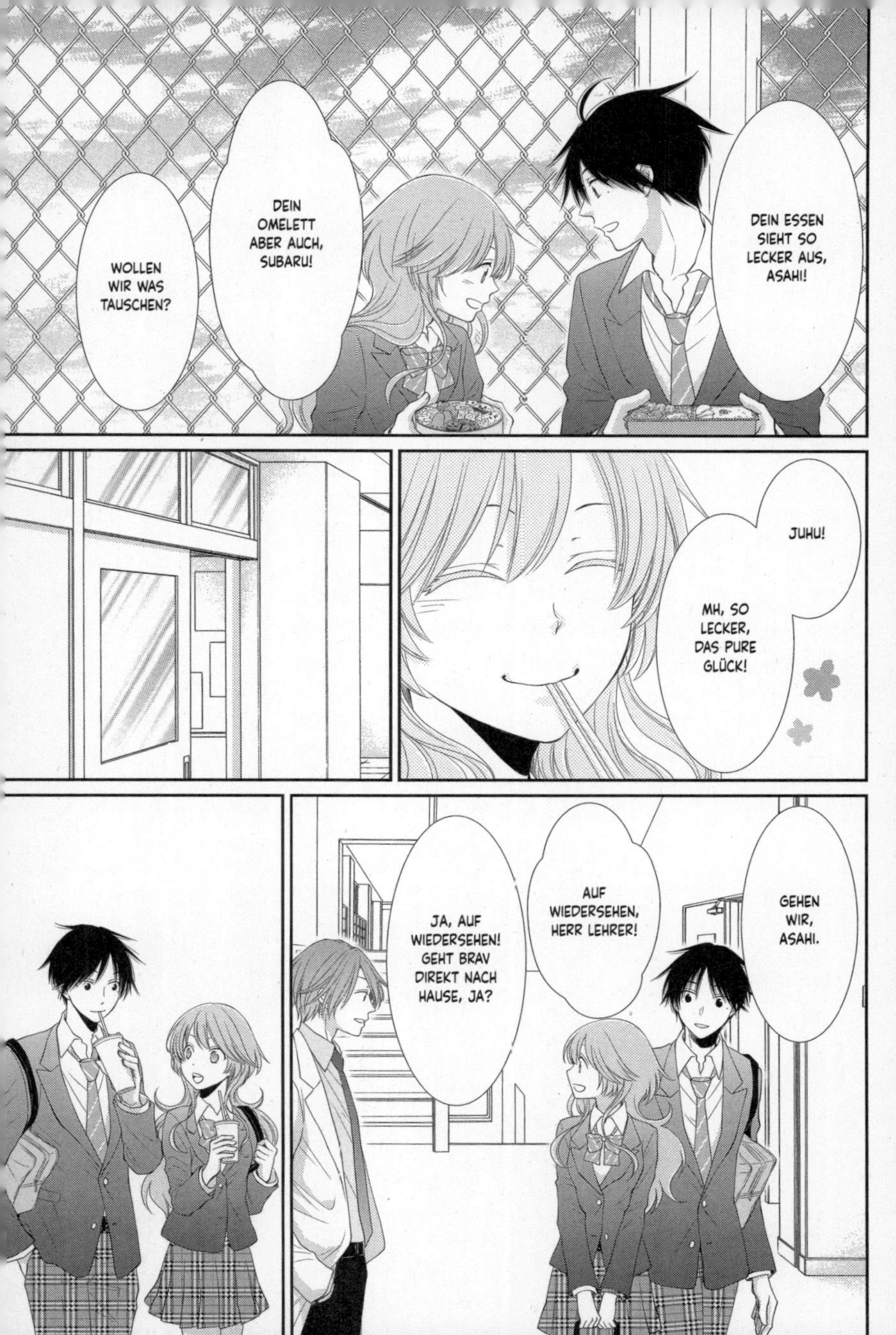
DEIN ESSEN SIEHT SO LECKER AUS, ASAHI!
DEIN OMELETT ABER AUCH, SUBARU!
WOLLEN WIR WAS TAUSCHEN?
JUHU!
MH, SO LECKER, DAS PURE GLÜCK!
GEHEN WIR, ASAHI.
AUF WIEDERSEHEN, HERR LEHRER!
JA, AUF WIEDERSEHEN! GEHT BRAV DIREKT NACH HAUSE, JA?

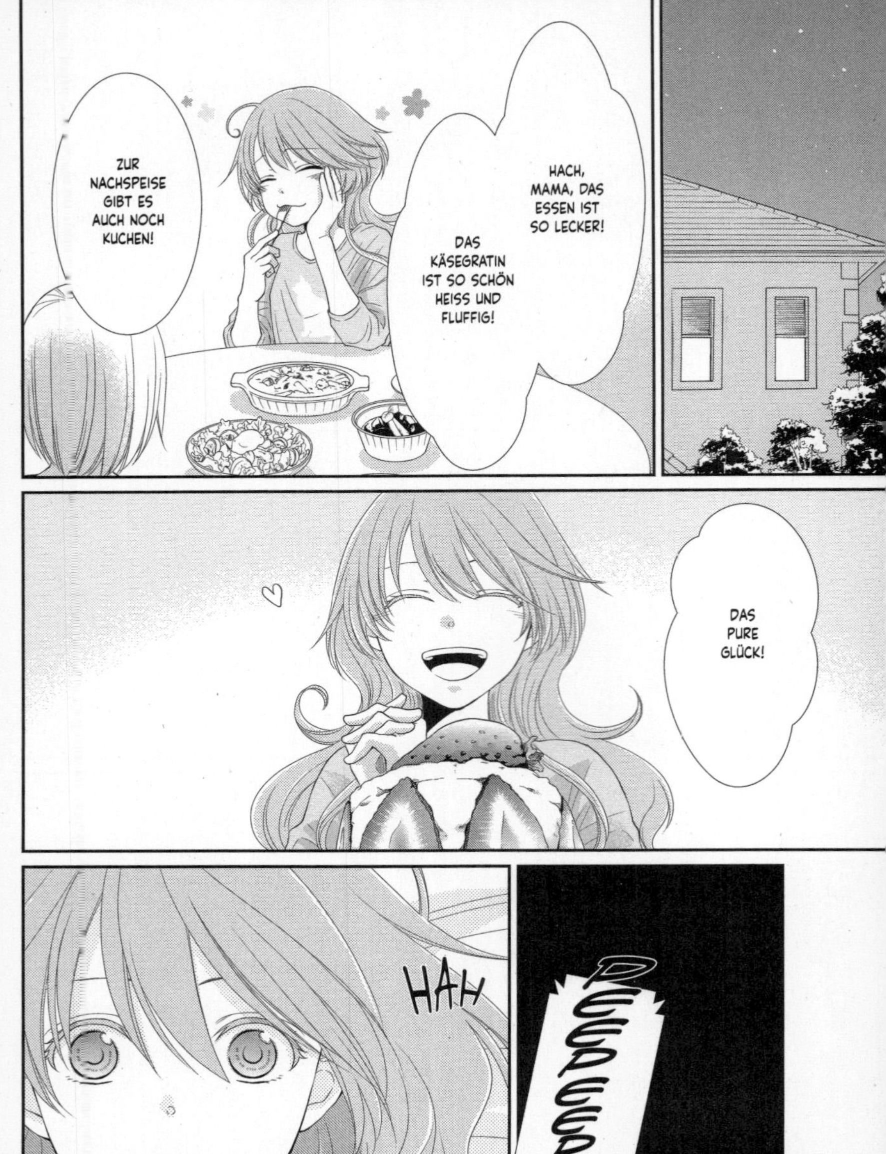
HACH, MAMA, DAS ESSEN IST SO LECKER!
DAS KÄSEGRATIN IST SO SCHÖN HEISS UND FLUFFIG!
ZUR NACHSPEISE GIBT ES AUCH NOCH KUCHEN!
DAS PURE GLÜCK!
PEEPEEPEEP
HAH

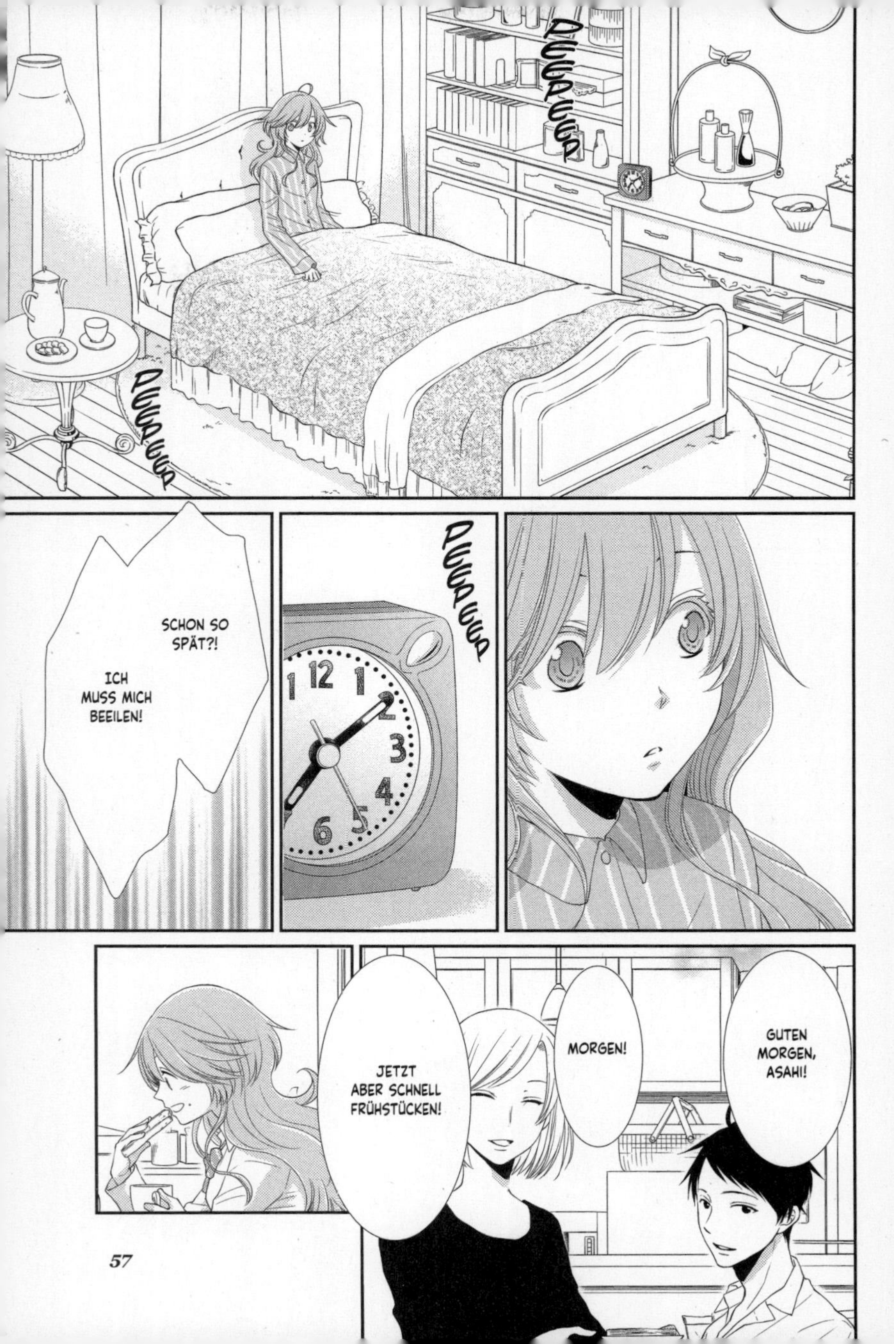
PEEPEEEP
PEEPEEEP
PEEPEEEP
SCHON SO SPÄT?!
ICH MUSS MICH BEEILEN!
GUTEN MORGEN, ASAHI!
MORGEN!
JETZT ABER SCHNELL FRÜHSTÜCKEN!

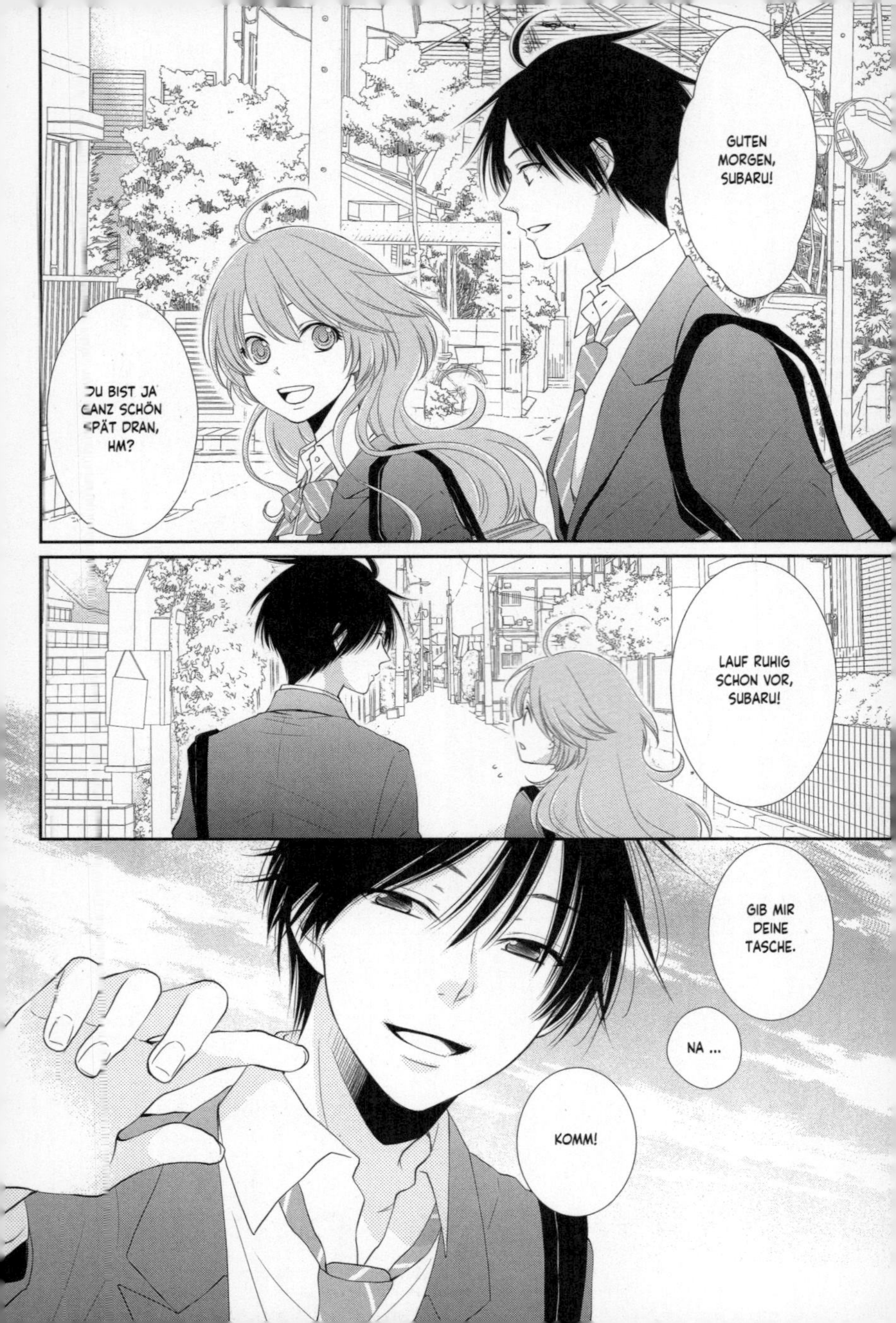
GUTEN MORGEN, SUBARU!
DU BIST JA GANZ SCHÖN SPÄT DRAN, HM?
LAUF RUHIG SCHON VOR, SUBARU!
GIB MIR DEINE TASCHE.
NA ...
KOMM!

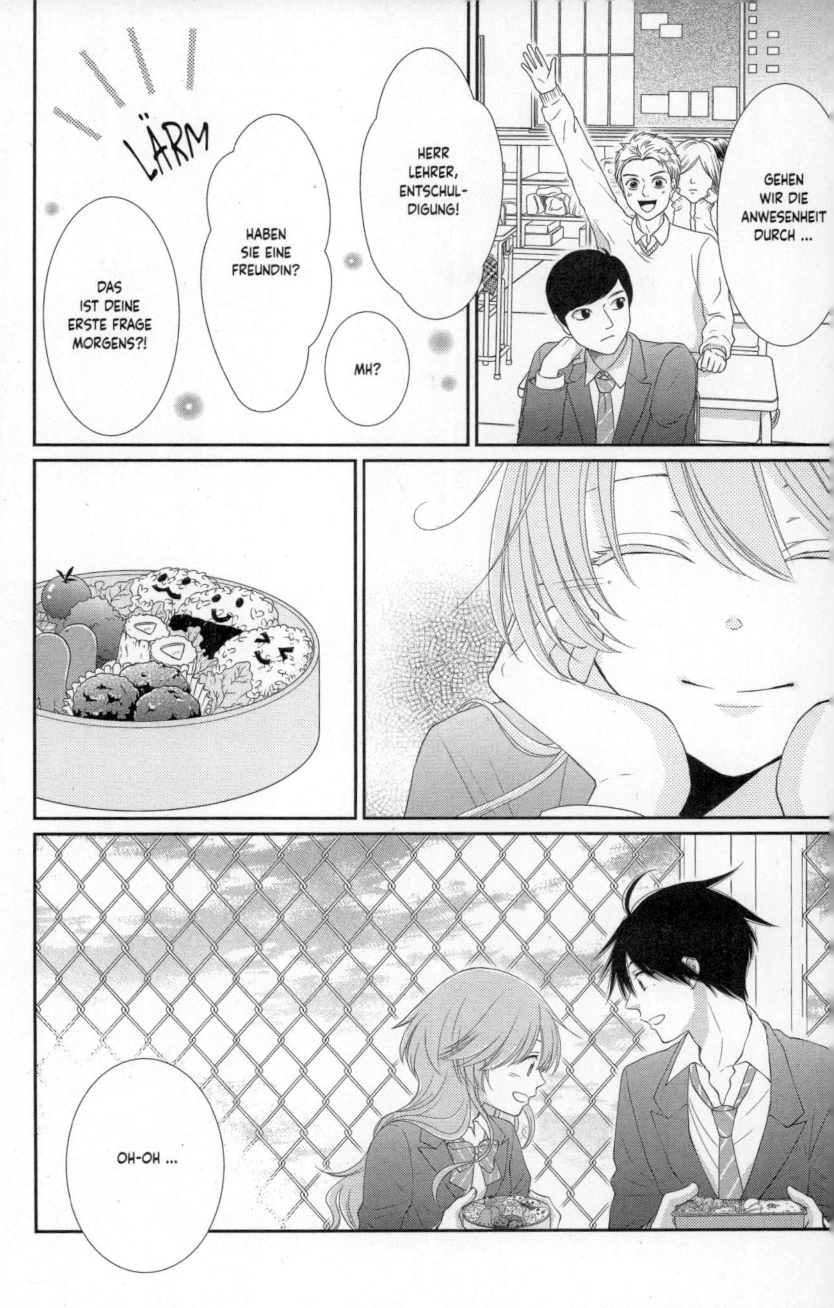
GEHEN WIR DIE ANWESENHEIT DURCH ...
HERR LEHRER, ENTSCHUL-DIGUNG!
HABEN SIE EINE FREUNDIN?
MH?
LÄRM
DAS IST DEINE ERSTE FRAGE MORGENS?!
OH-OH ...

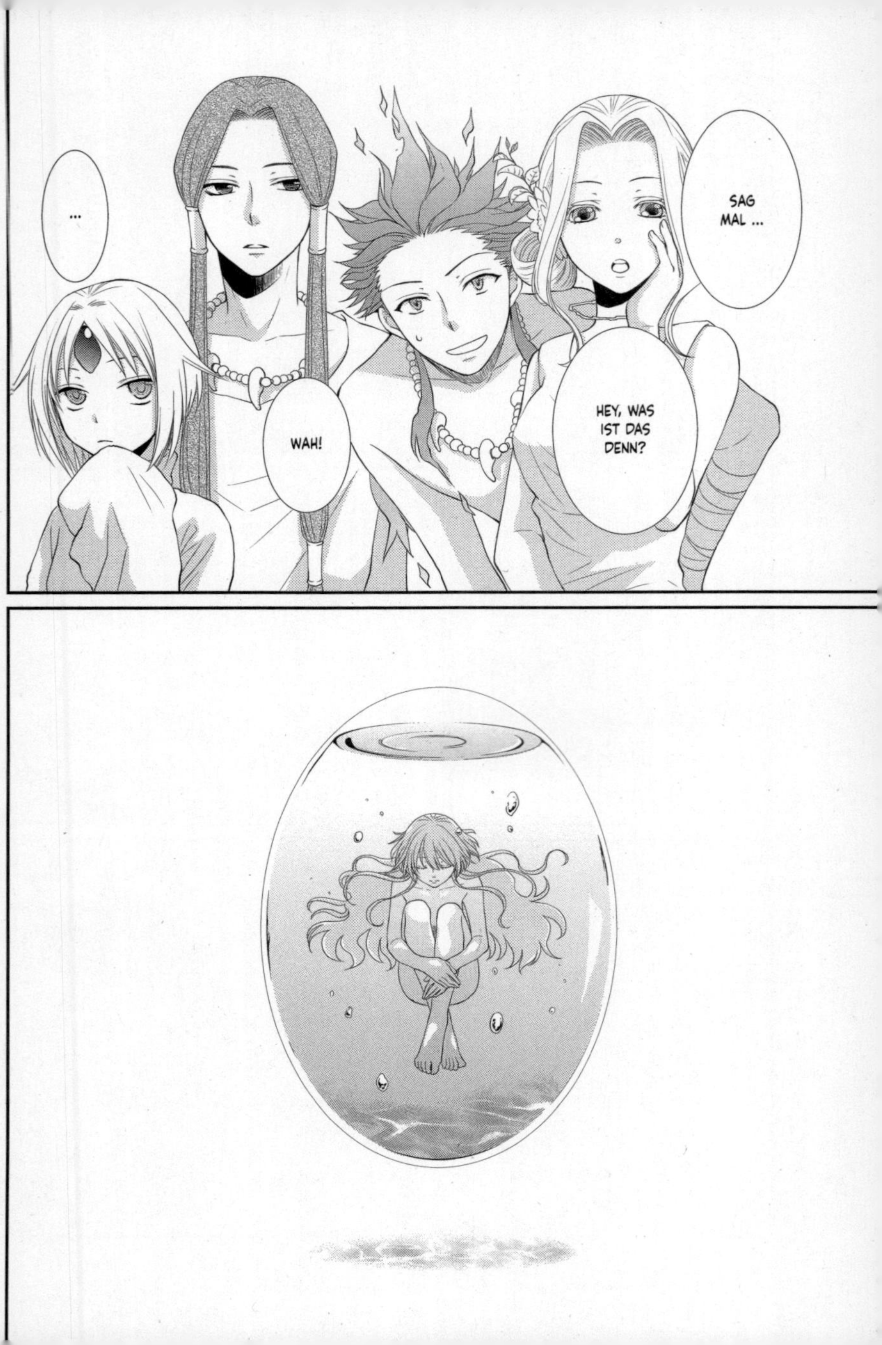

SAG MAL ...

HEY, WAS IST DAS DENN?

WAH!

...

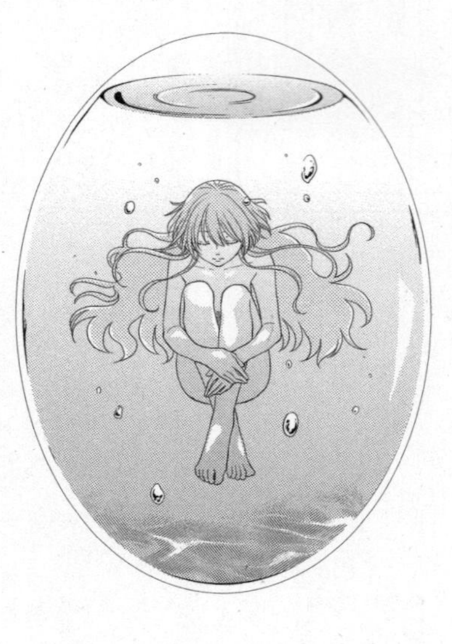

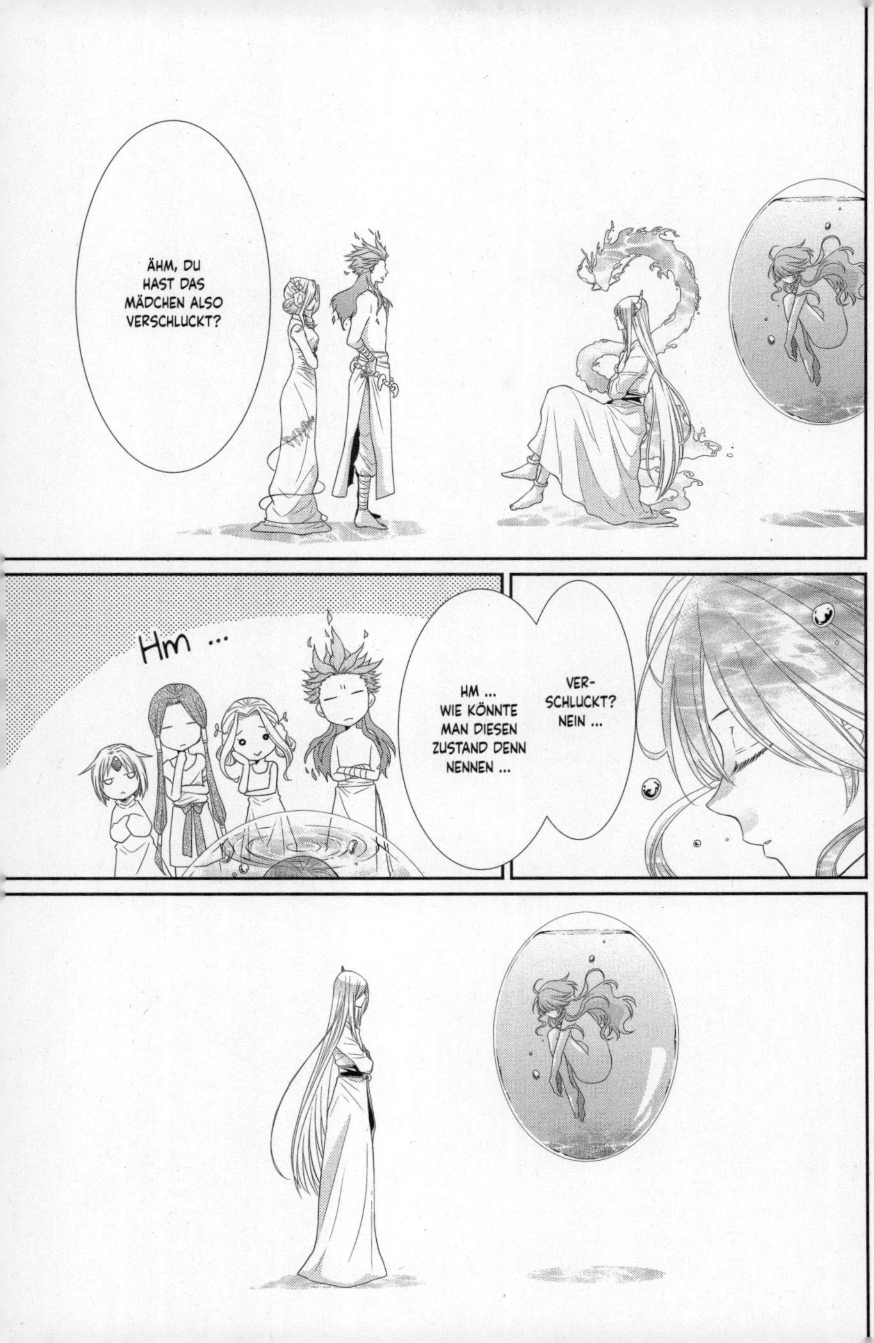

ÄHM, DU HAST DAS MÄDCHEN ALSO VERSCHLUCKT?

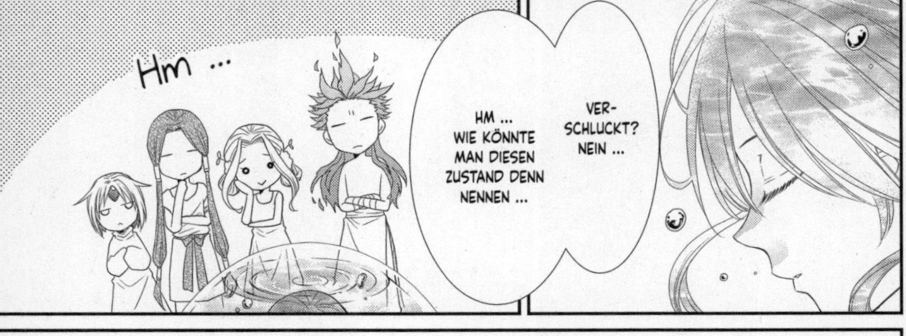

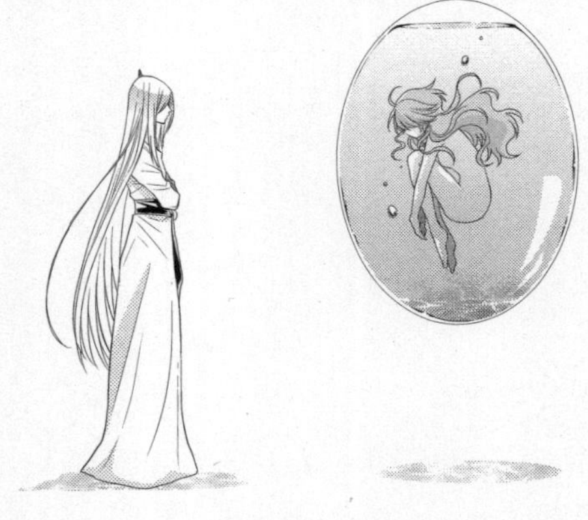

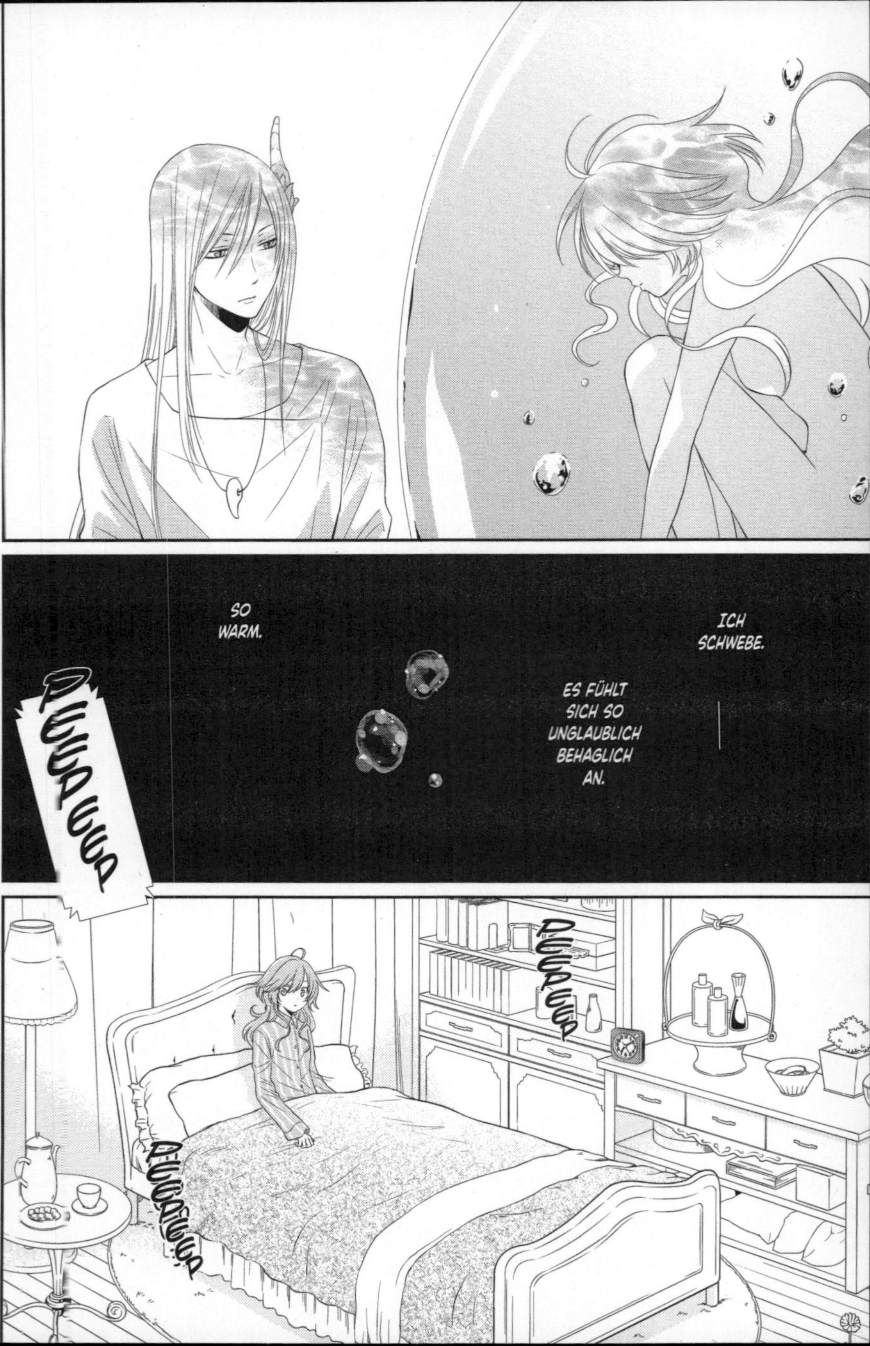

ICH SCHWEBE.

ES FÜHLT SICH SO UNGLAUBLICH BEHAGLICH AN.

SO WARM.

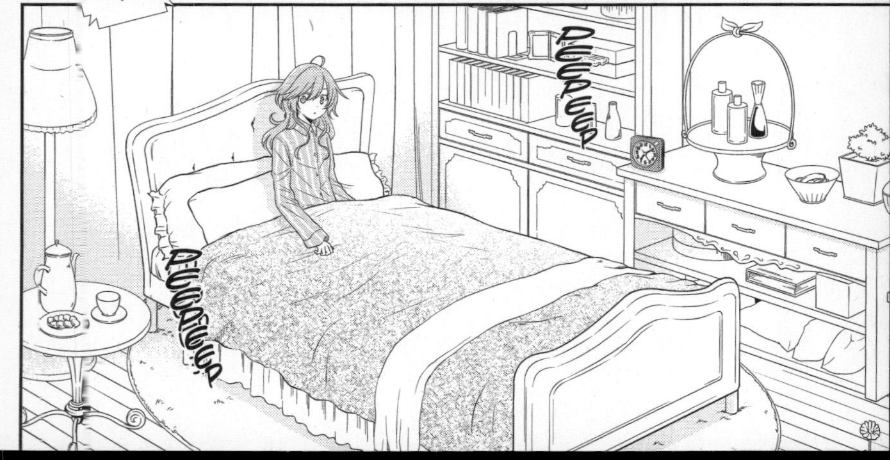

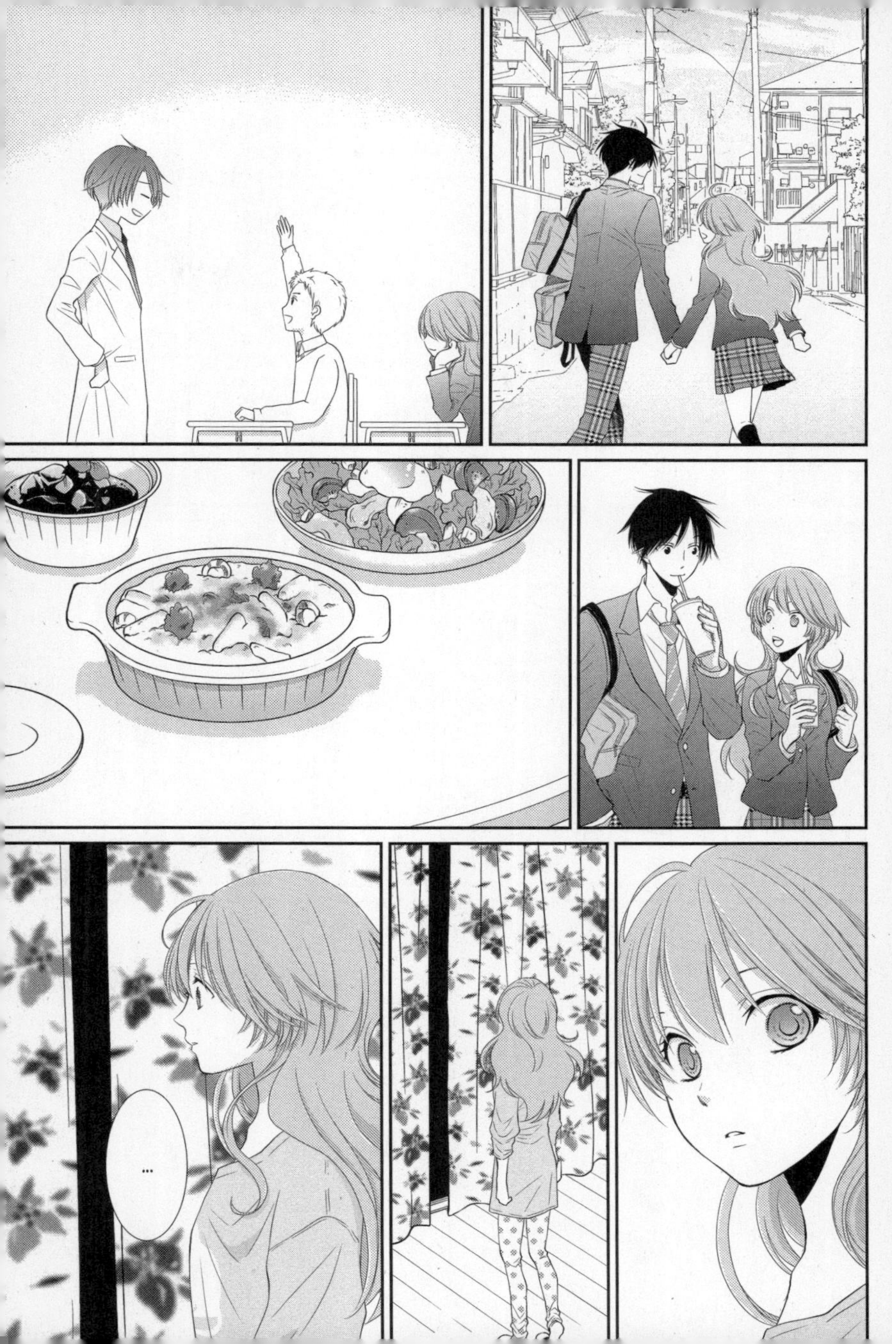

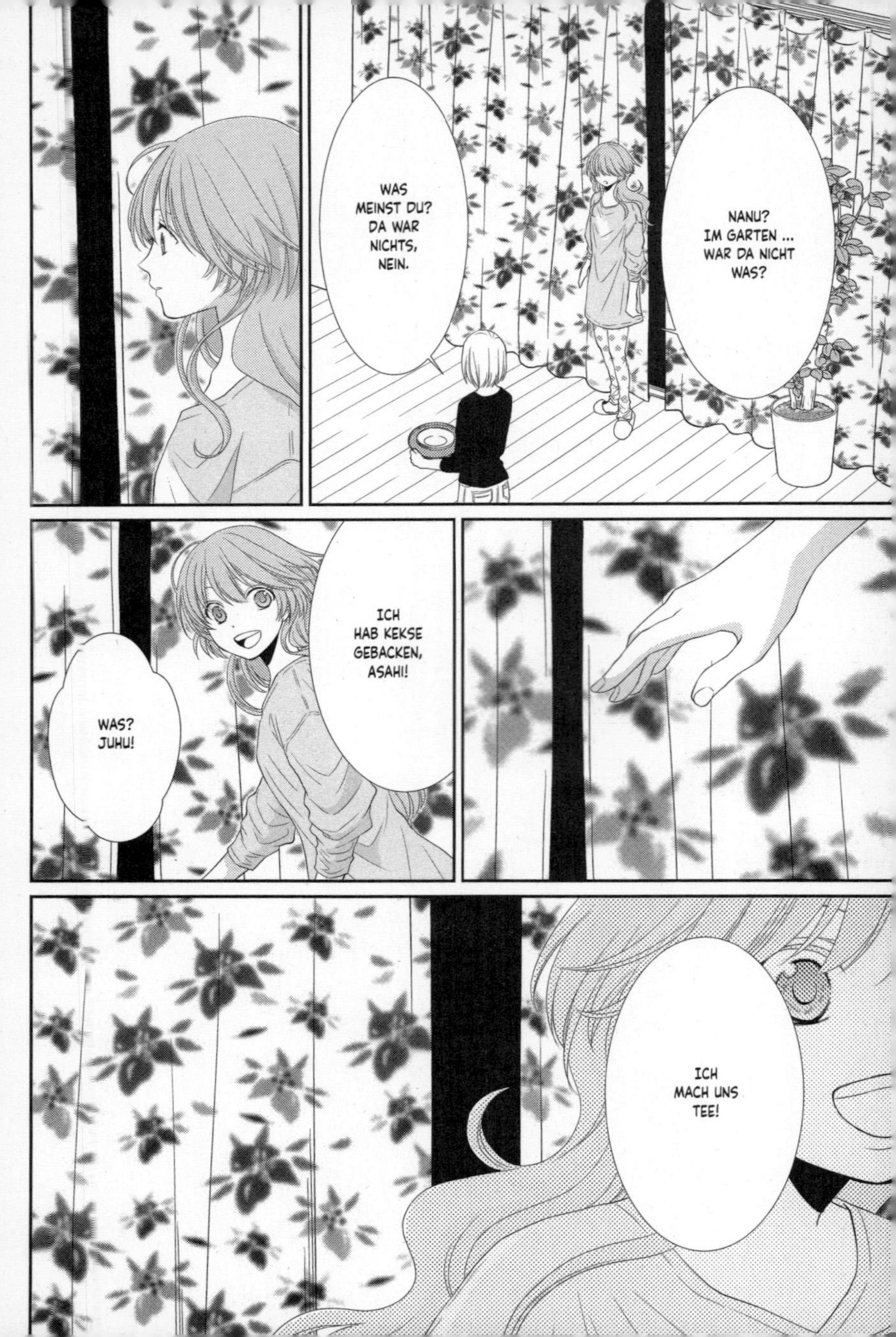
Nanu? Im Garten ... war da nicht was?
Was meinst du? Da war nichts, nein.
Ich hab Kekse gebacken, Asahi!
Was? Juhu!
Ich mach uns Tee!

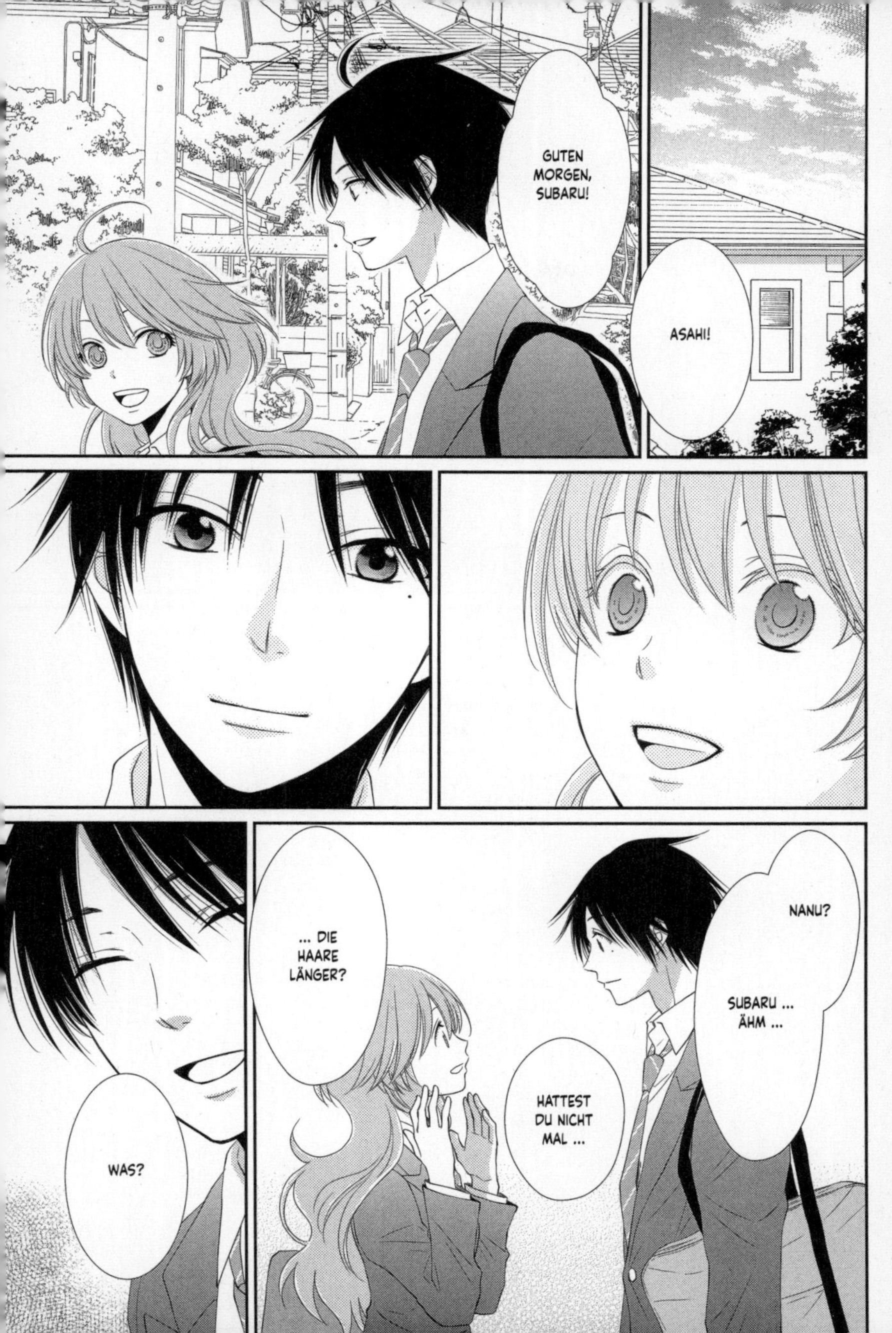
ASAHI!
GUTEN MORGEN, SUBARU!
NANU?
SUBARU ... ÄHM ...
HATTEST DU NICHT MAL ...
... DIE HAARE LÄNGER?
WAS?

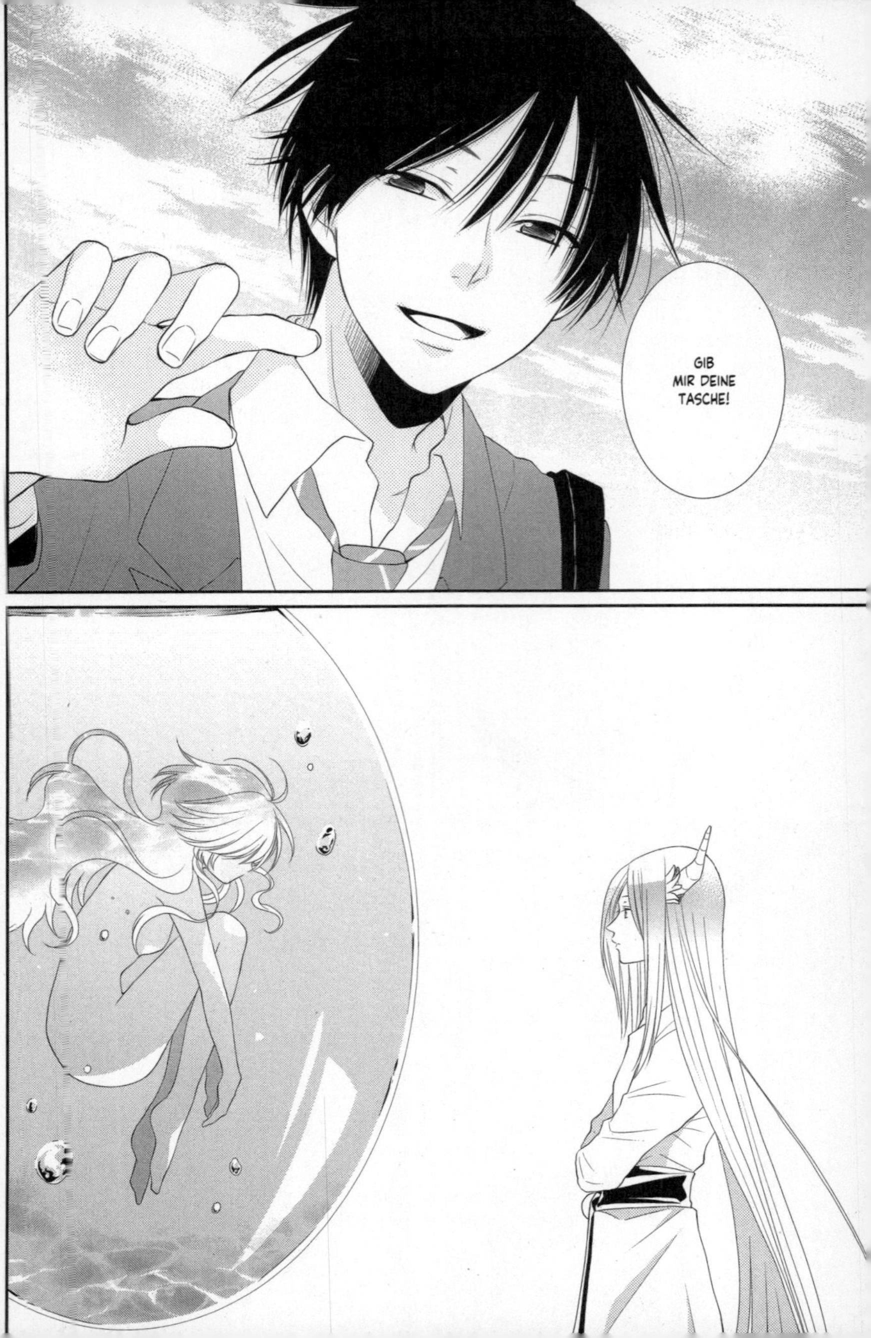

GIB
MIR DEINE
TASCHE!

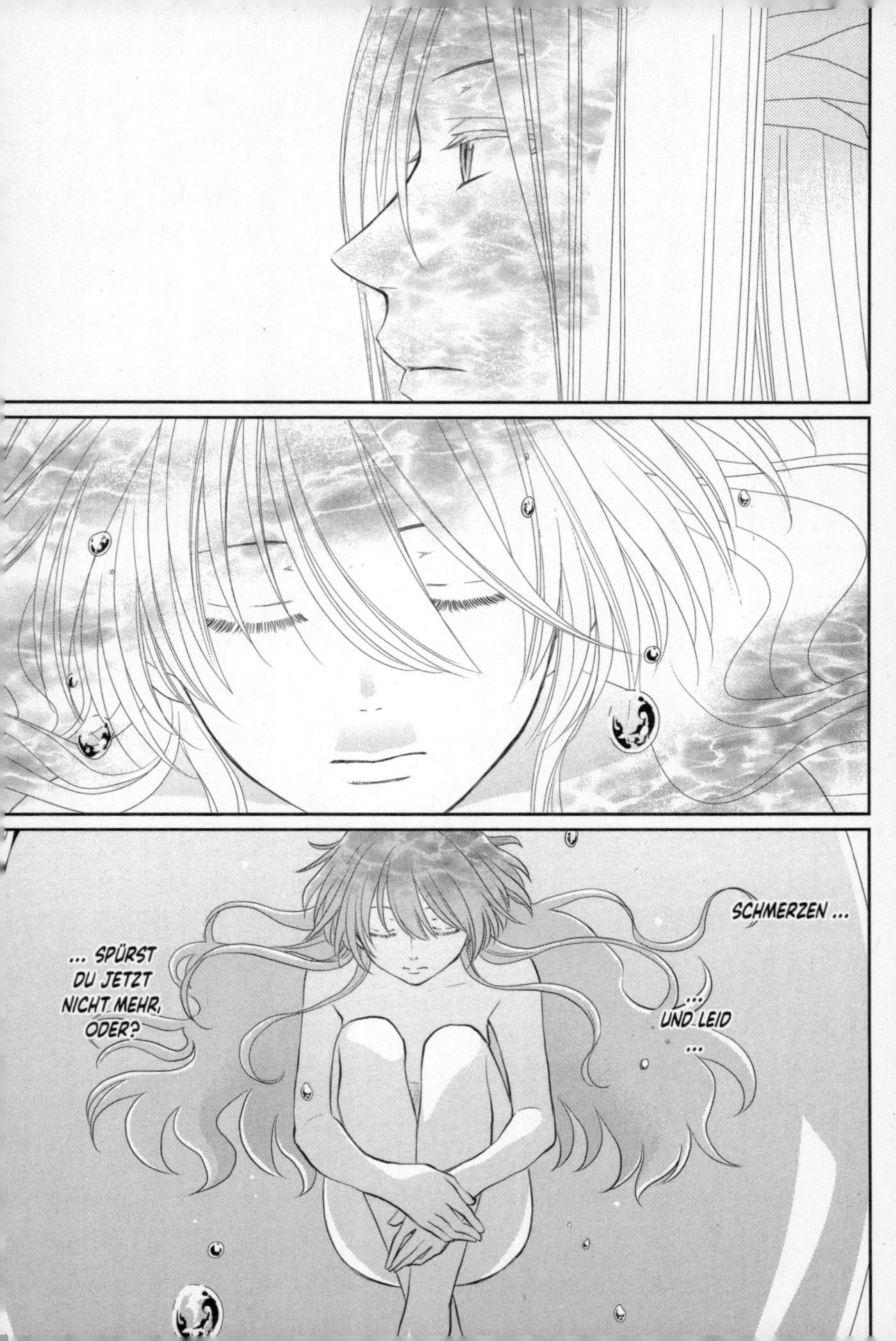
SCHMERZEN ...
... UND LEID ...
... SPÜRST DU JETZT NICHT MEHR, ODER?

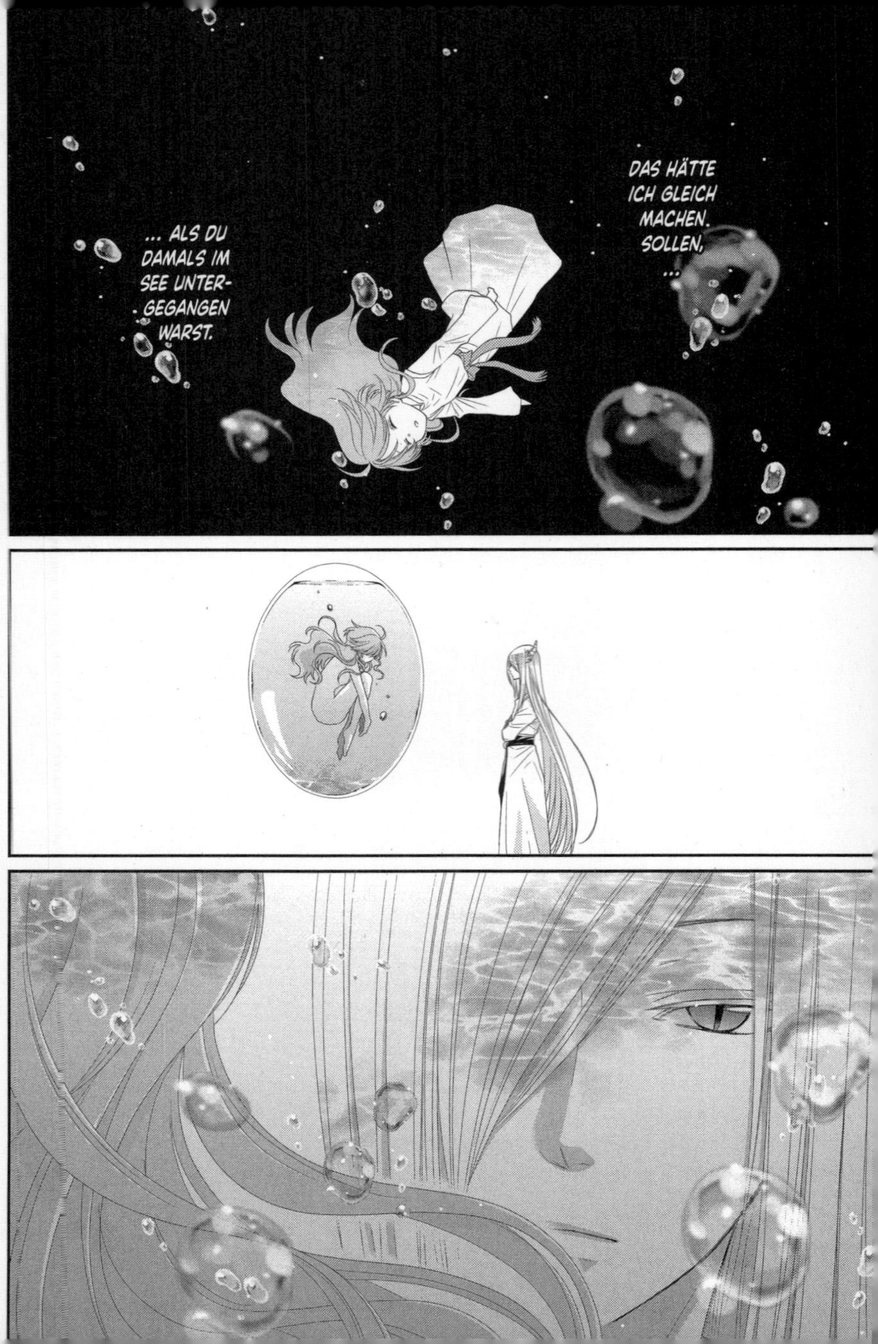

DAS HÄTTE ICH GLEICH MACHEN. SOLLEN, ...

... ALS DU DAMALS IM SEE UNTER-GEGANGEN WARST.

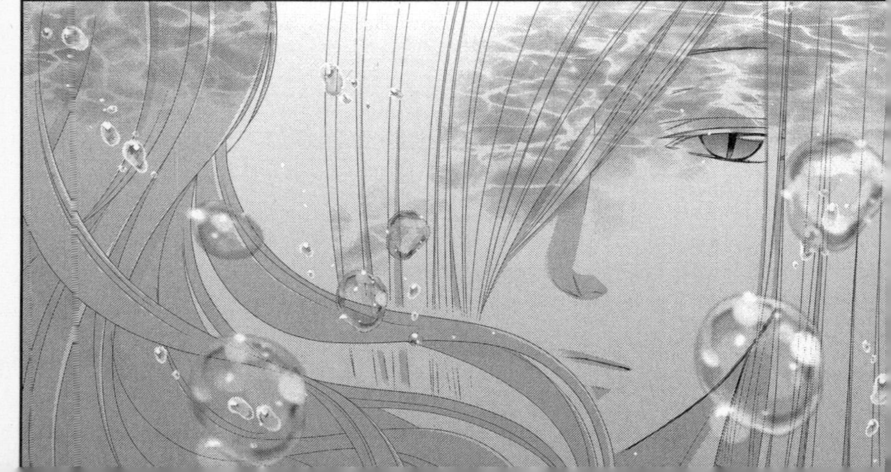

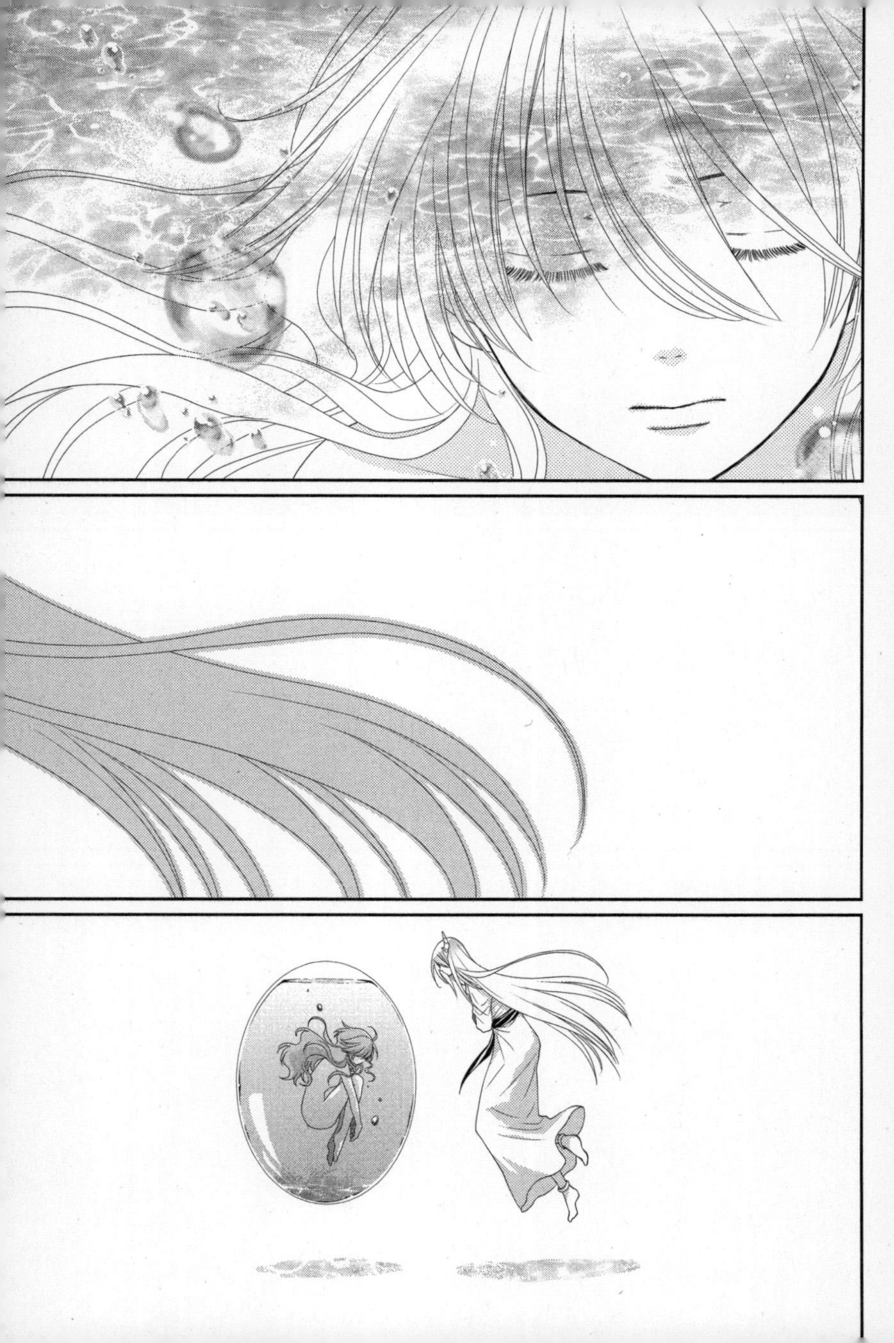

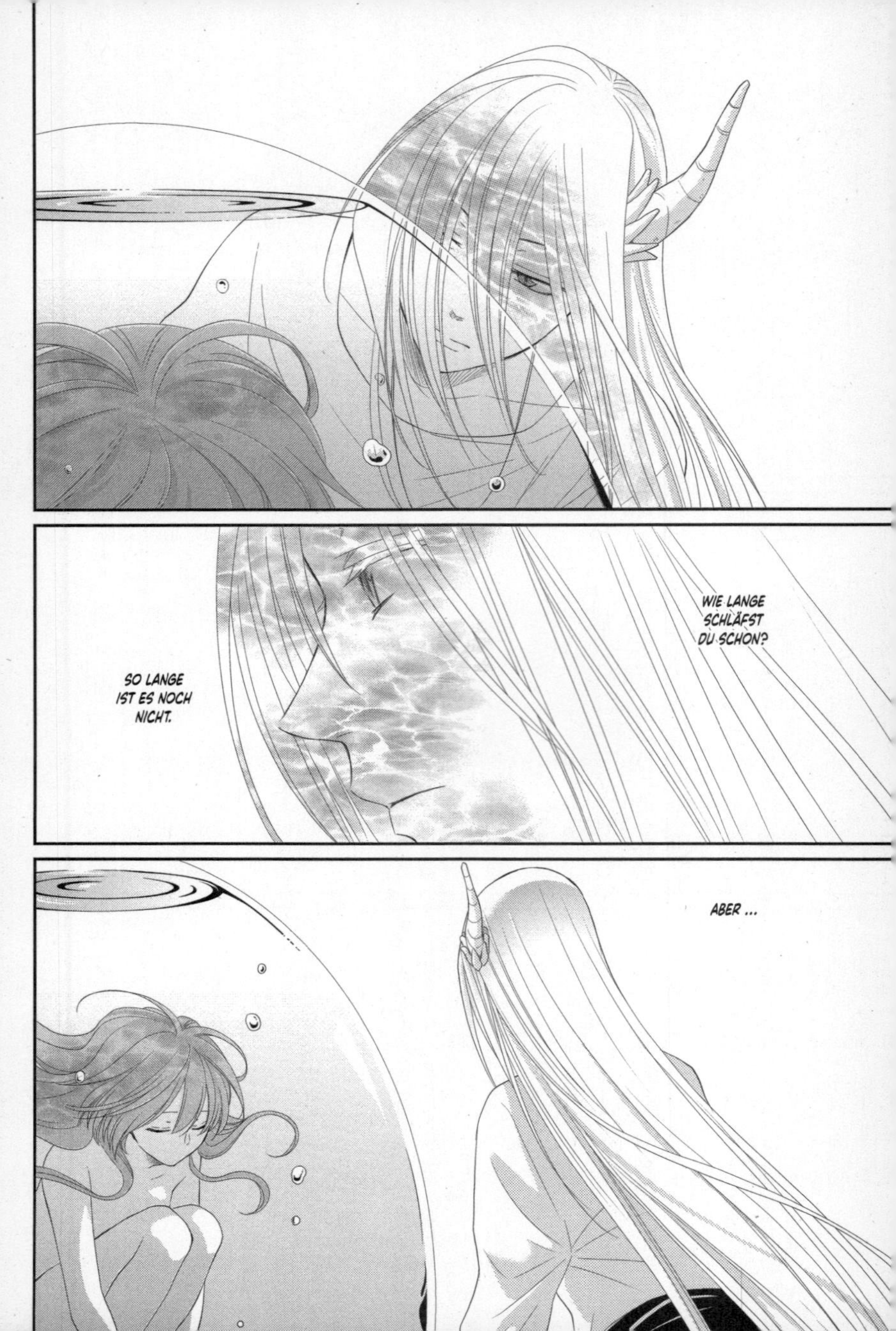
WIE LANGE SCHLÄFST DU SCHON?
SO LANGE IST ES NOCH NICHT.
ABER ...

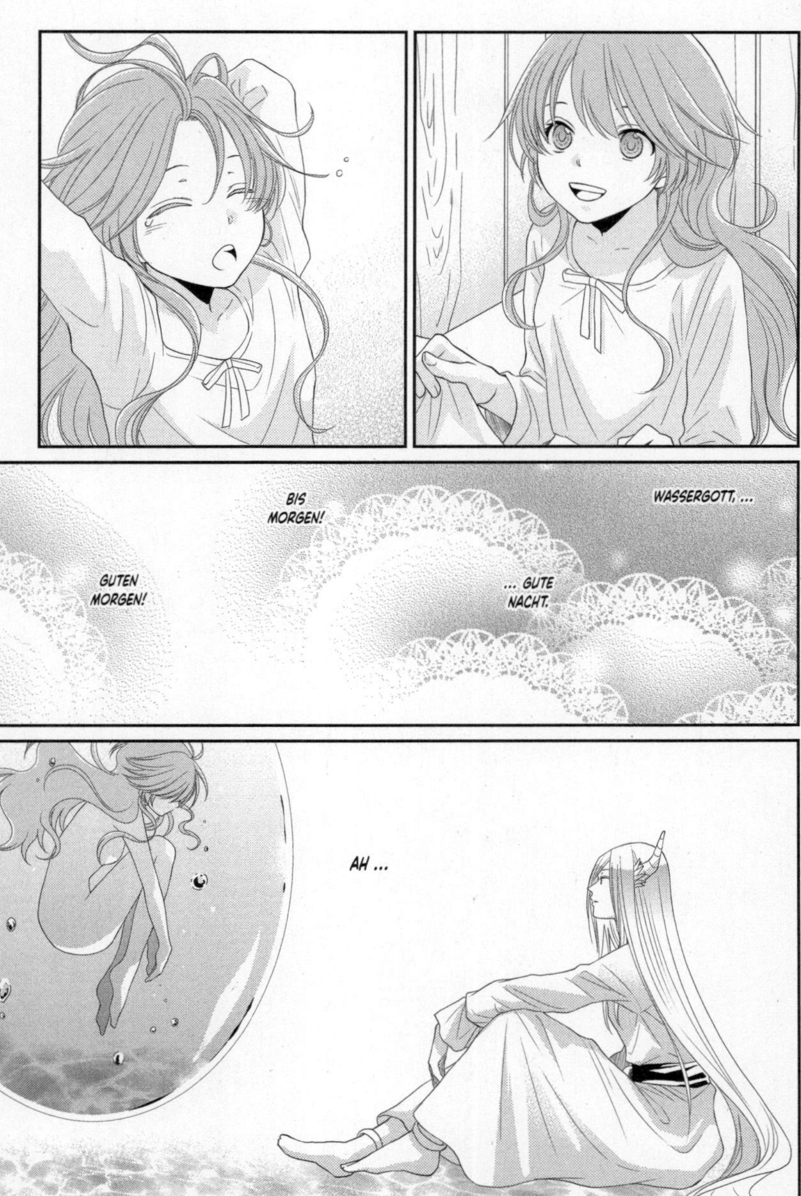
WASSERGOTT, ...
BIS MORGEN!
... GUTE NACHT.
GUTEN MORGEN!
AH ...

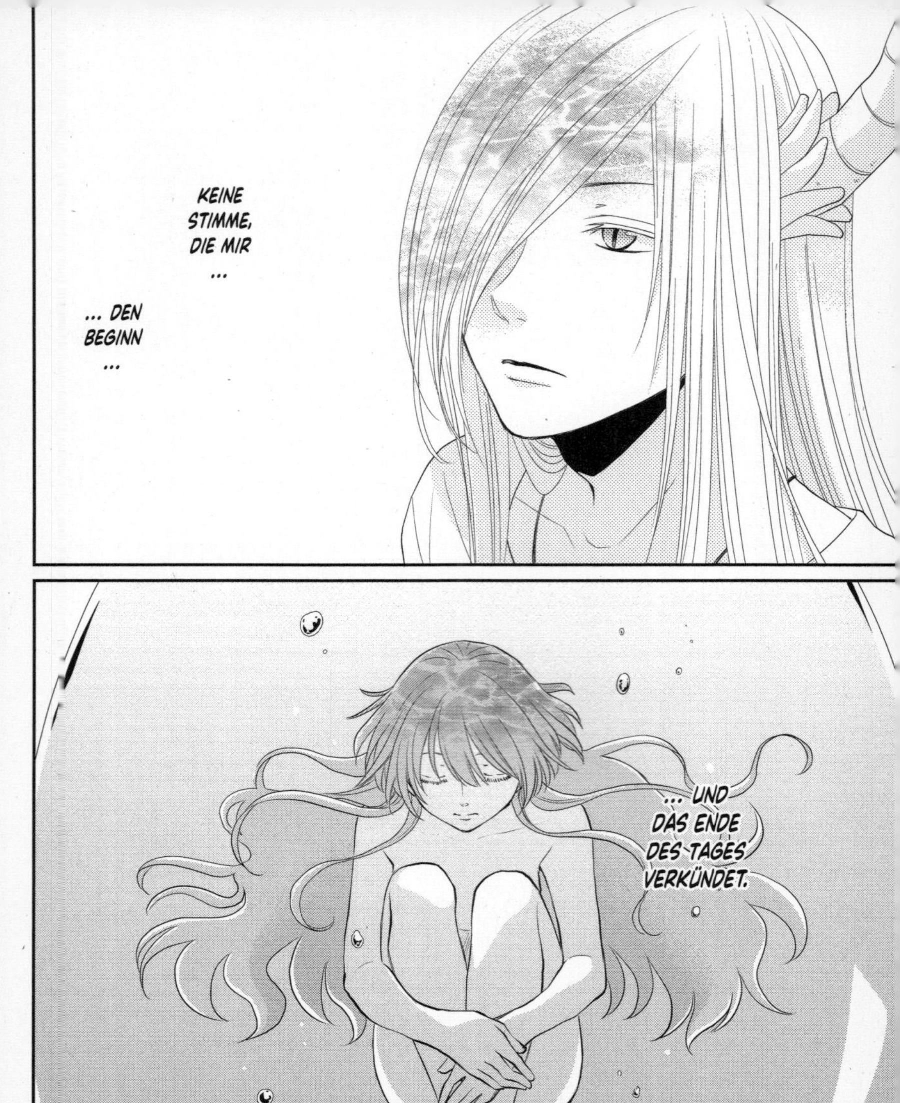
KEINE STIMME, DIE MIR ...
... DEN BEGINN ...
... UND DAS ENDE DES TAGES VERKÜNDET.

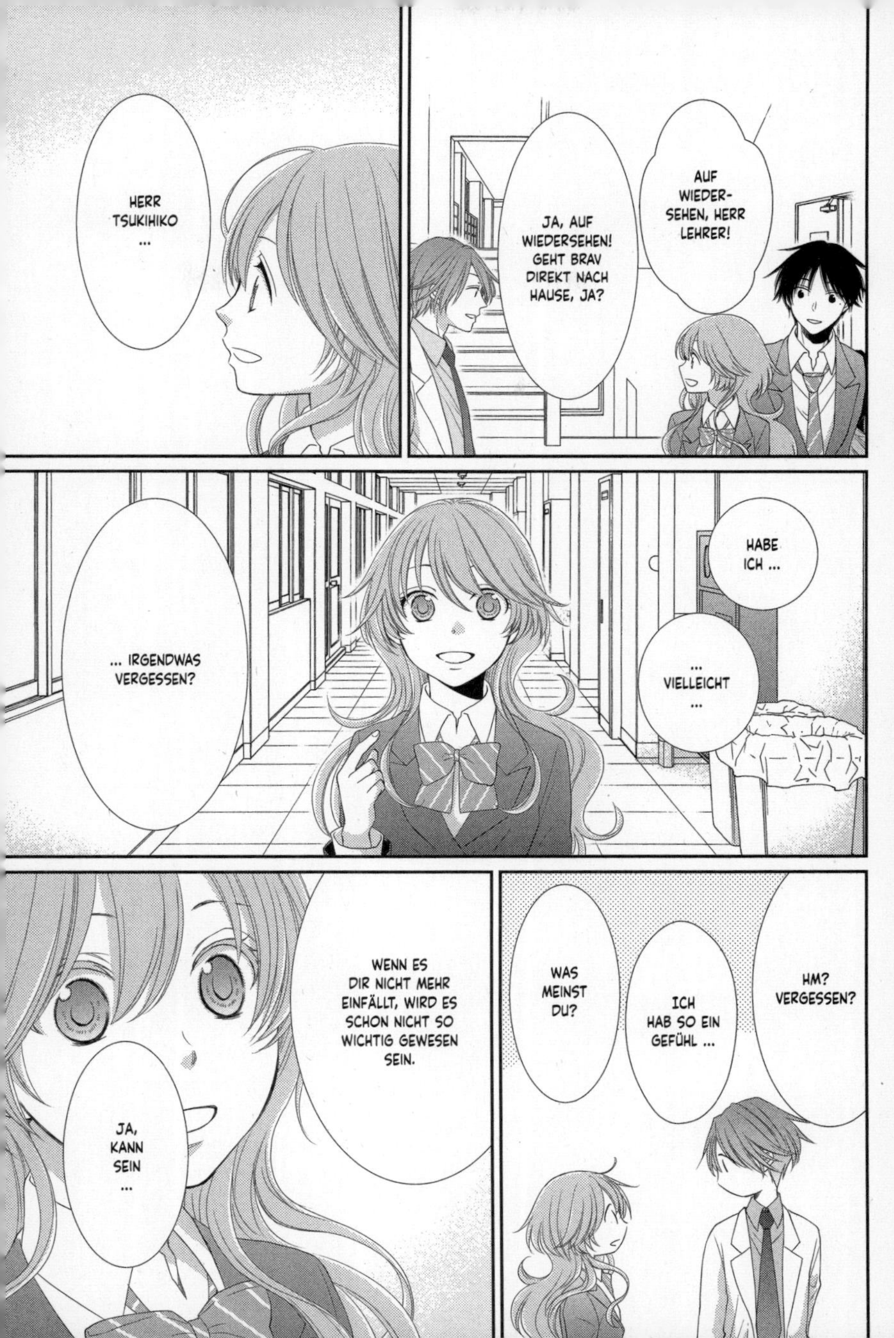
AUF WIEDER-SEHEN, HERR LEHRER!
JA, AUF WIEDERSEHEN! GEHT BRAV DIREKT NACH HAUSE, JA?
HERR TSUKIHIKO ...
HABE ICH ...
... VIELLEICHT ...
... IRGENDWAS VERGESSEN?
HM? VERGESSEN?
ICH HAB SO EIN GEFÜHL ...
WAS MEINST DU?
WENN ES DIR NICHT MEHR EINFÄLLT, WIRD ES SCHON NICHT SO WICHTIG GEWESEN SEIN.
JA, KANN SEIN ...

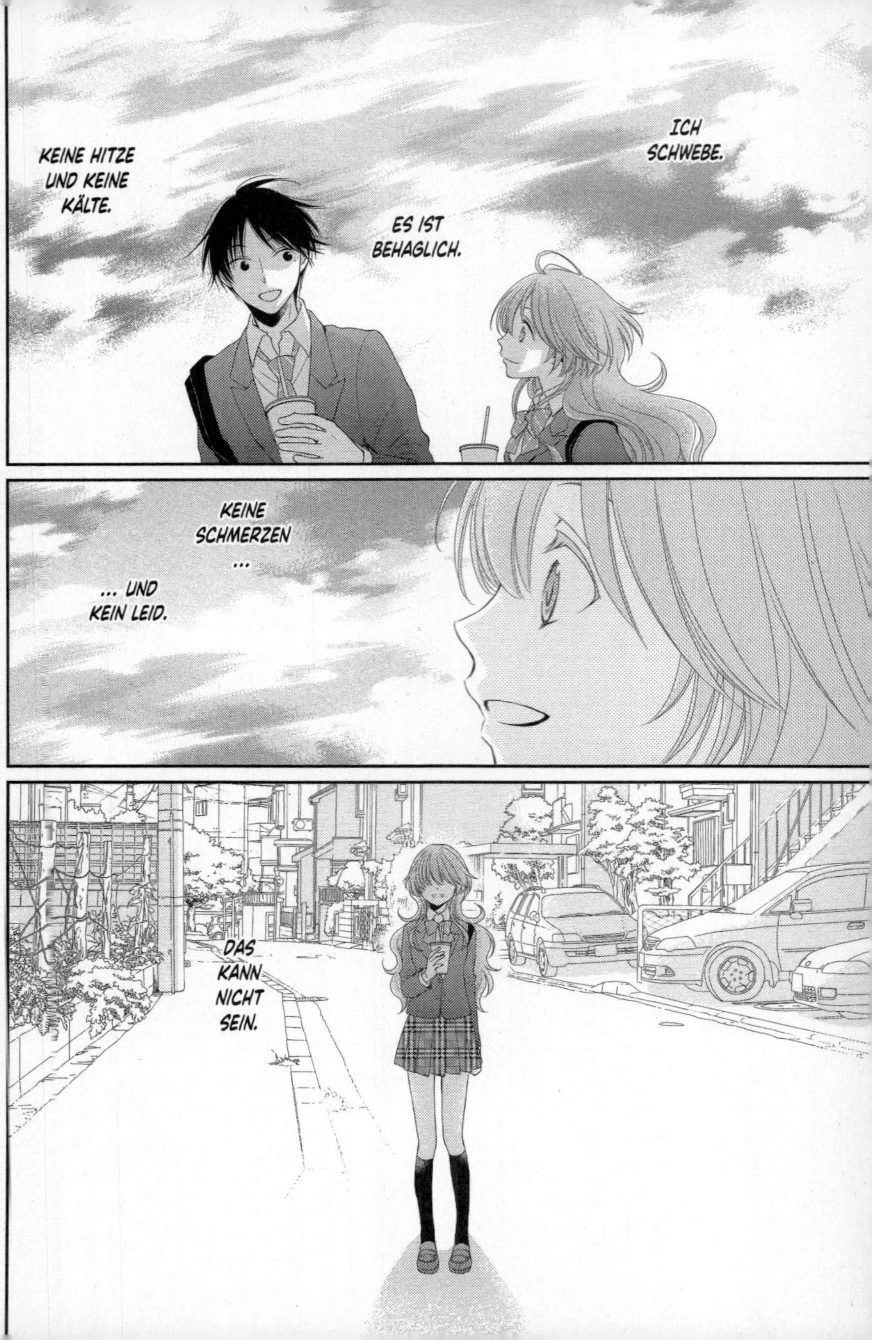

ICH SCHWEBE.

ES IST BEHAGLICH.

KEINE HITZE UND KEINE KÄLTE.

KEINE SCHMERZEN ...

... UND KEIN LEID.

DAS KANN NICHT SEIN.

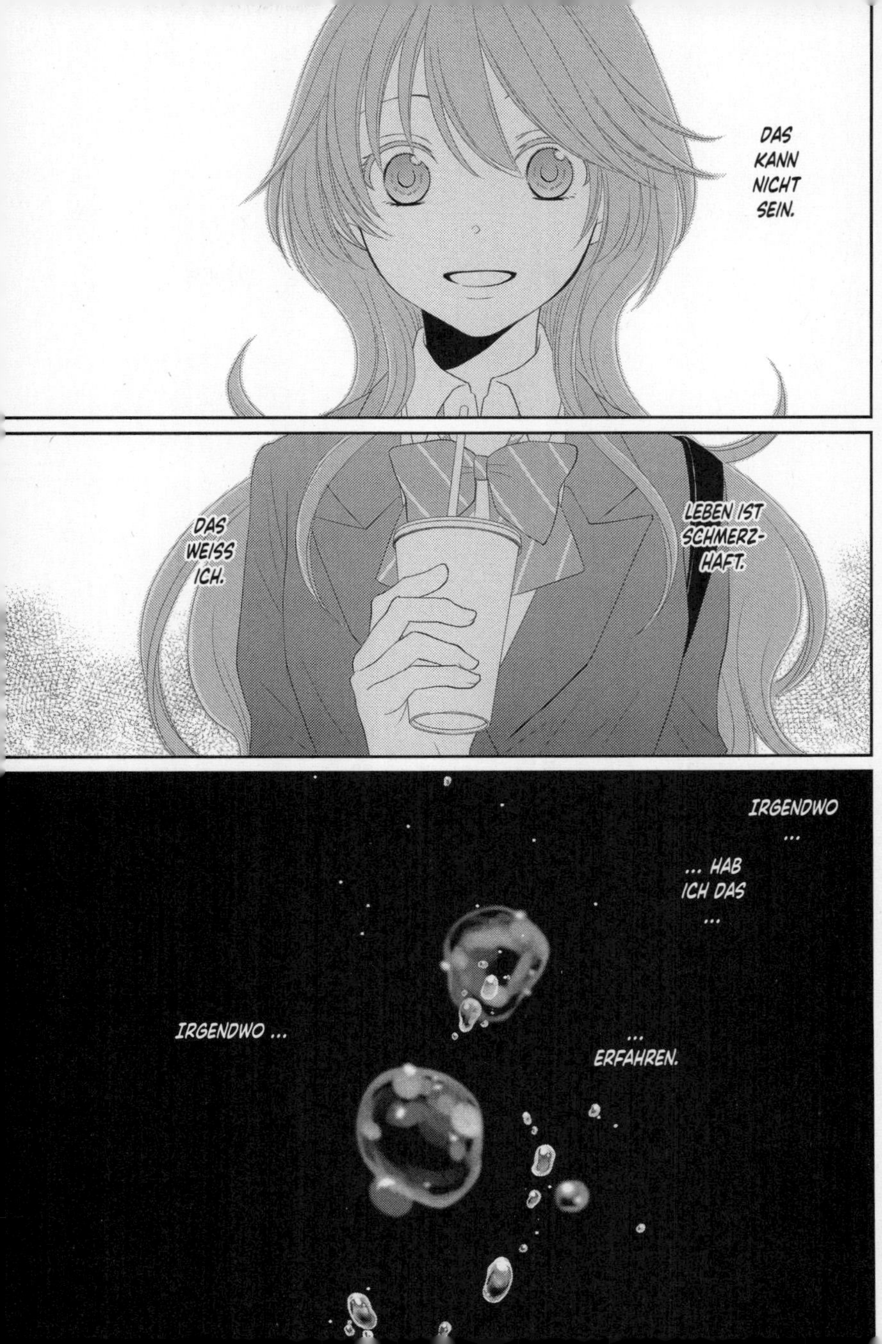

DAS KANN NICHT SEIN.

LEBEN IST SCHMERZHAFT.

DAS WEISS ICH.

IRGENDWO …

… HAB ICH DAS …

IRGENDWO …

… ERFAHREN.

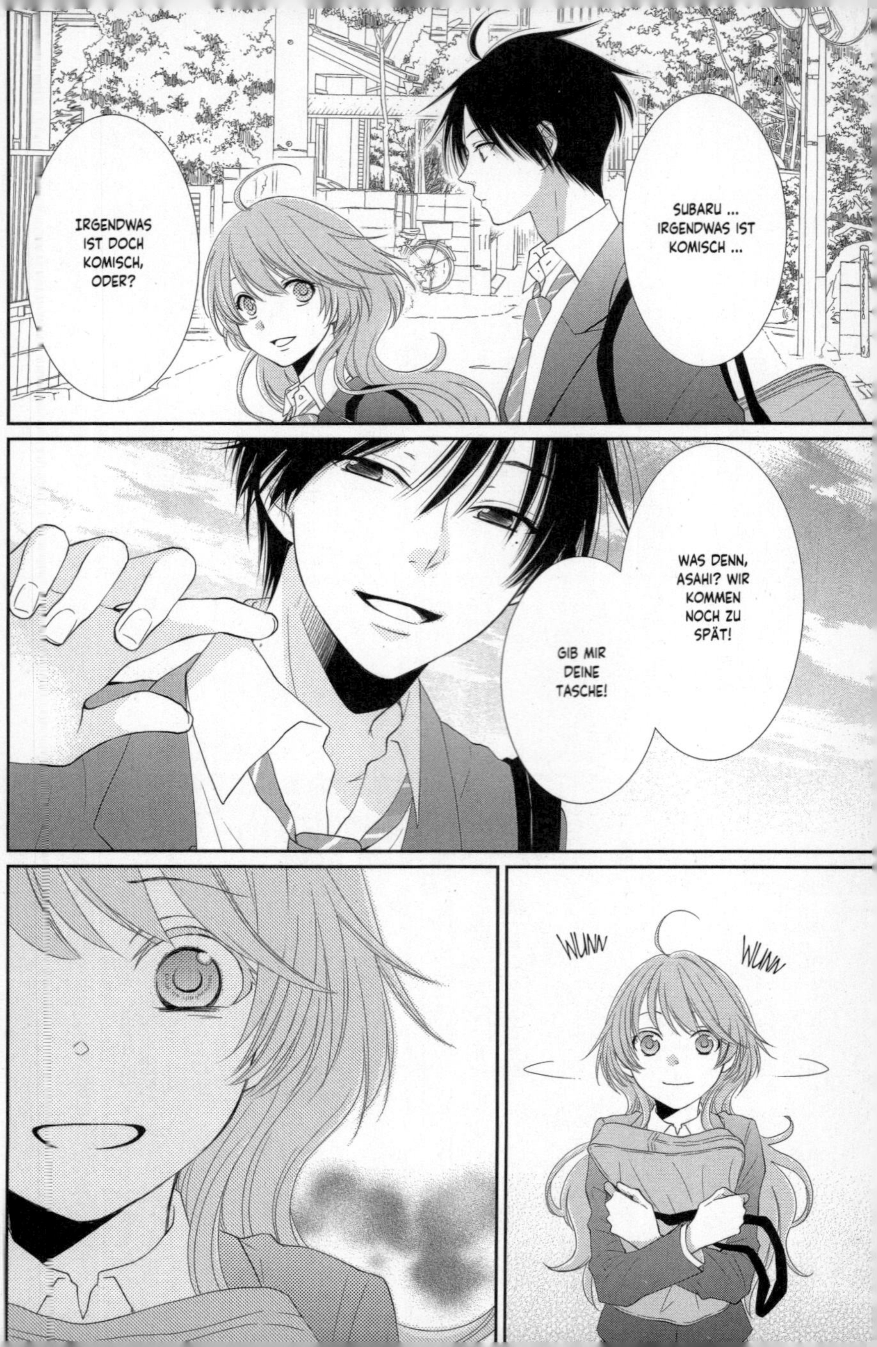

SUBARU ... IRGENDWAS IST KOMISCH ...

IRGENDWAS IST DOCH KOMISCH, ODER?

WAS DENN, ASAHI? WIR KOMMEN NOCH ZU SPÄT!

GIB MIR DEINE TASCHE!

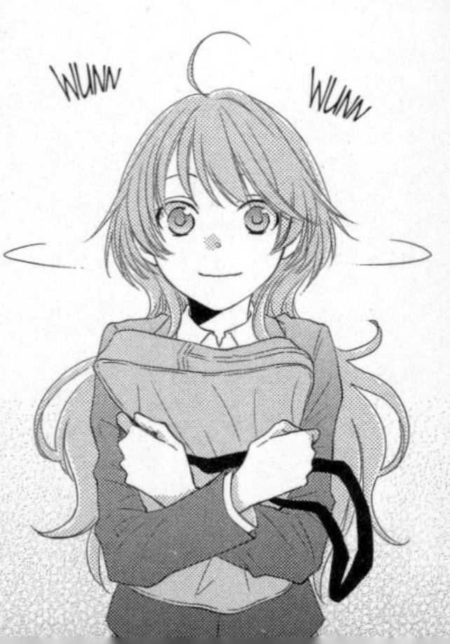

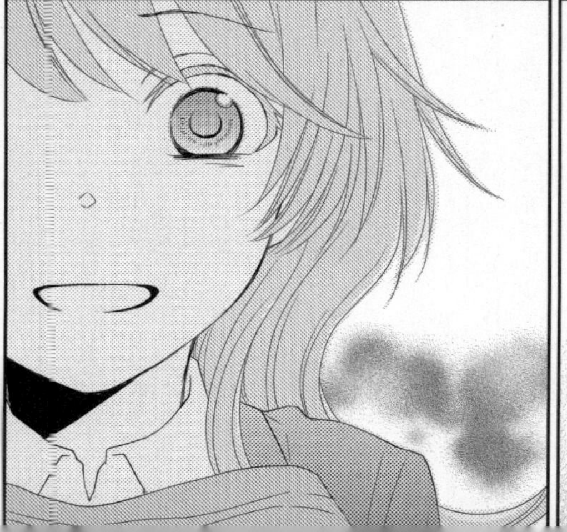

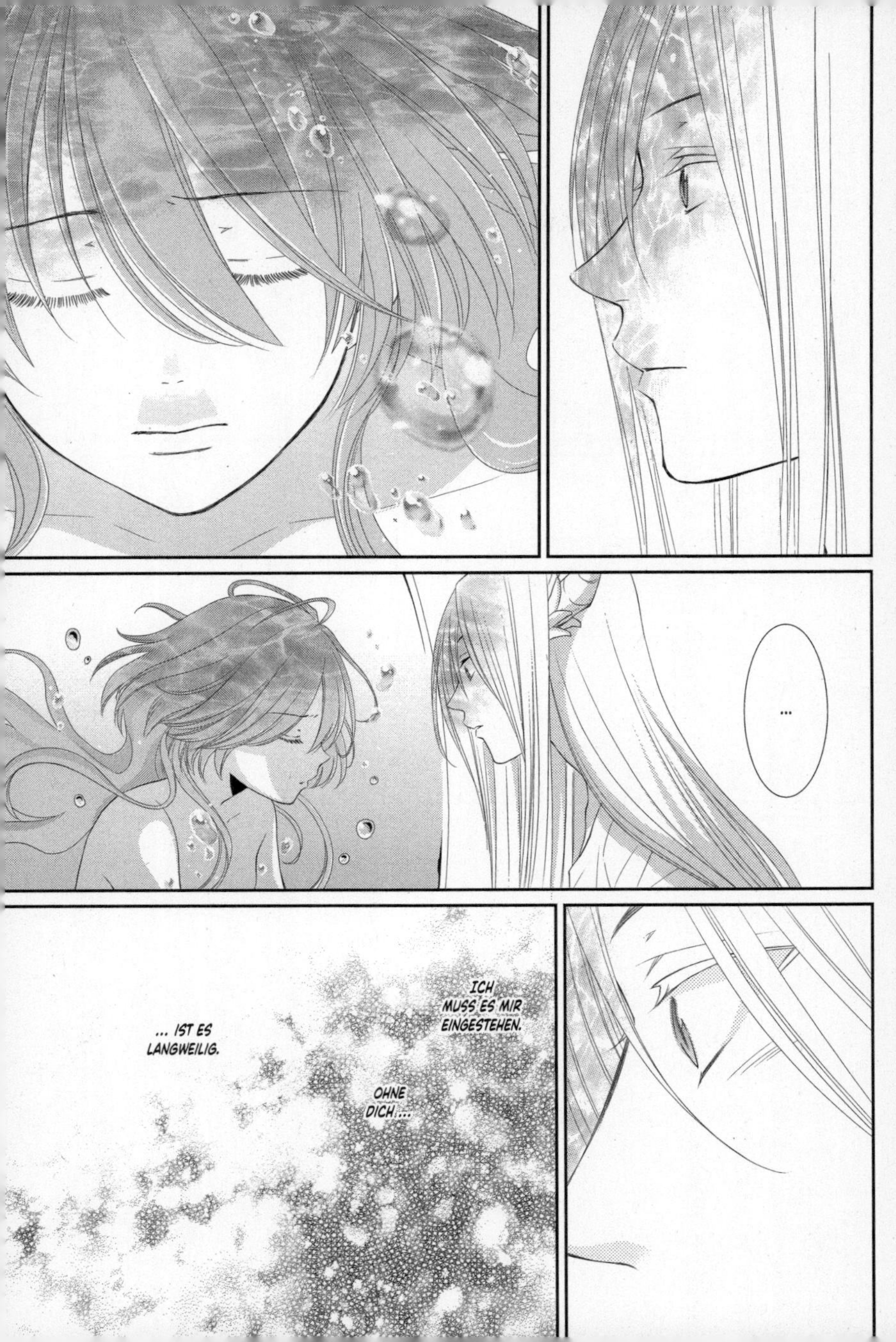
...
ICH MUSS ES MIR EINGESTEHEN.
OHNE DICH ...
... IST ES LANGWEILIG.

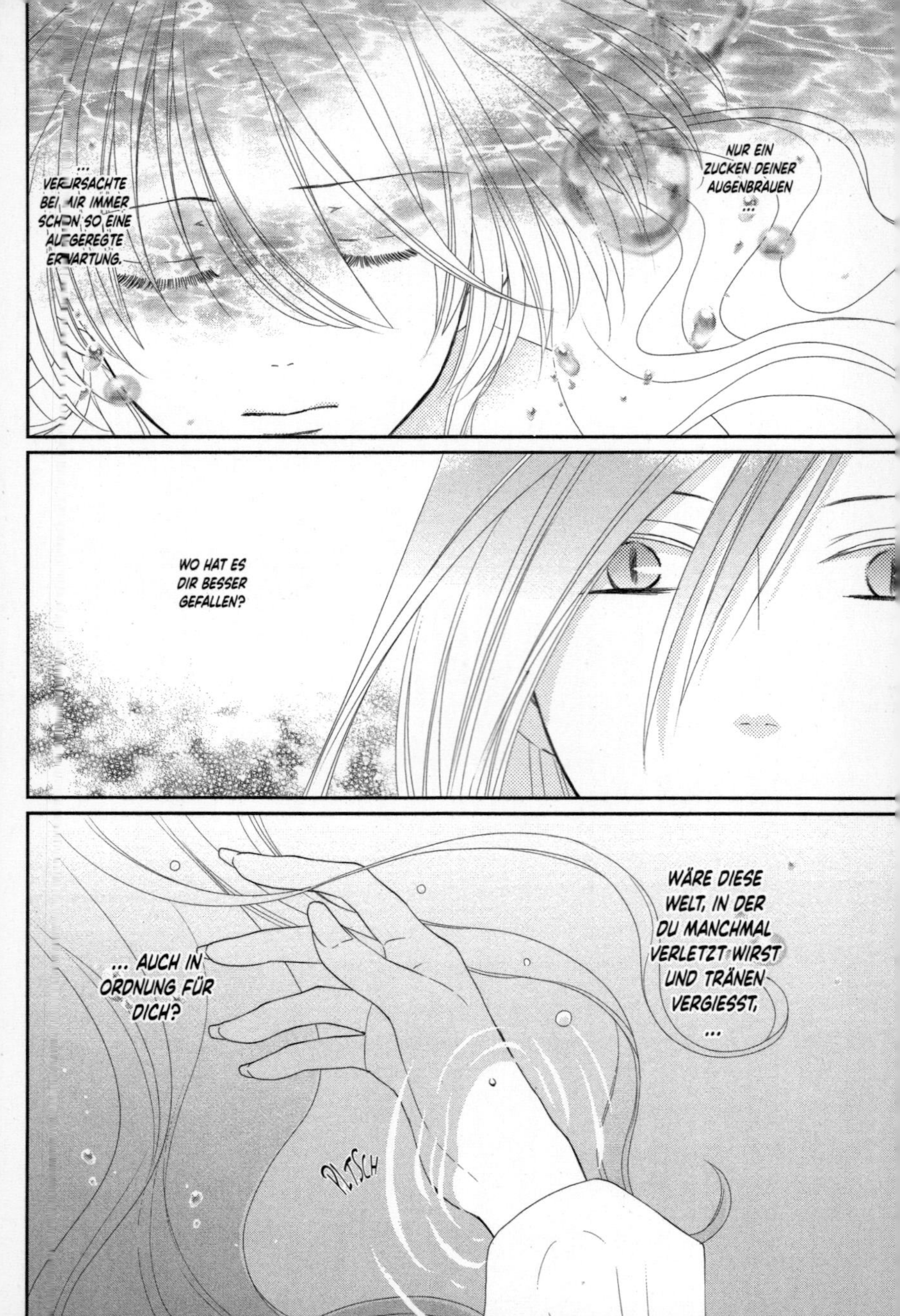
NUR EIN ZUCKEN DEINER AUGENBRAUEN ...
... VERURSACHTE BEI MIR IMMER SCHON SO EINE AUFGEREGTE ERWARTUNG.
WO HAT ES DIR BESSER GEFALLEN?
WÄRE DIESE WELT, IN DER DU MANCHMAL VERLETZT WIRST UND TRÄNEN VERGIESST, ...
... AUCH IN ORDNUNG FÜR DICH?
PLITSCH

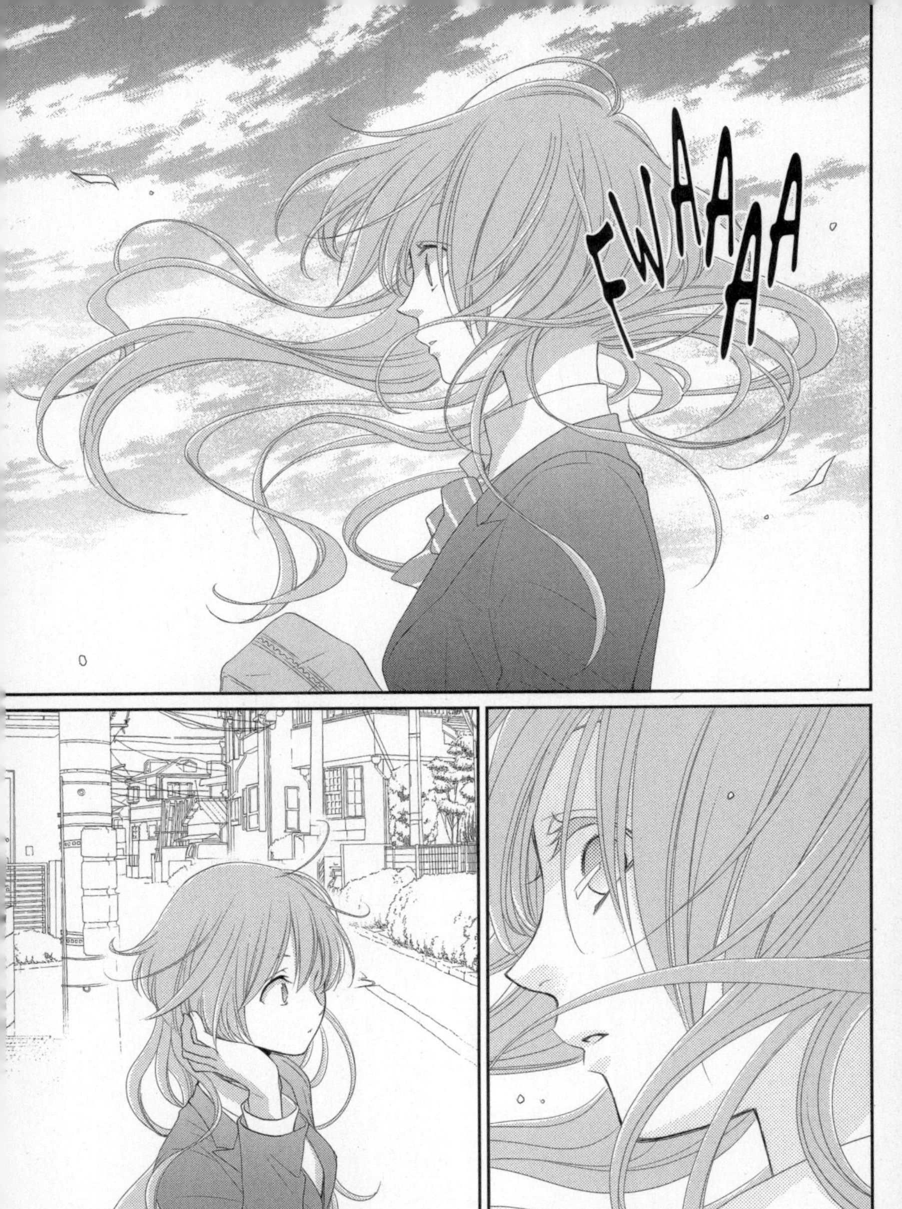
FWAAAA

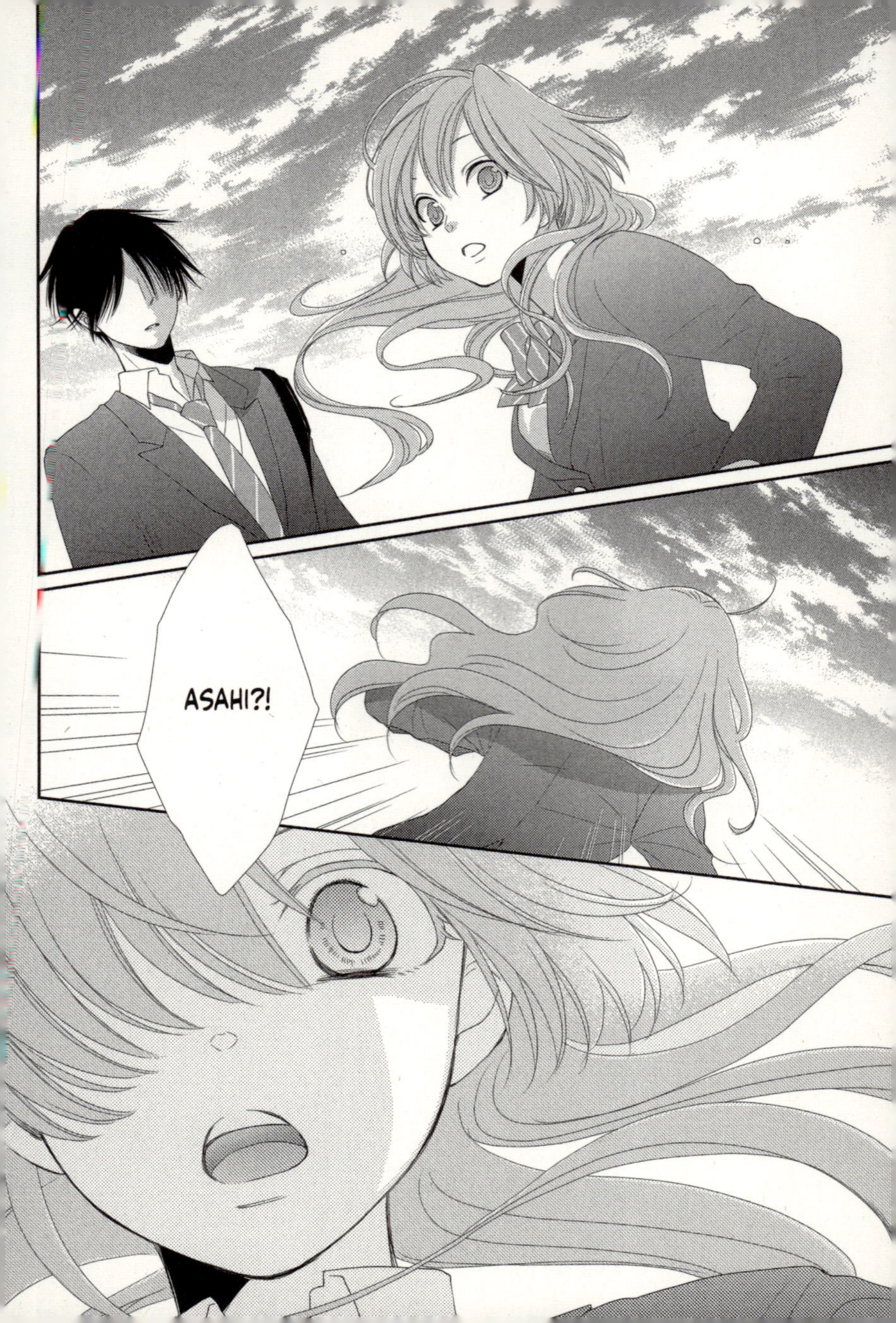
ASAHI?!

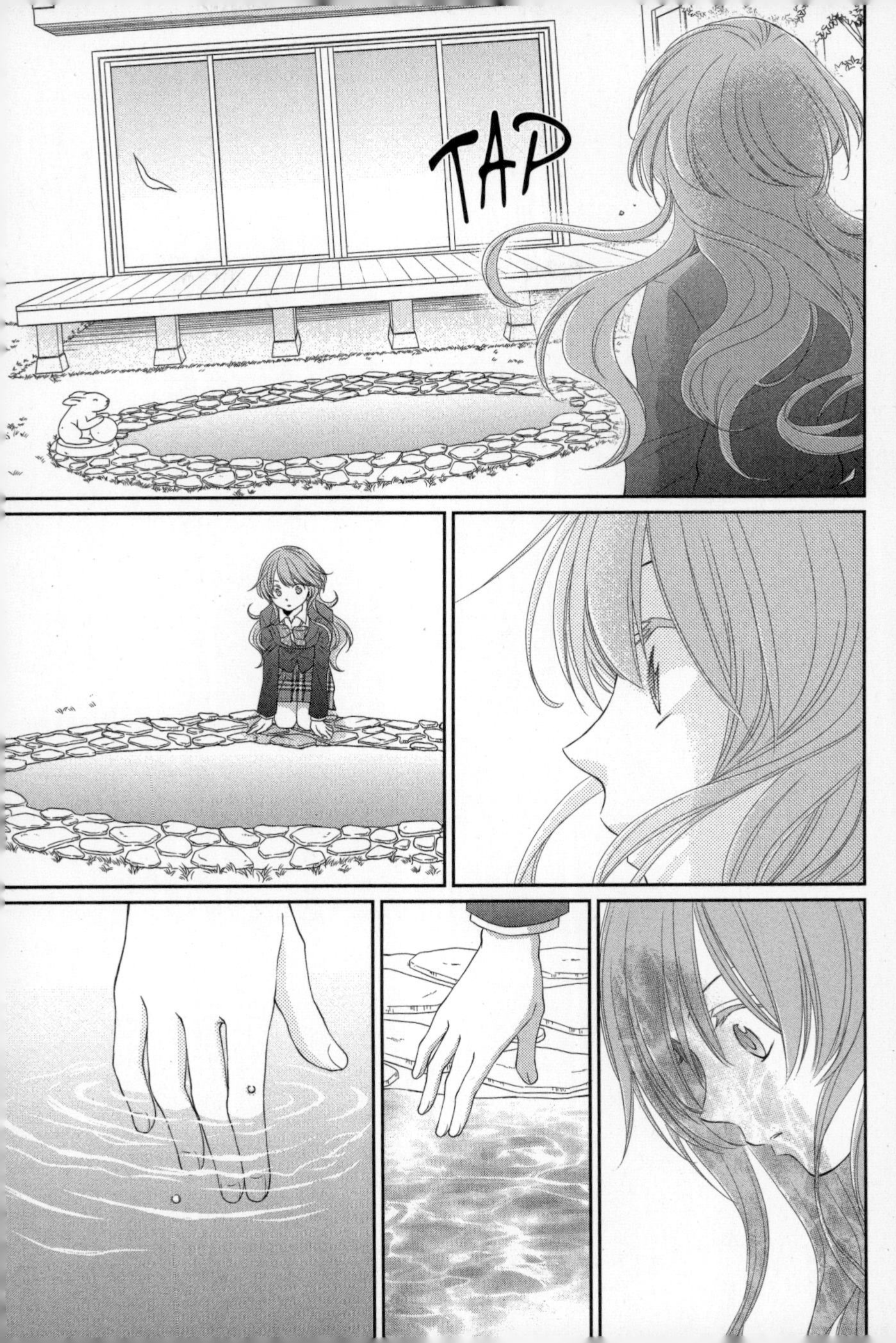
TAP

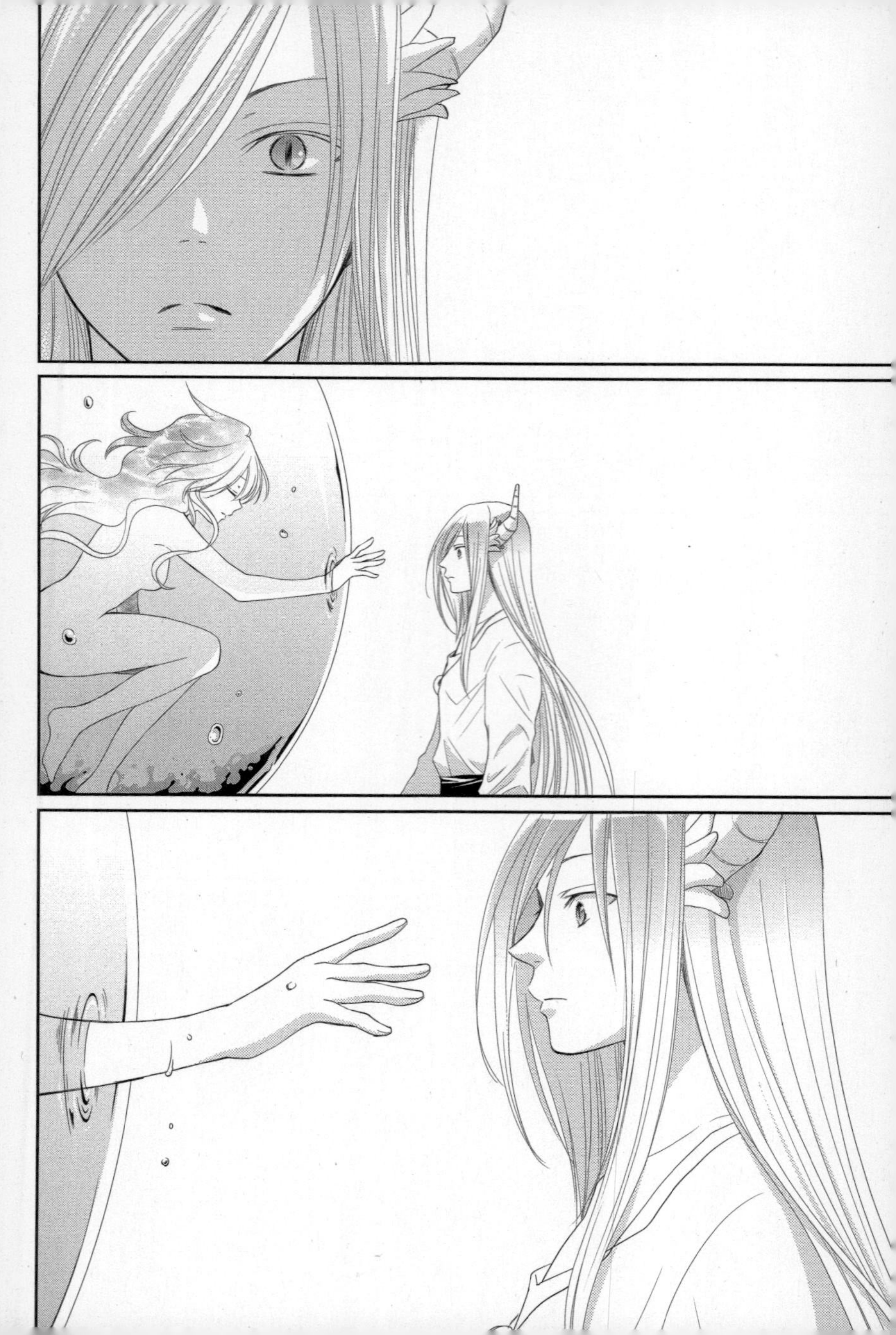

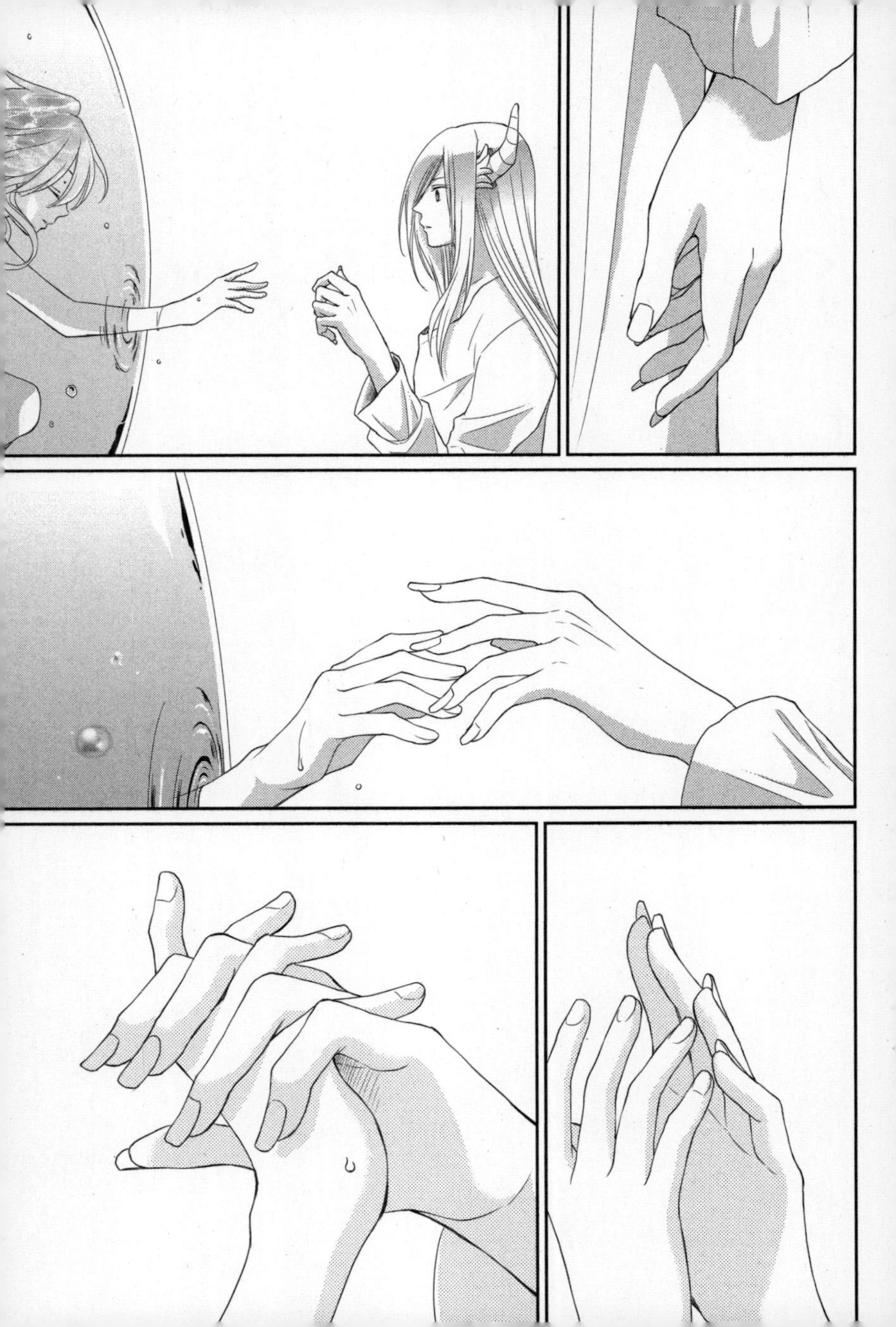

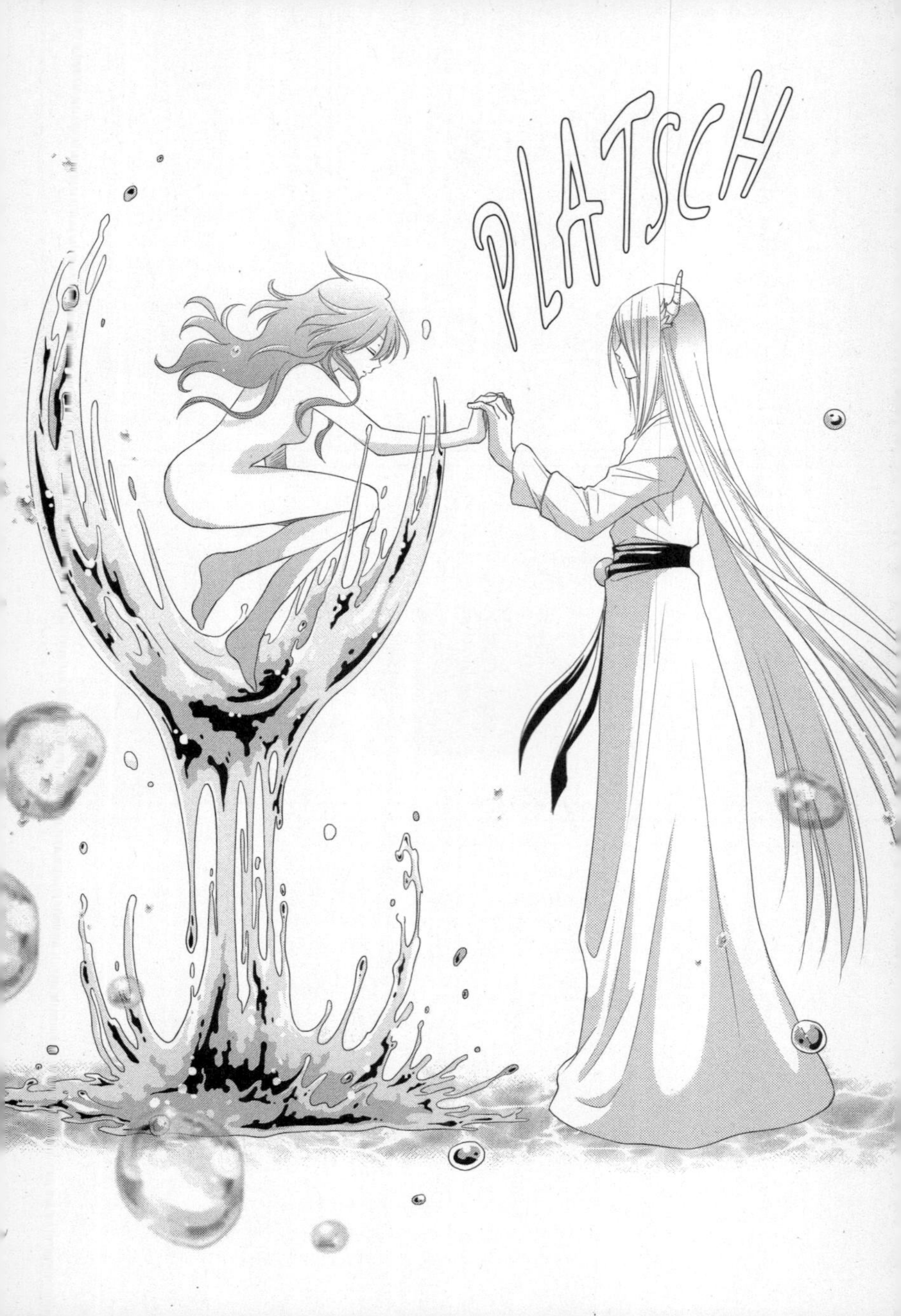
PLATSCH

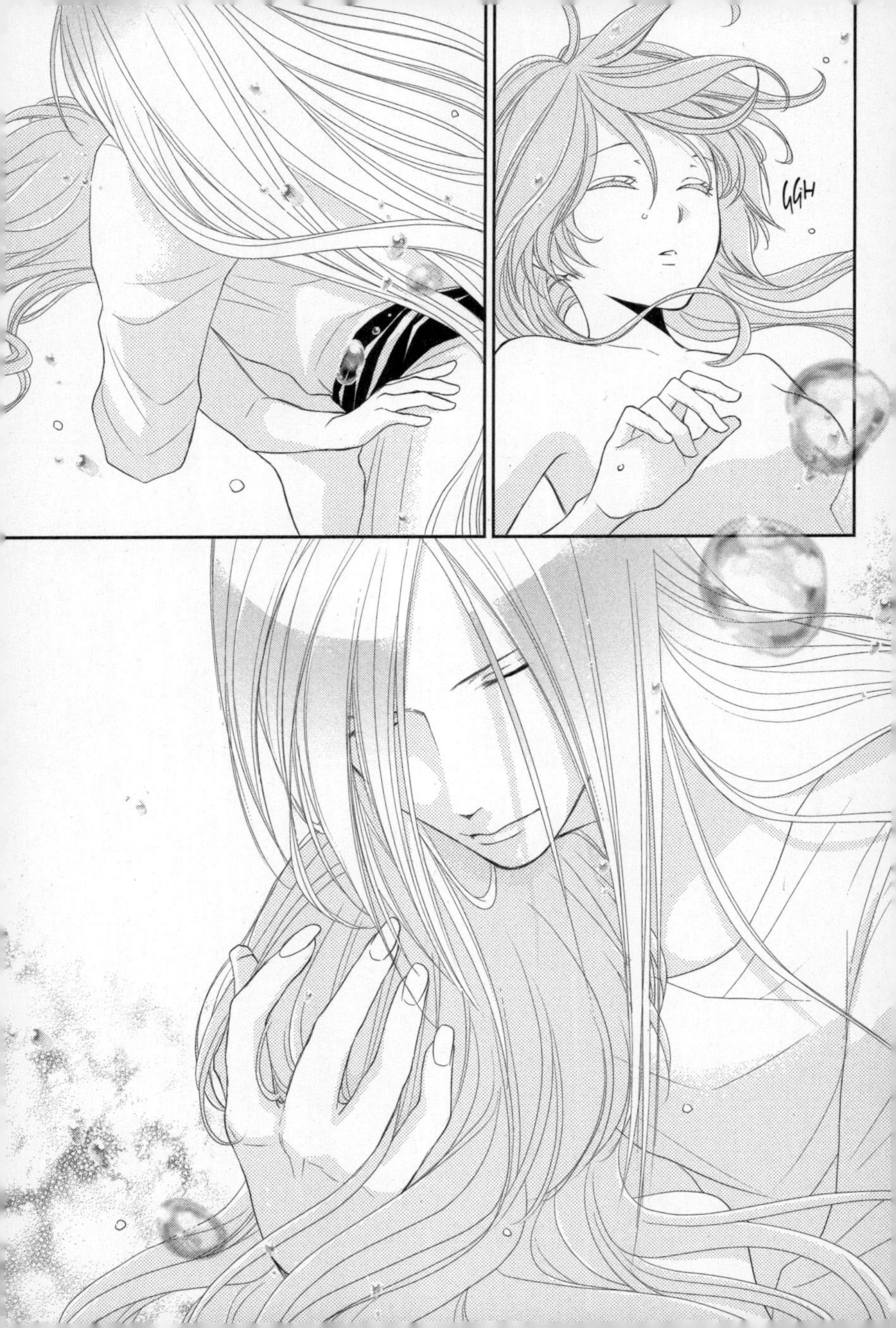
GGH

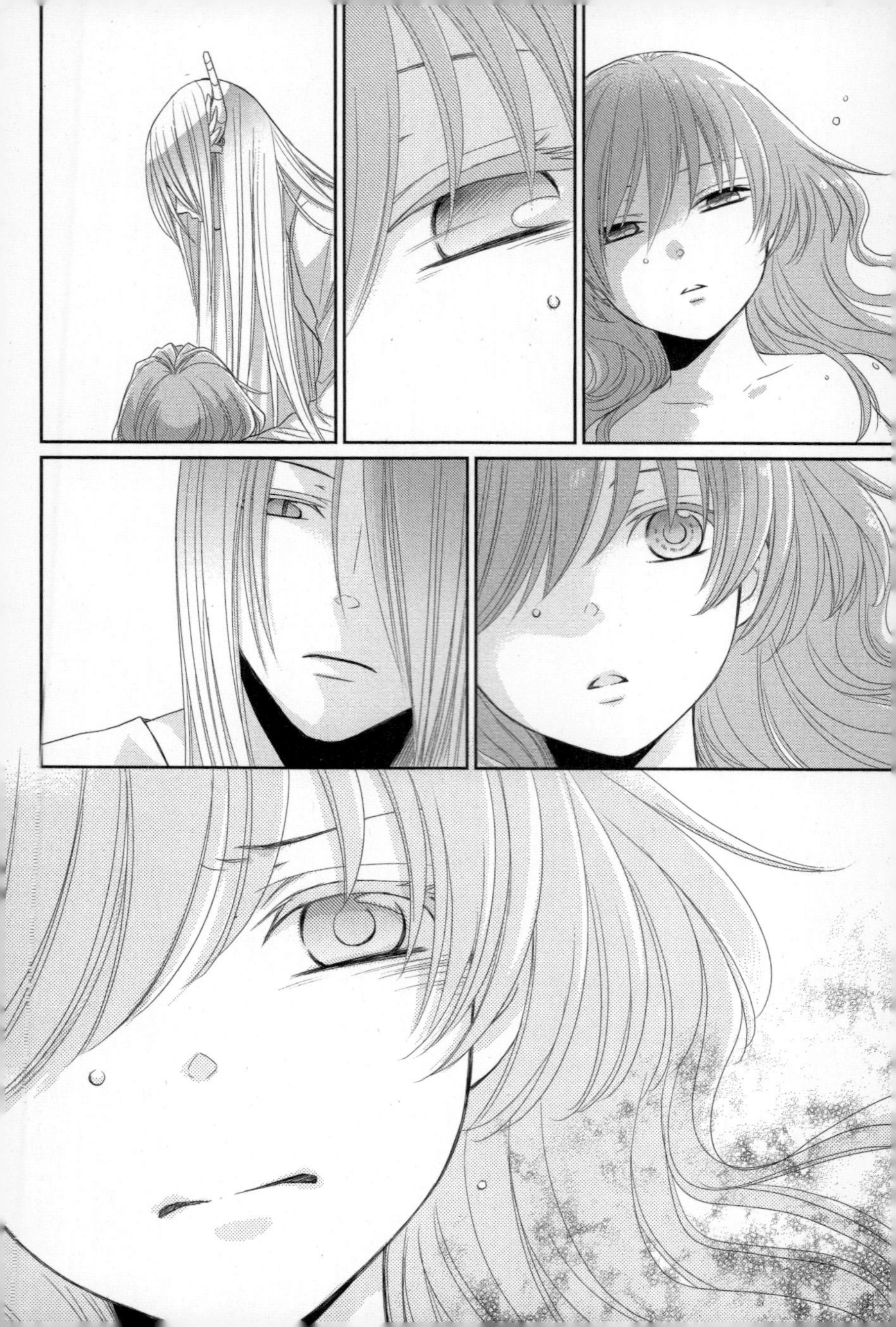

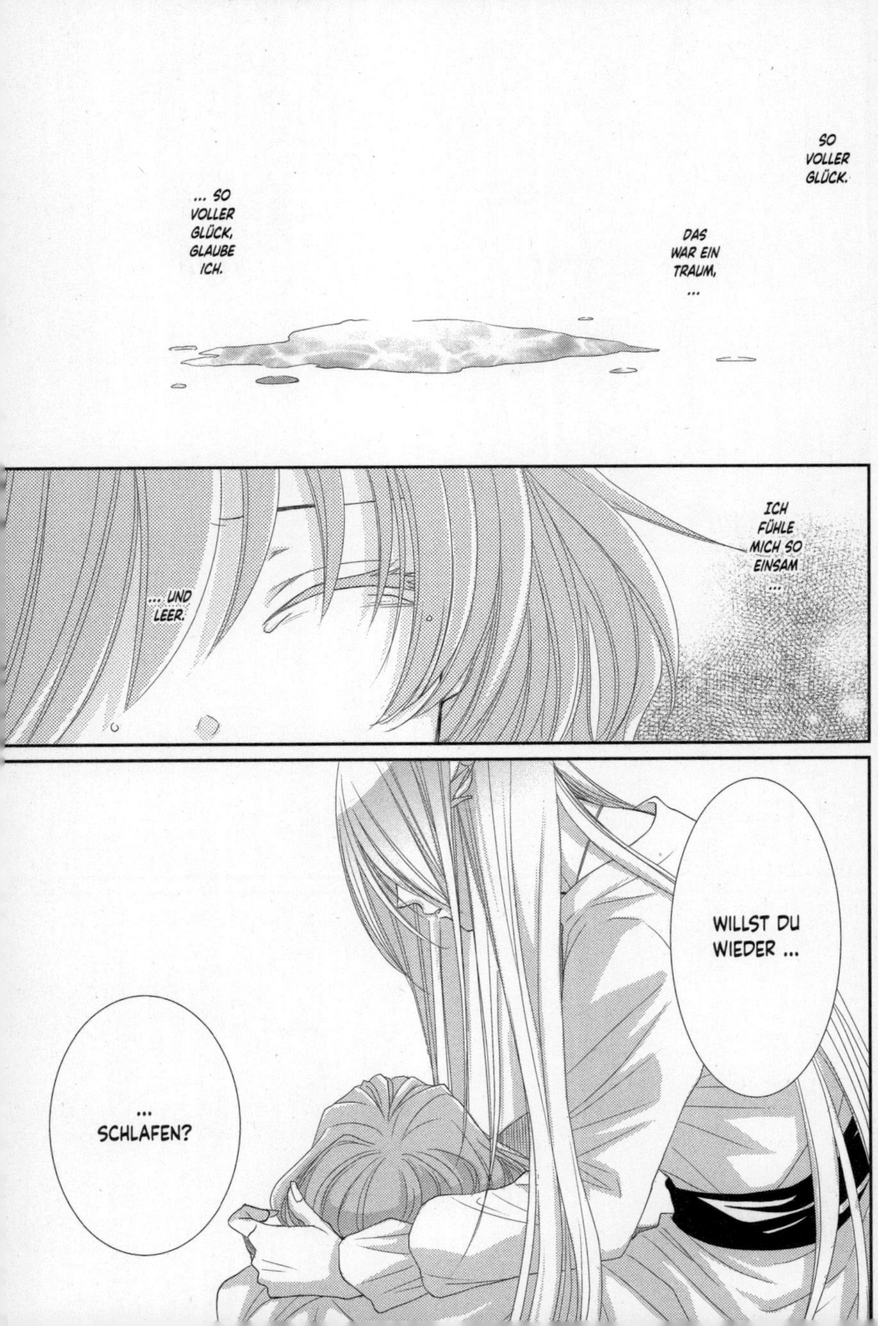

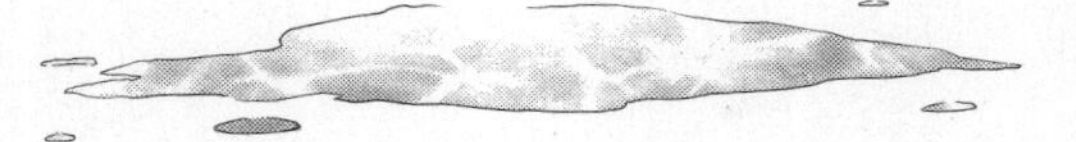

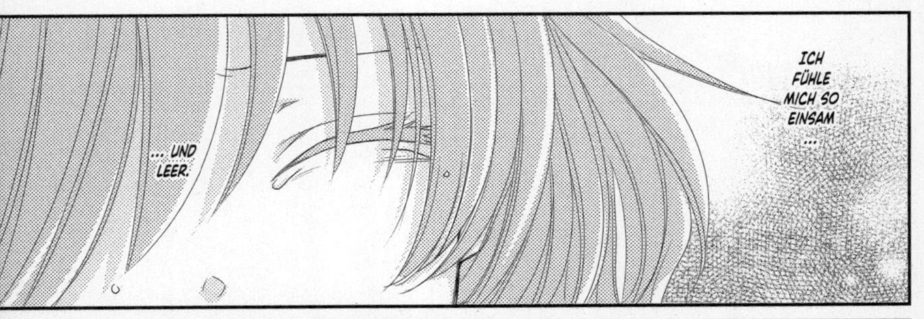

WILLST DU WIEDER ...

... SCHLAFEN?

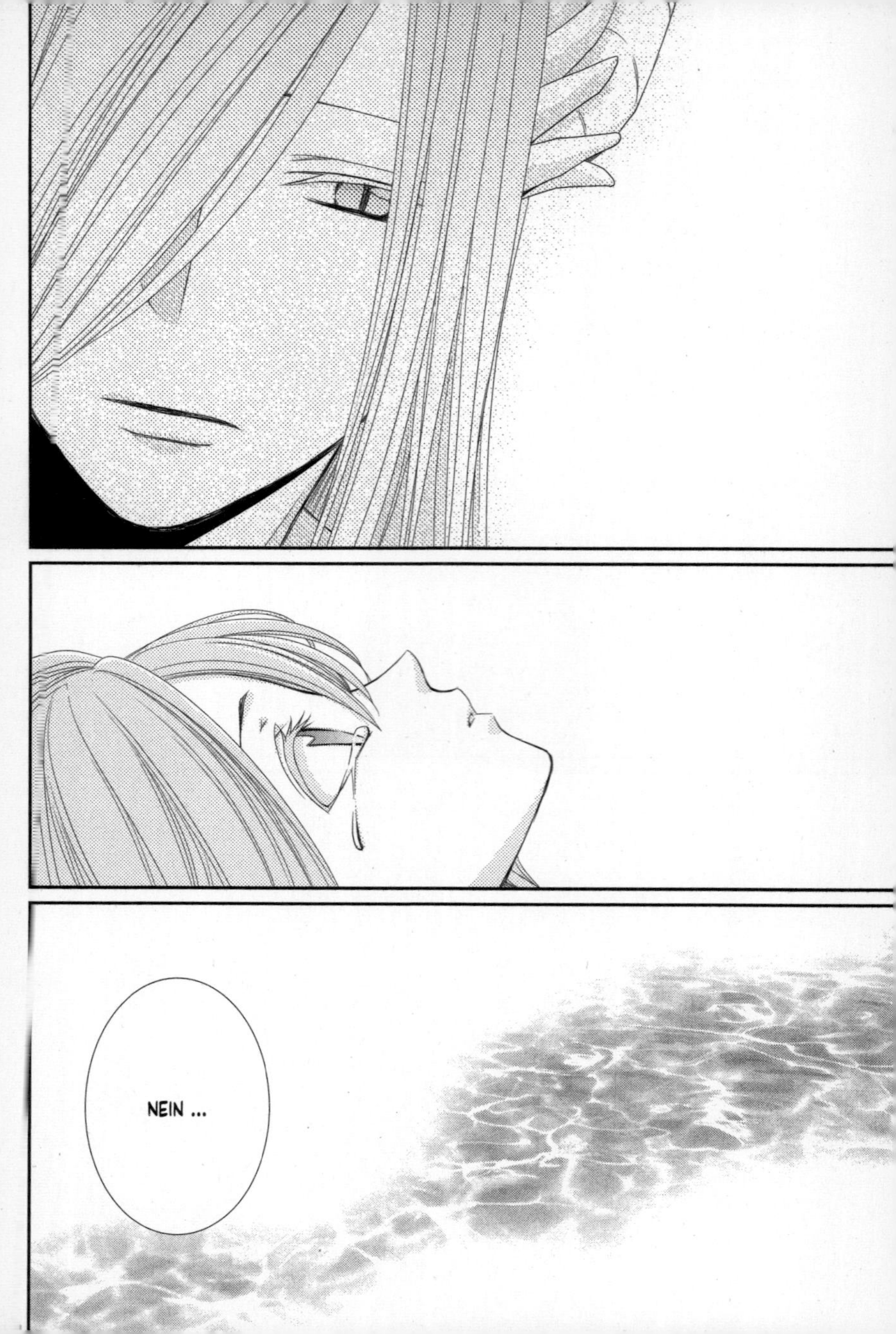
NEIN ...

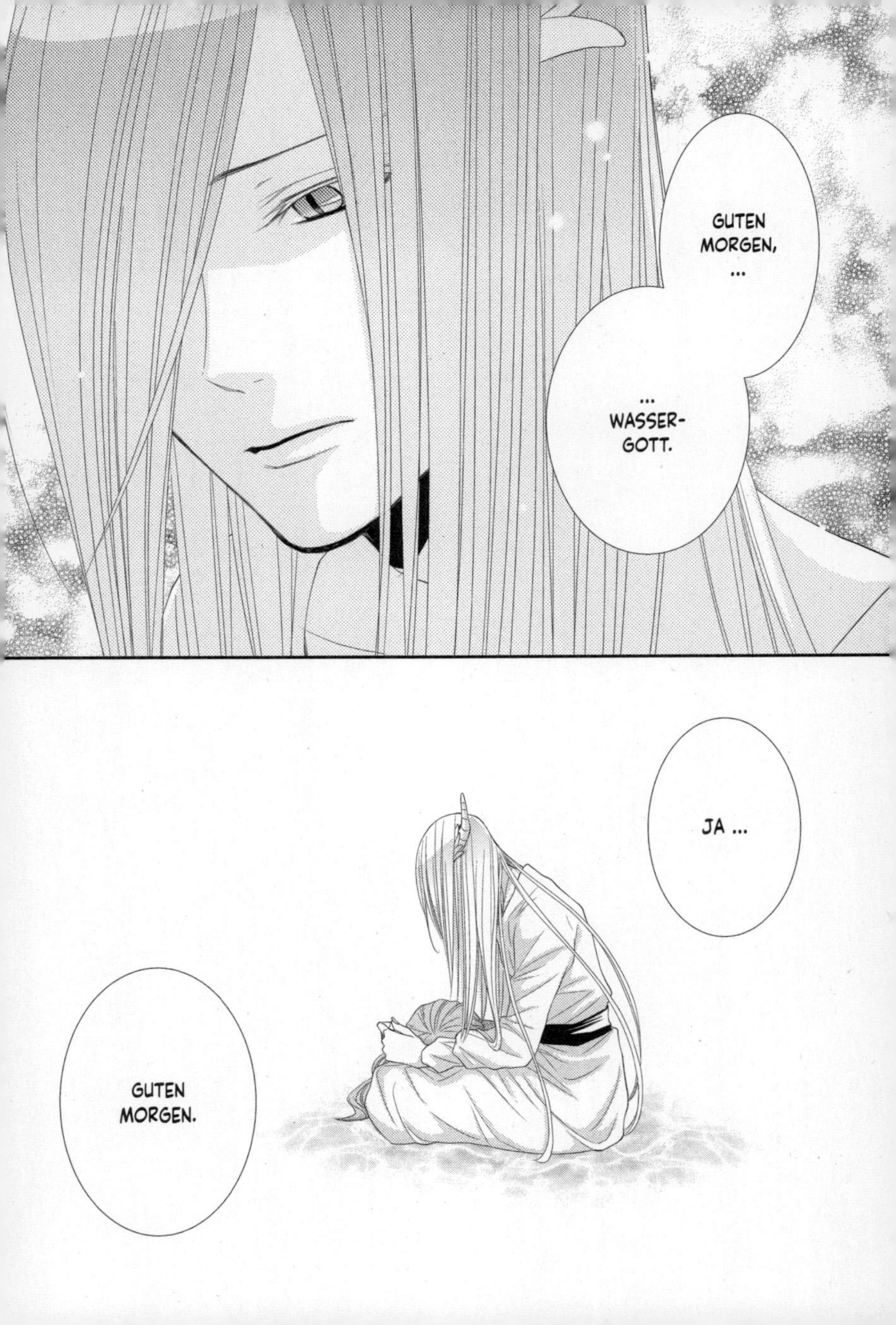

GUTEN MORGEN, ...
... WASSER-GOTT.
JA ...
GUTEN MORGEN.

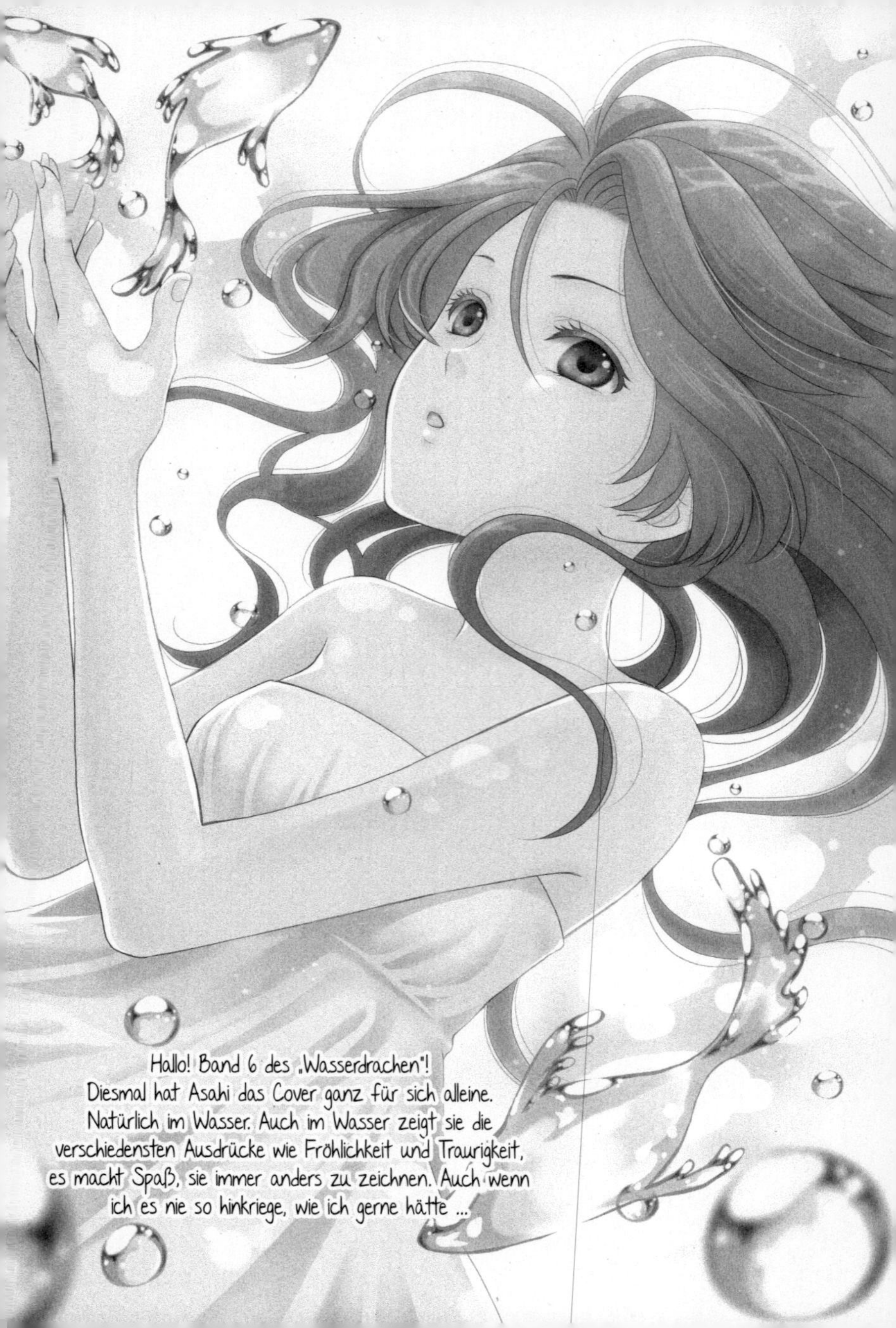
Hallo! Band 6 des „Wasserdrachen"!
Diesmal hat Asahi das Cover ganz für sich alleine.
Natürlich im Wasser. Auch im Wasser zeigt sie die
verschiedensten Ausdrücke wie Fröhlichkeit und Traurigkeit,
es macht Spaß, sie immer anders zu zeichnen. Auch wenn
ich es nie so hinkriege, wie ich gerne hätte ...

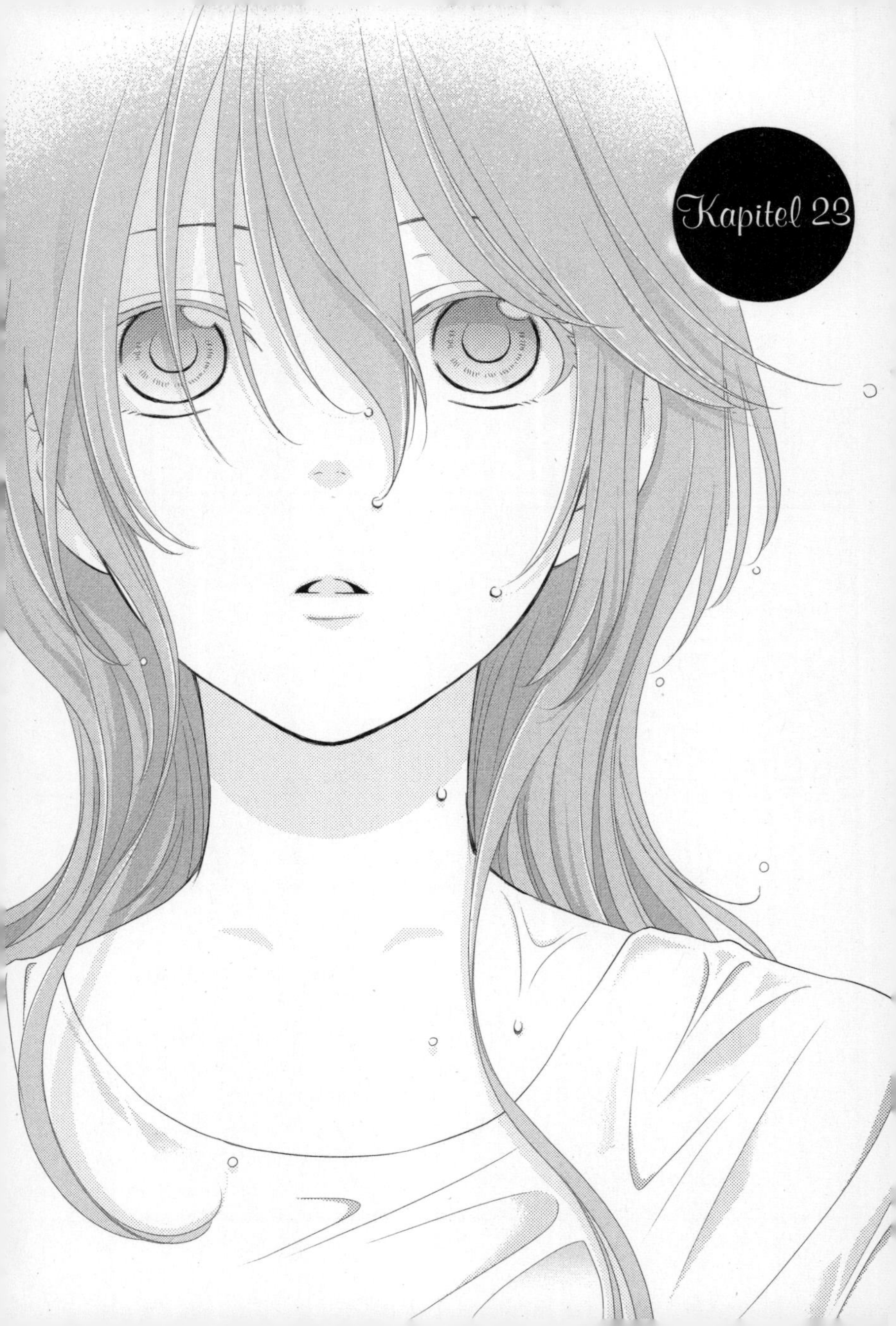
Kapitel 23

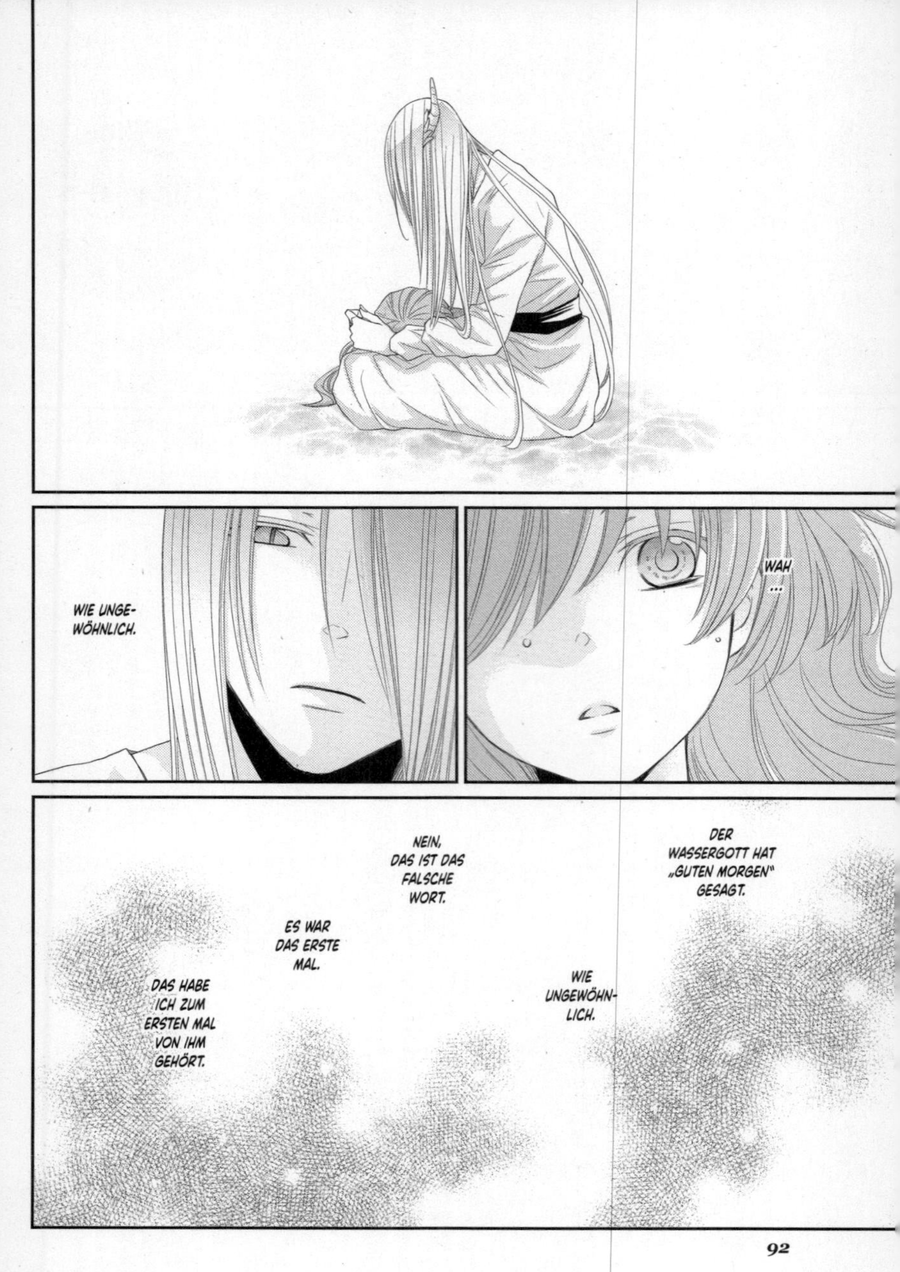
WAH ...
WIE UNGE-WÖHNLICH.
DER WASSERGOTT HAT „GUTEN MORGEN" GESAGT.
WIE UNGEWÖHN-LICH.
NEIN, DAS IST DAS FALSCHE WORT.
ES WAR DAS ERSTE MAL.
DAS HABE ICH ZUM ERSTEN MAL VON IHM GEHÖRT.

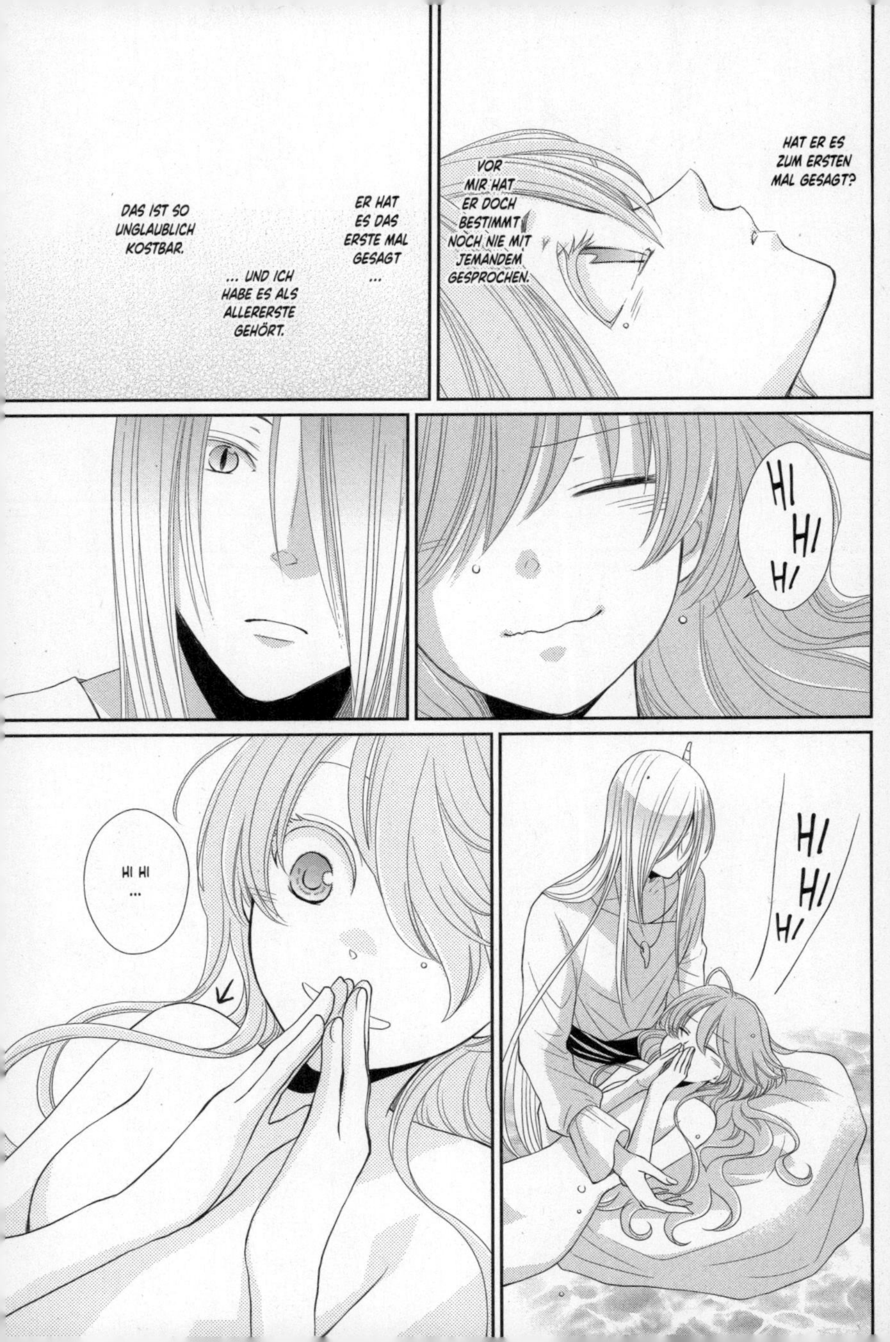

HAT ER ES ZUM ERSTEN MAL GESAGT?

VOR MIR HAT ER DOCH BESTIMMT NOCH NIE MIT JEMANDEM GESPROCHEN.

ER HAT ES DAS ERSTE MAL GESAGT ...

... UND ICH HABE ES ALS ALLERERSTE GEHÖRT.

DAS IST SO UNGLAUBLICH KOSTBAR.

HI HI HI

HI HI HI

HI HI ...

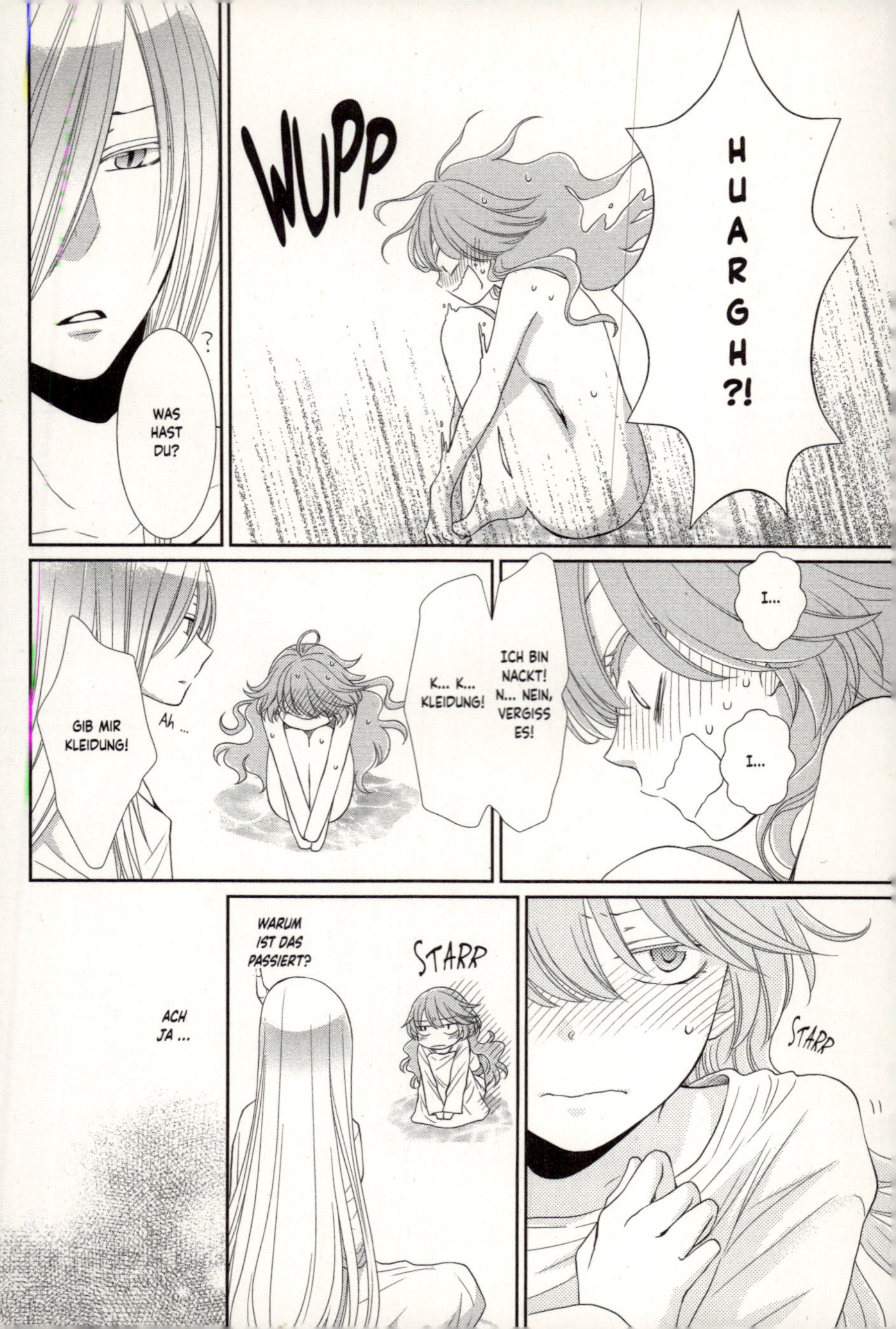
HUARGH?!
WUPP
?
WAS HAST DU?
I...
I...
ICH BIN NACKT! N... NEIN, VERGISS ES!
K... K... KLEIDUNG!
Ah ...
GIB MIR KLEIDUNG!
STARR
STARR
WARUM IST DAS PASSIERT?
ACH JA ...

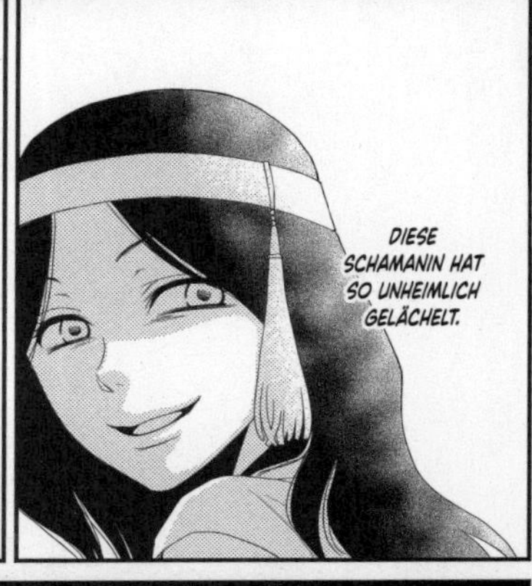

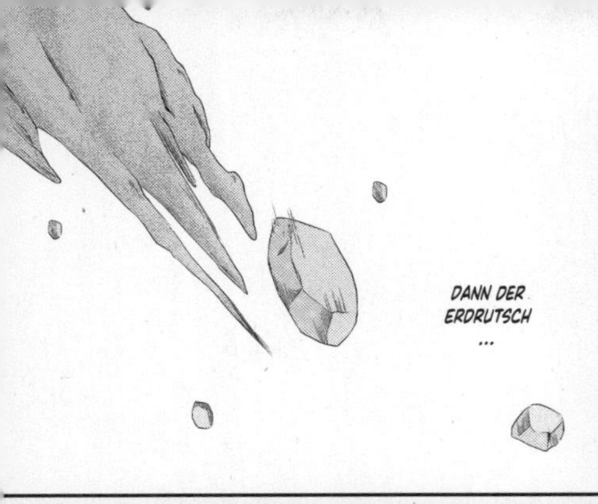

NANU?

UND DANN ...

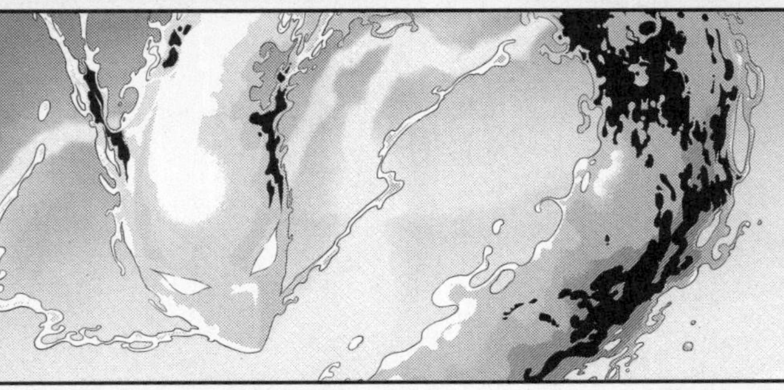

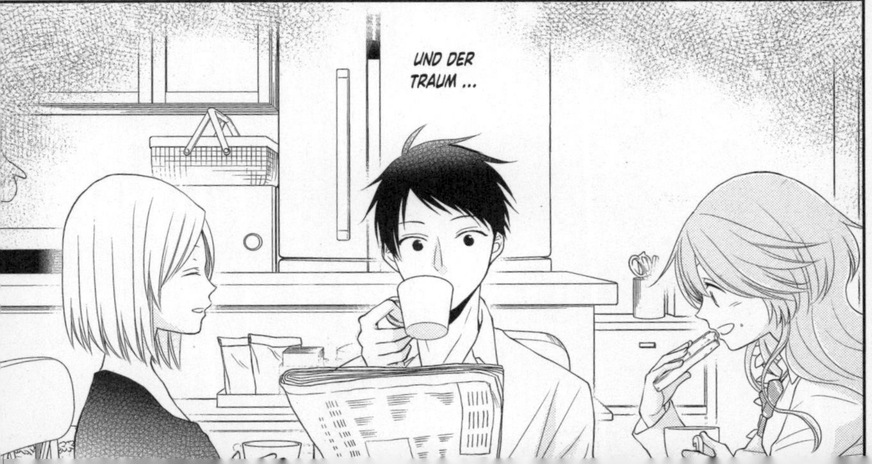

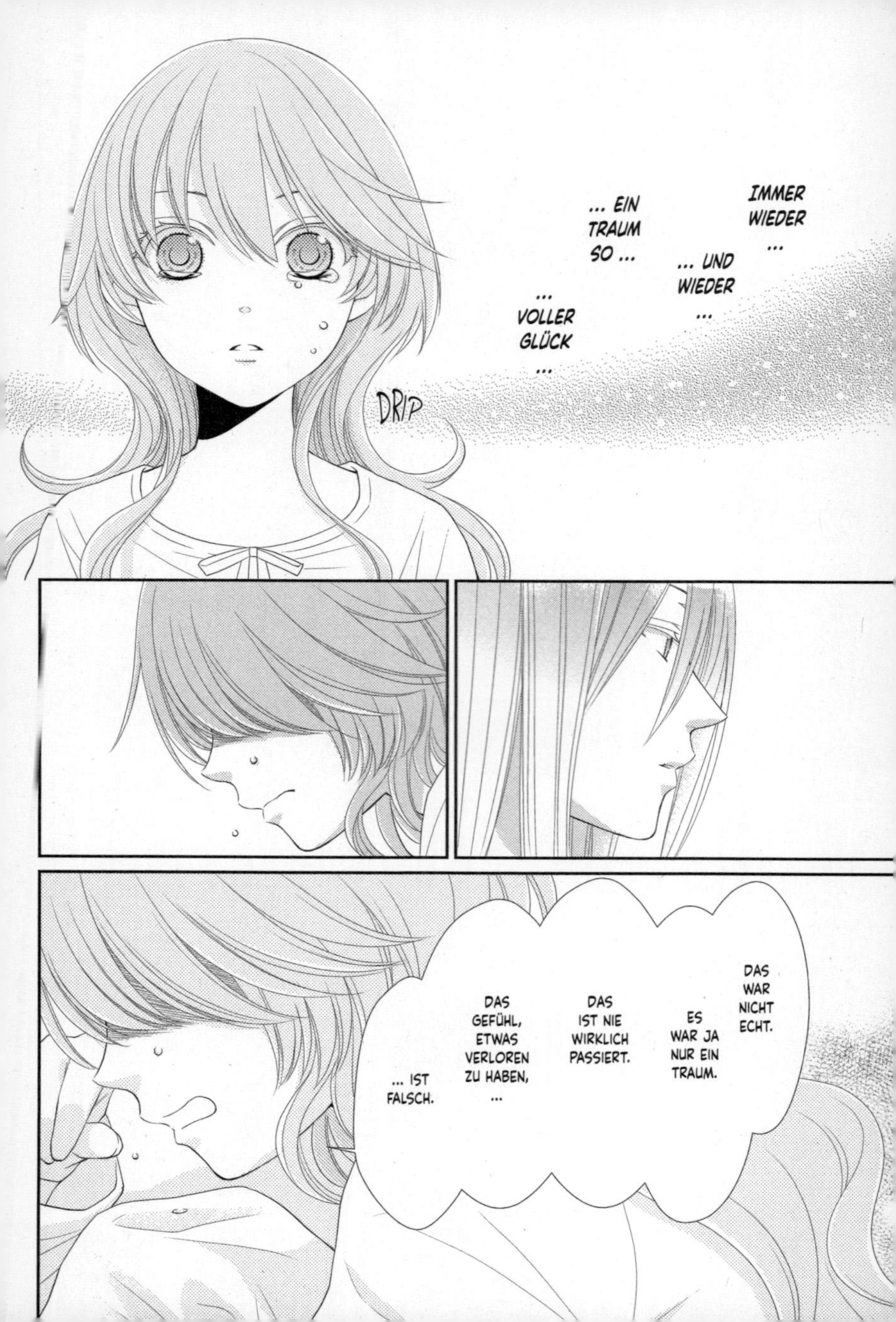
IMMER WIEDER ...
... UND WIEDER ...
... EIN TRAUM SO ...
... VOLLER GLÜCK ...
DRIP
DAS WAR NICHT ECHT.
ES WAR JA NUR EIN TRAUM.
DAS IST NIE WIRKLICH PASSIERT.
DAS GEFÜHL, ETWAS VERLOREN ZU HABEN, ...
... IST FALSCH.

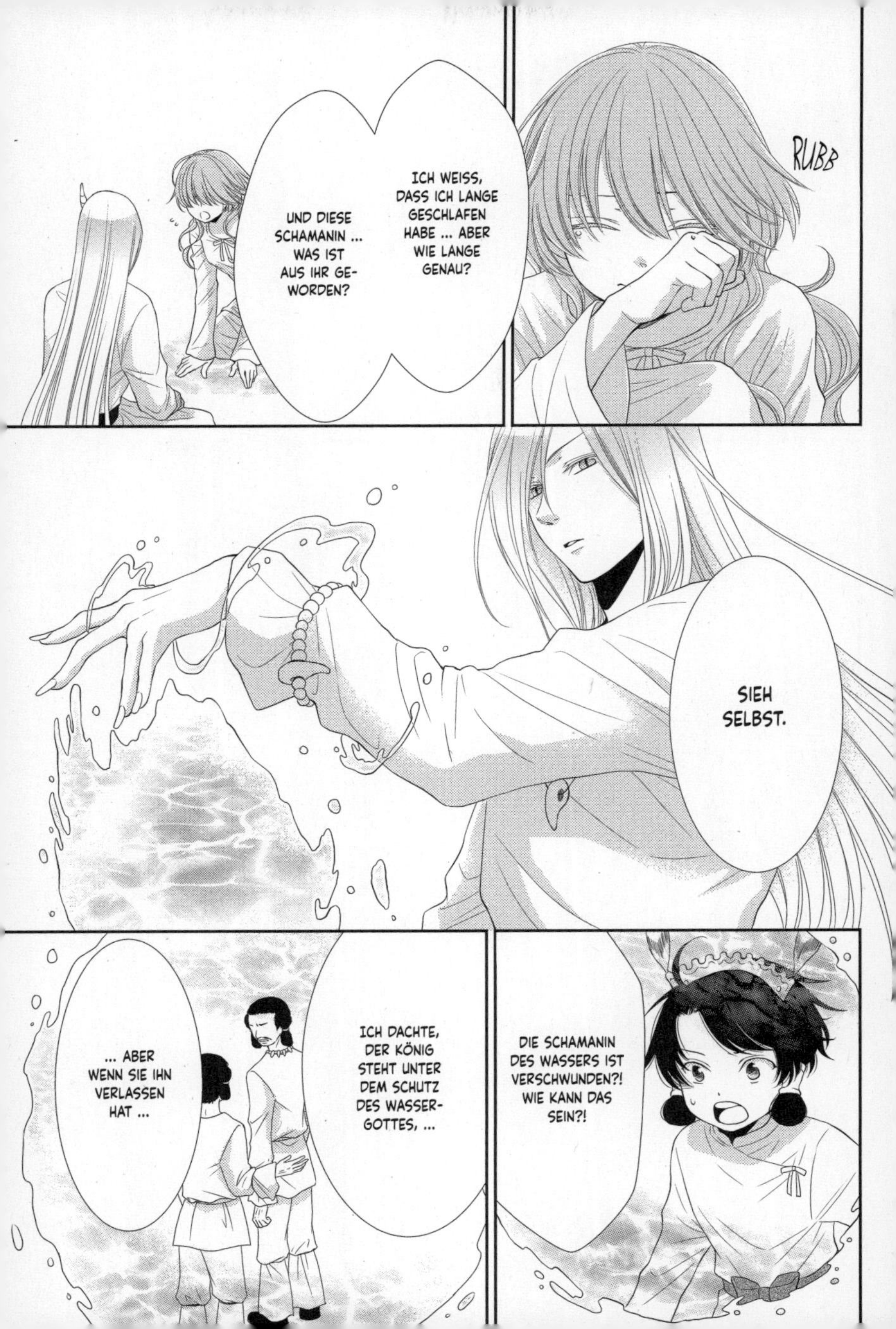
RUBB
ICH WEISS, DASS ICH LANGE GESCHLAFEN HABE ... ABER WIE LANGE GENAU?
UND DIESE SCHAMANIN ... WAS IST AUS IHR GEWORDEN?
SIEH SELBST.
DIE SCHAMANIN DES WASSERS IST VERSCHWUNDEN?! WIE KANN DAS SEIN?!
ICH DACHTE, DER KÖNIG STEHT UNTER DEM SCHUTZ DES WASSERGOTTES, ...
... ABER WENN SIE IHN VERLASSEN HAT ...

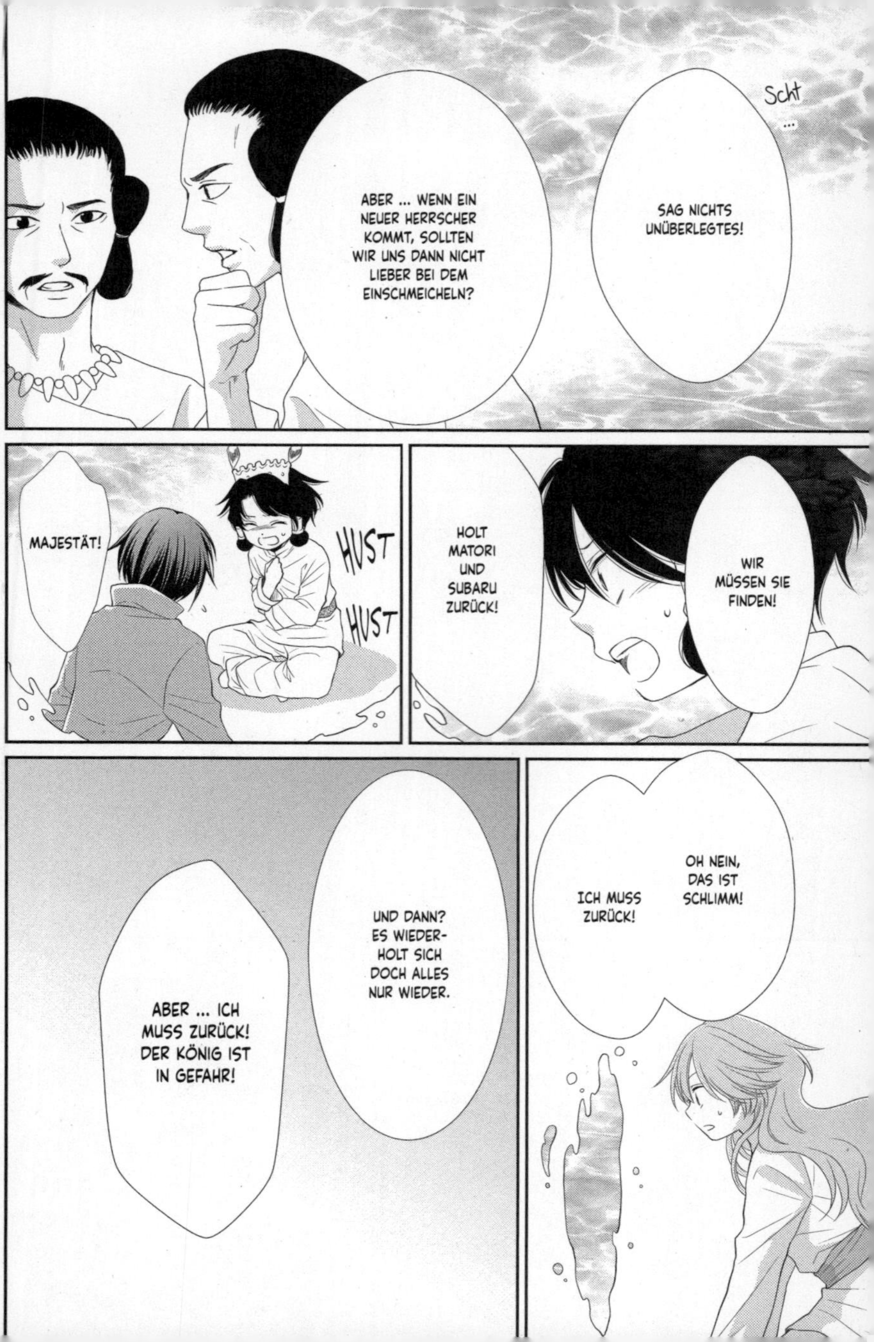

Scht ...
SAG NICHTS UNÜBERLEGTES!
ABER ... WENN EIN NEUER HERRSCHER KOMMT, SOLLTEN WIR UNS DANN NICHT LIEBER BEI DEM EINSCHMEICHELN?

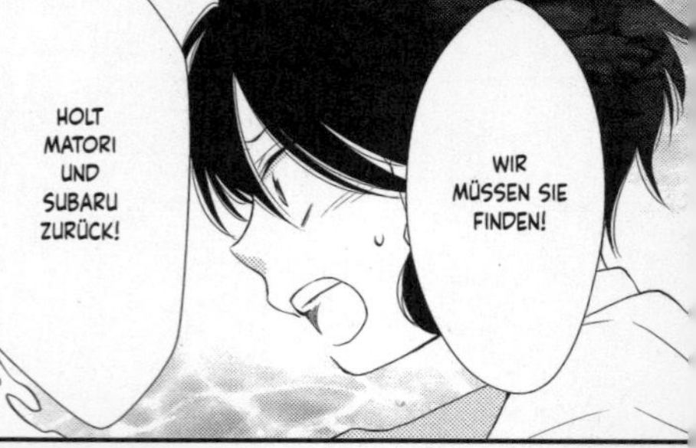

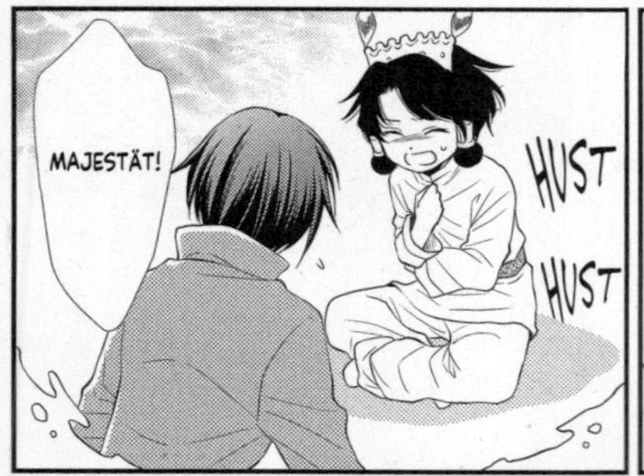

OH NEIN, DAS IST SCHLIMM!
ICH MUSS ZURÜCK!
UND DANN? ES WIEDER-HOLT SICH DOCH ALLES NUR WIEDER.
ABER ... ICH MUSS ZURÜCK! DER KÖNIG IST IN GEFAHR!

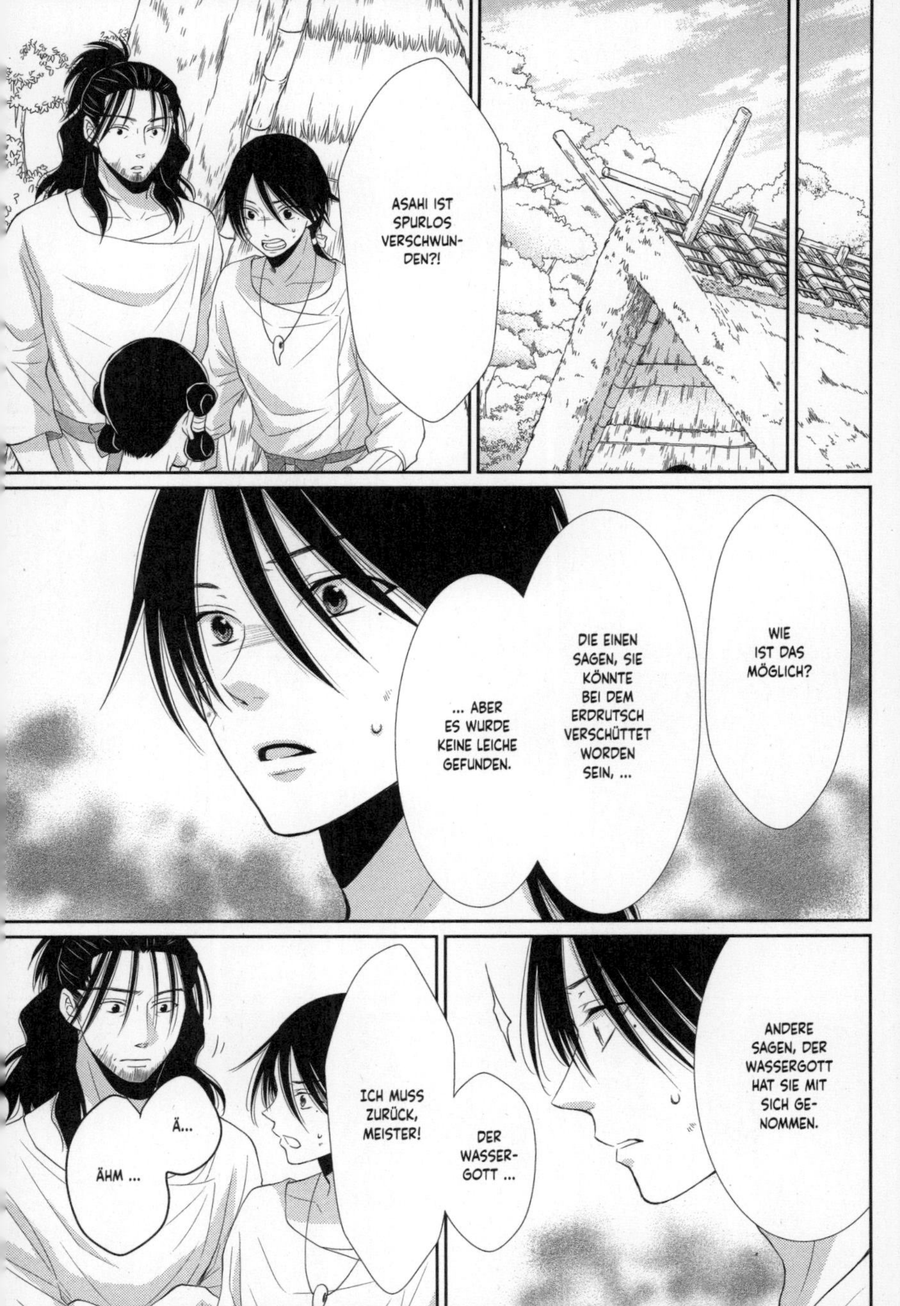
ASAHI IST SPURLOS VERSCHWUNDEN?!
WIE IST DAS MÖGLICH?
DIE EINEN SAGEN, SIE KÖNNTE BEI DEM ERDRUTSCH VERSCHÜTTET WORDEN SEIN, ...
... ABER ES WURDE KEINE LEICHE GEFUNDEN.
ANDERE SAGEN, DER WASSERGOTT HAT SIE MIT SICH GENOMMEN.
DER WASSERGOTT ...
ICH MUSS ZURÜCK, MEISTER!
Ä... ÄHM ...

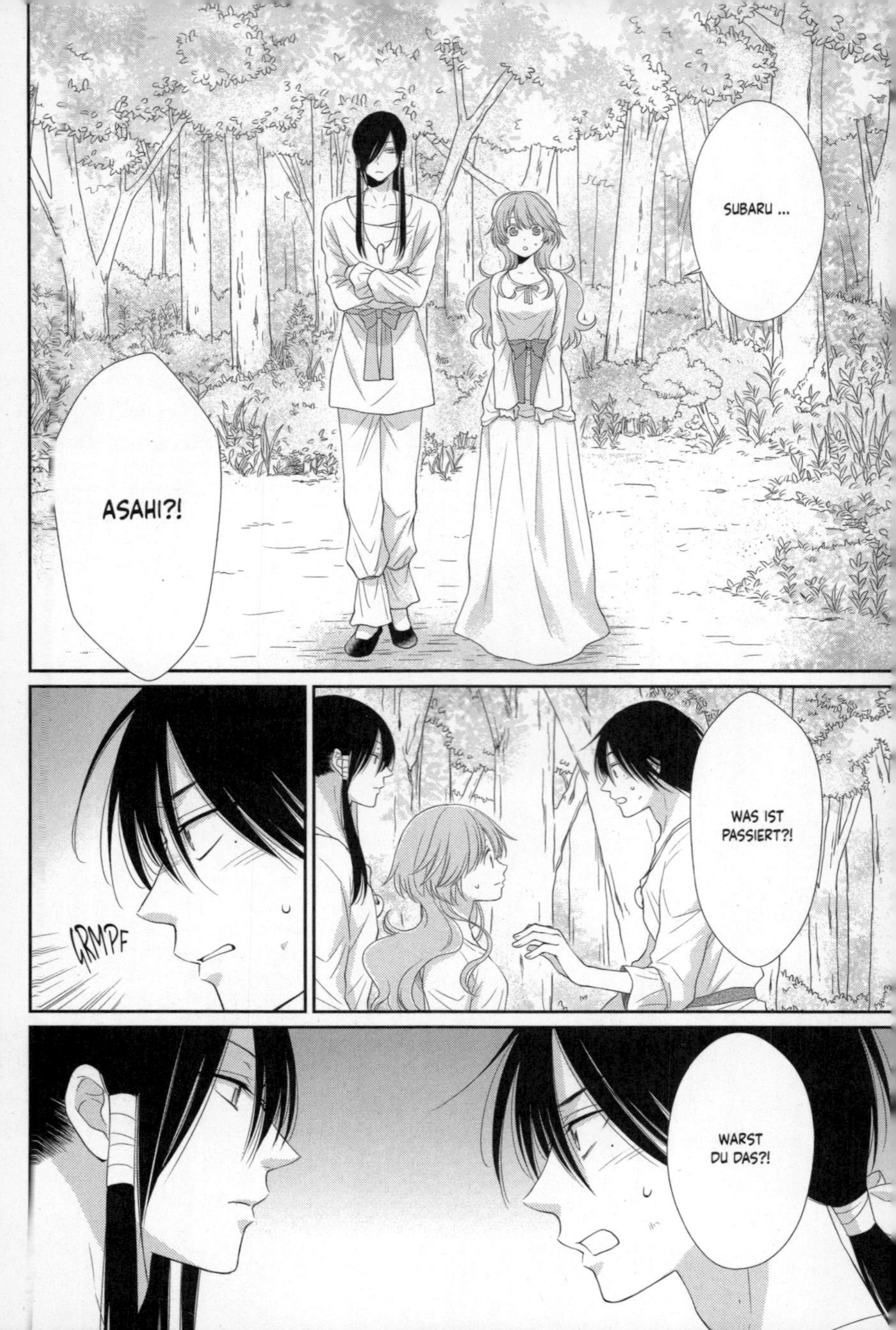
SUBARU ...
ASAHI?!
WAS IST PASSIERT?!
GRMPF
WARST DU DAS?!

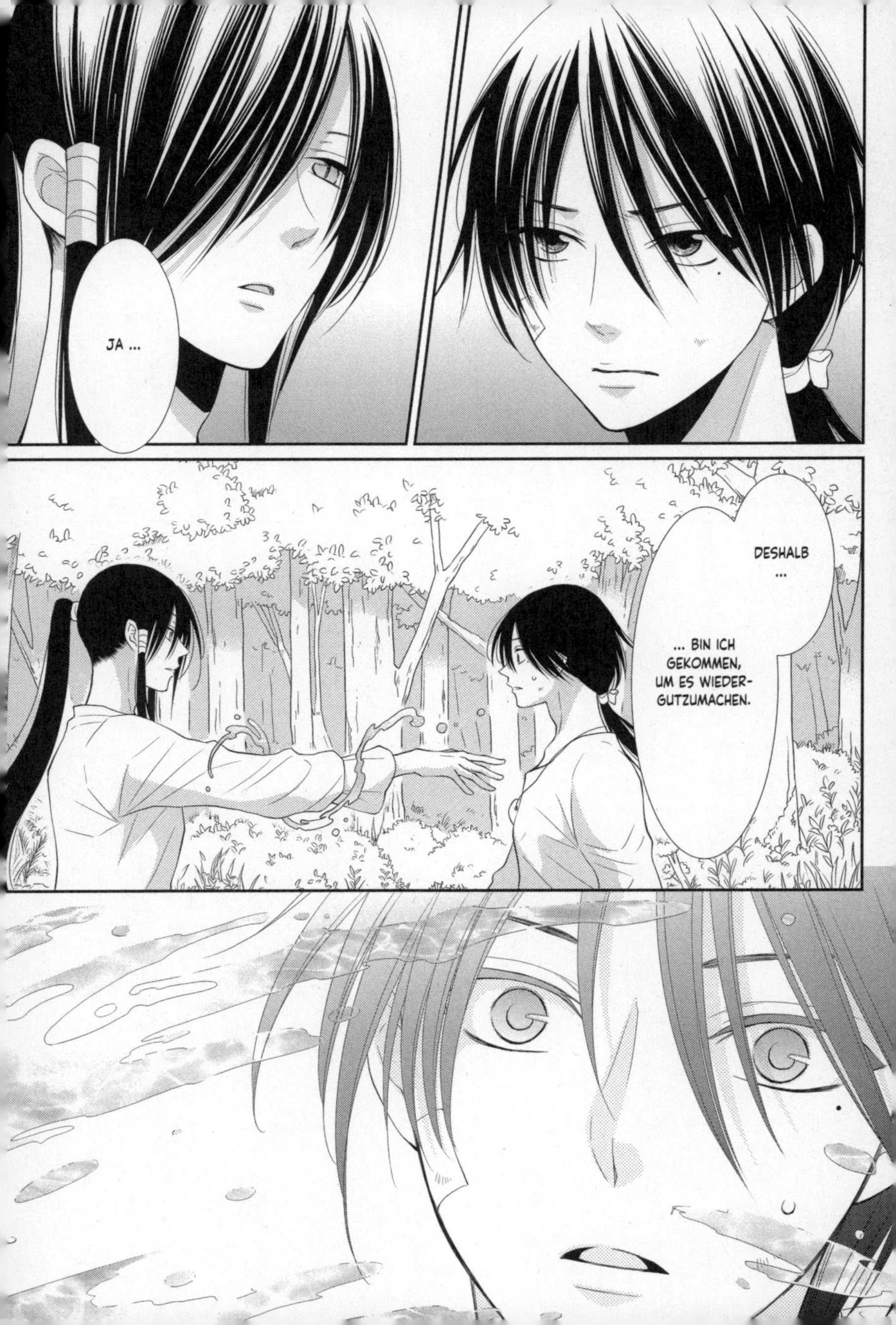
JA ...
DESHALB ...
... BIN ICH GEKOMMEN, UM ES WIEDER-GUTZUMACHEN.

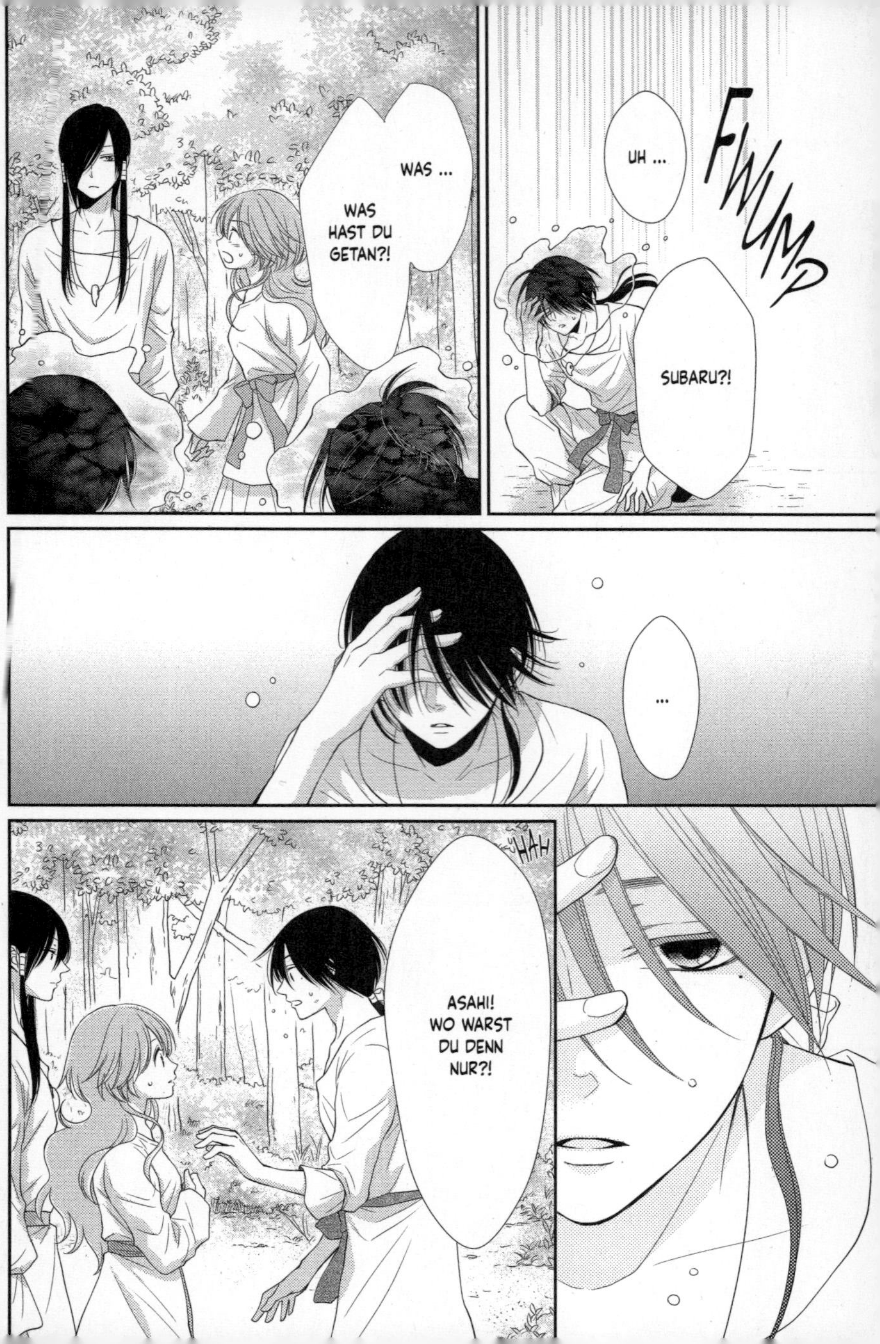

UH ...

FWUMP

SUBARU?!

WAS ...

WAS HAST DU GETAN?!

...

HAH

ASAHI! WO WARST DU DENN NUR?!

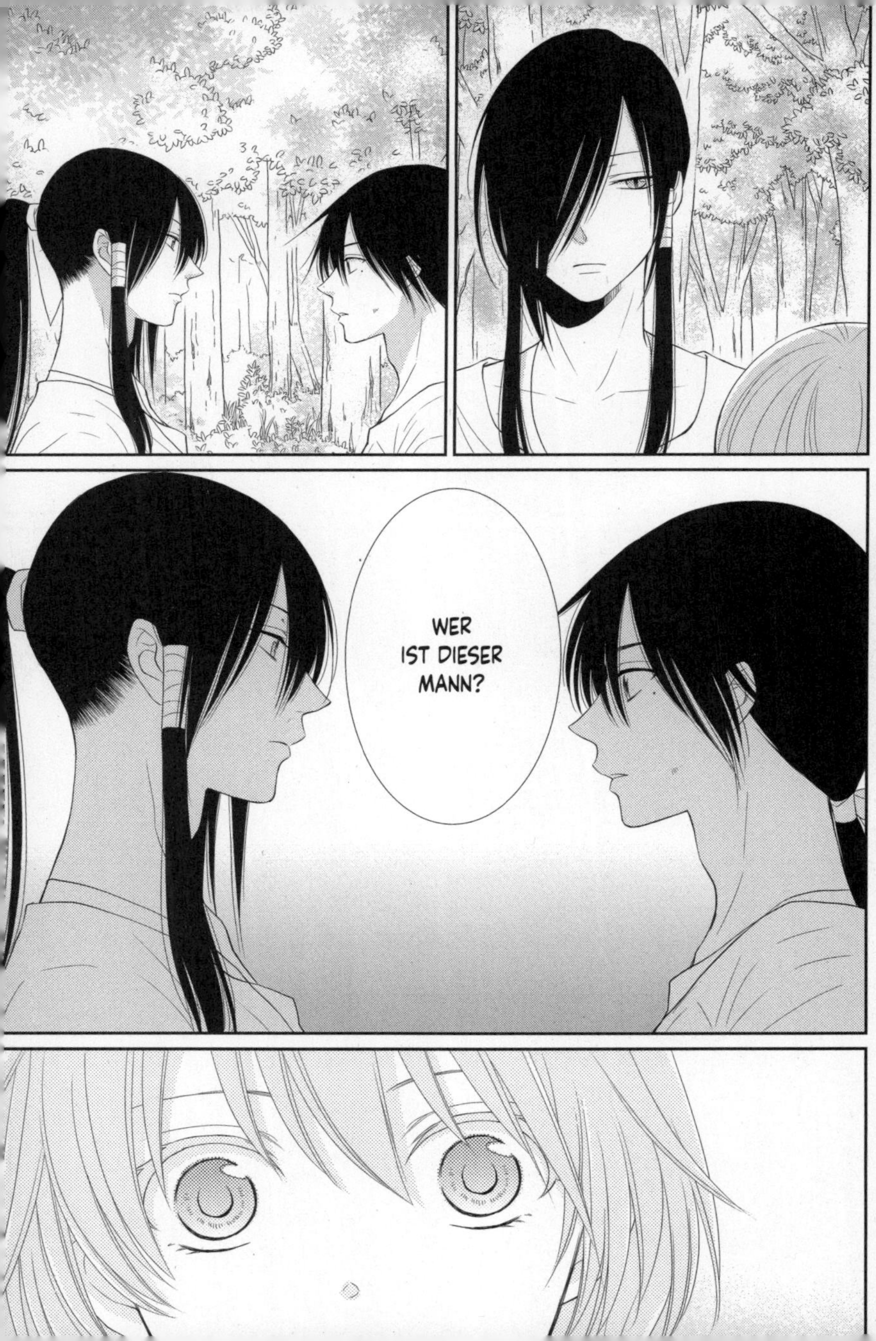

WER
IST DIESER
MANN?

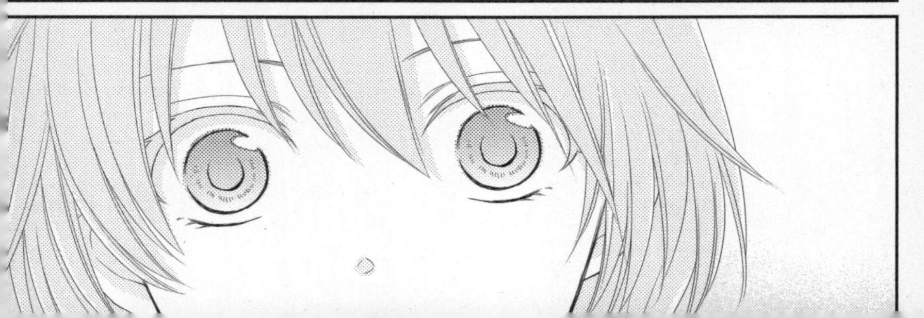

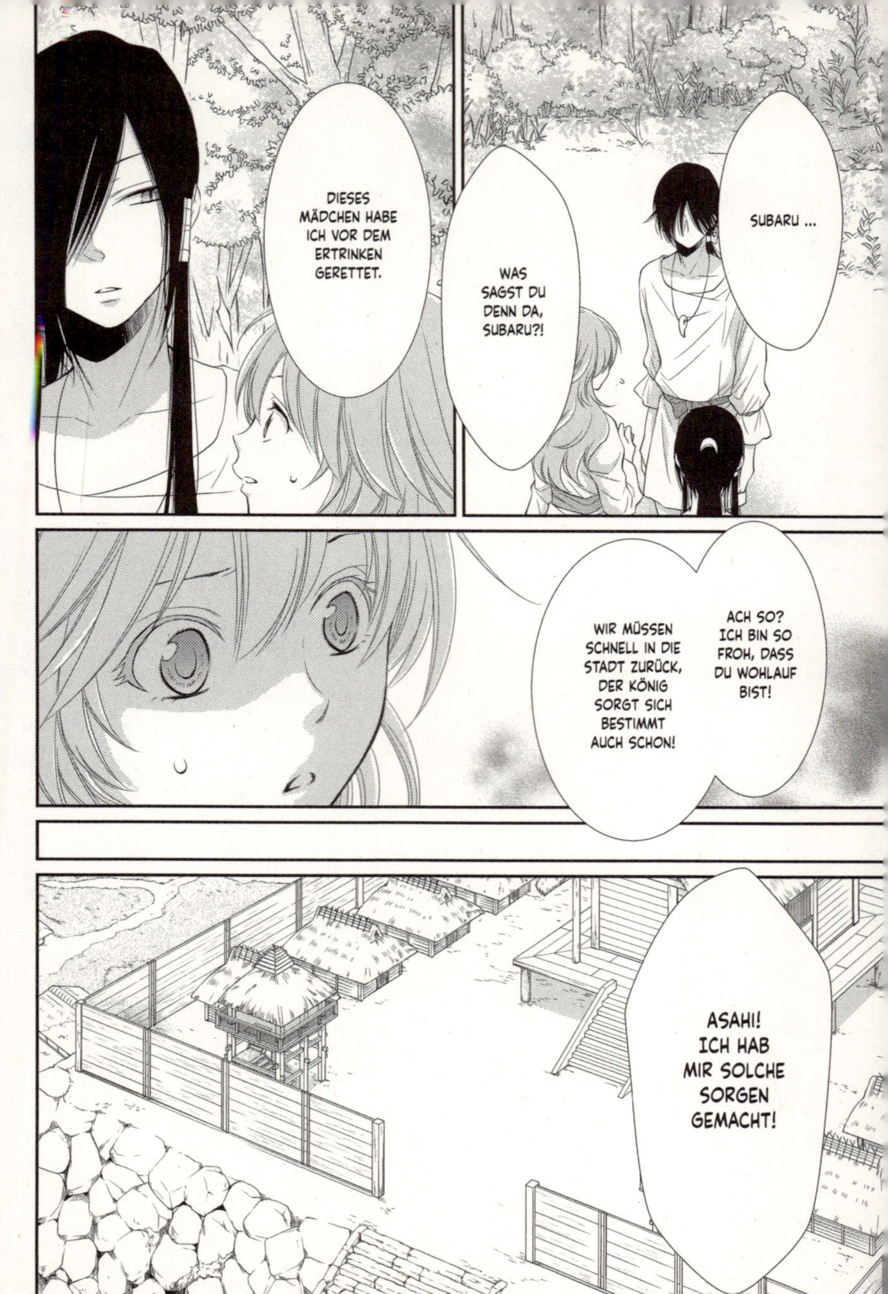
SUBARU ...
WAS SAGST DU DENN DA, SUBARU?!
DIESES MÄDCHEN HABE ICH VOR DEM ERTRINKEN GERETTET.
ACH SO? ICH BIN SO FROH, DASS DU WOHLAUF BIST!
WIR MÜSSEN SCHNELL IN DIE STADT ZURÜCK, DER KÖNIG SORGT SICH BESTIMMT AUCH SCHON!
ASAHI! ICH HAB MIR SOLCHE SORGEN GEMACHT!

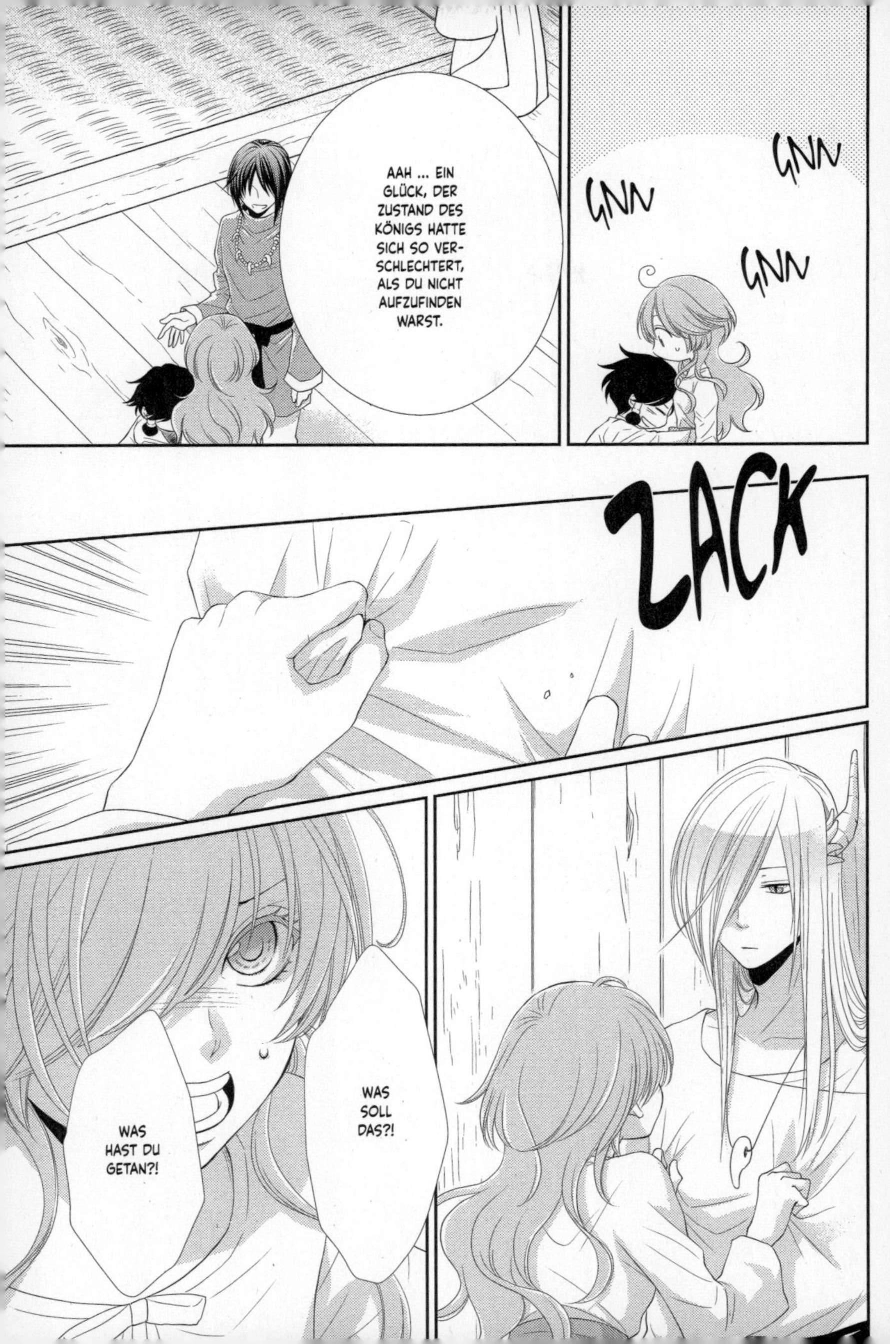

GNN
GNN
GNN

AAH ... EIN GLÜCK, DER ZUSTAND DES KÖNIGS HATTE SICH SO VER-SCHLECHTERT, ALS DU NICHT AUFZUFINDEN WARST.

ZACK

WAS SOLL DAS?!

WAS HAST DU GETAN?!

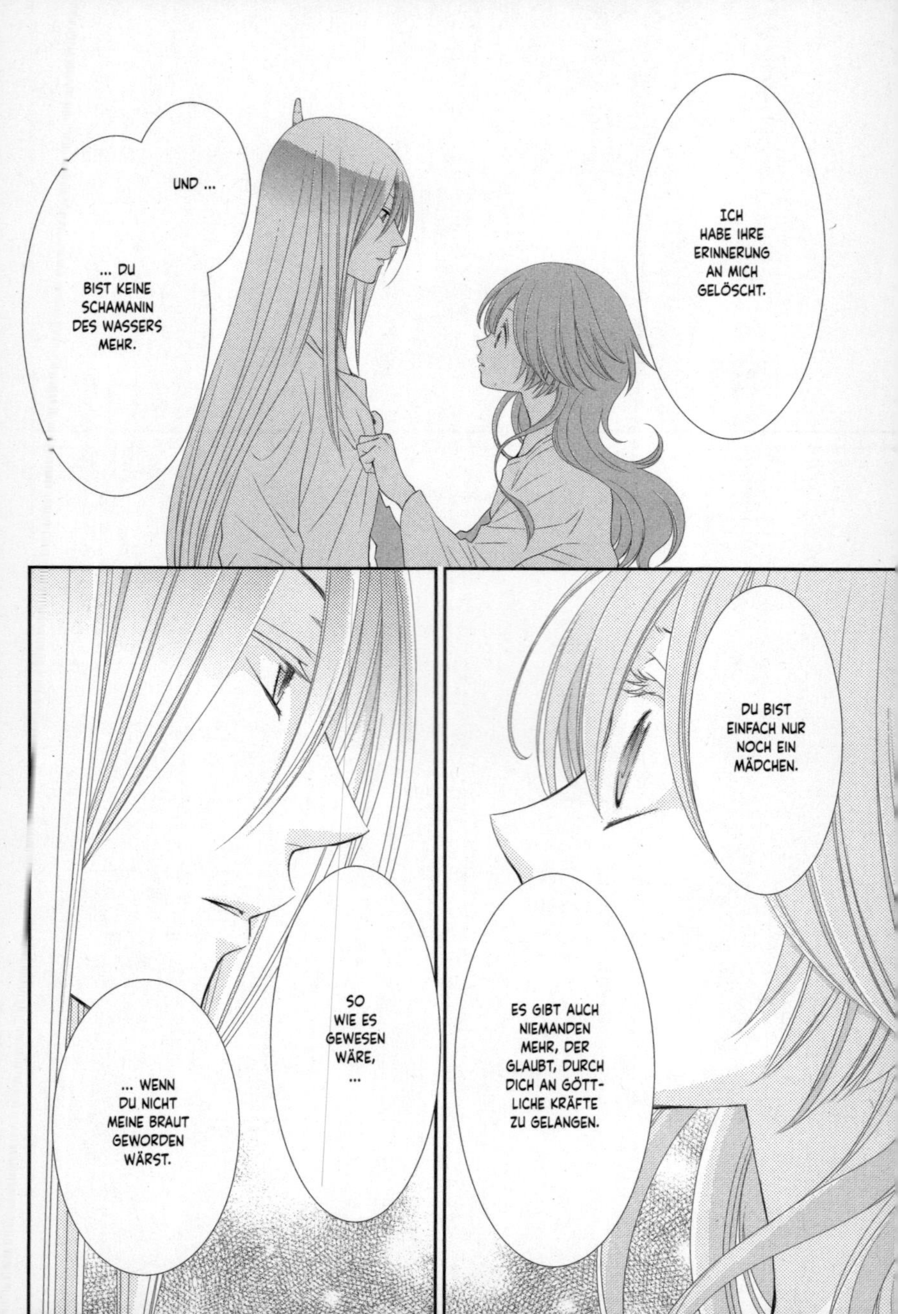
ICH HABE IHRE ERINNERUNG AN MICH GELÖSCHT.
UND ...
... DU BIST KEINE SCHAMANIN DES WASSERS MEHR.
DU BIST EINFACH NUR NOCH EIN MÄDCHEN.
ES GIBT AUCH NIEMANDEN MEHR, DER GLAUBT, DURCH DICH AN GÖTT-LICHE KRÄFTE ZU GELANGEN.
SO WIE ES GEWESEN WÄRE, ...
... WENN DU NICHT MEINE BRAUT GEWORDEN WÄRST.

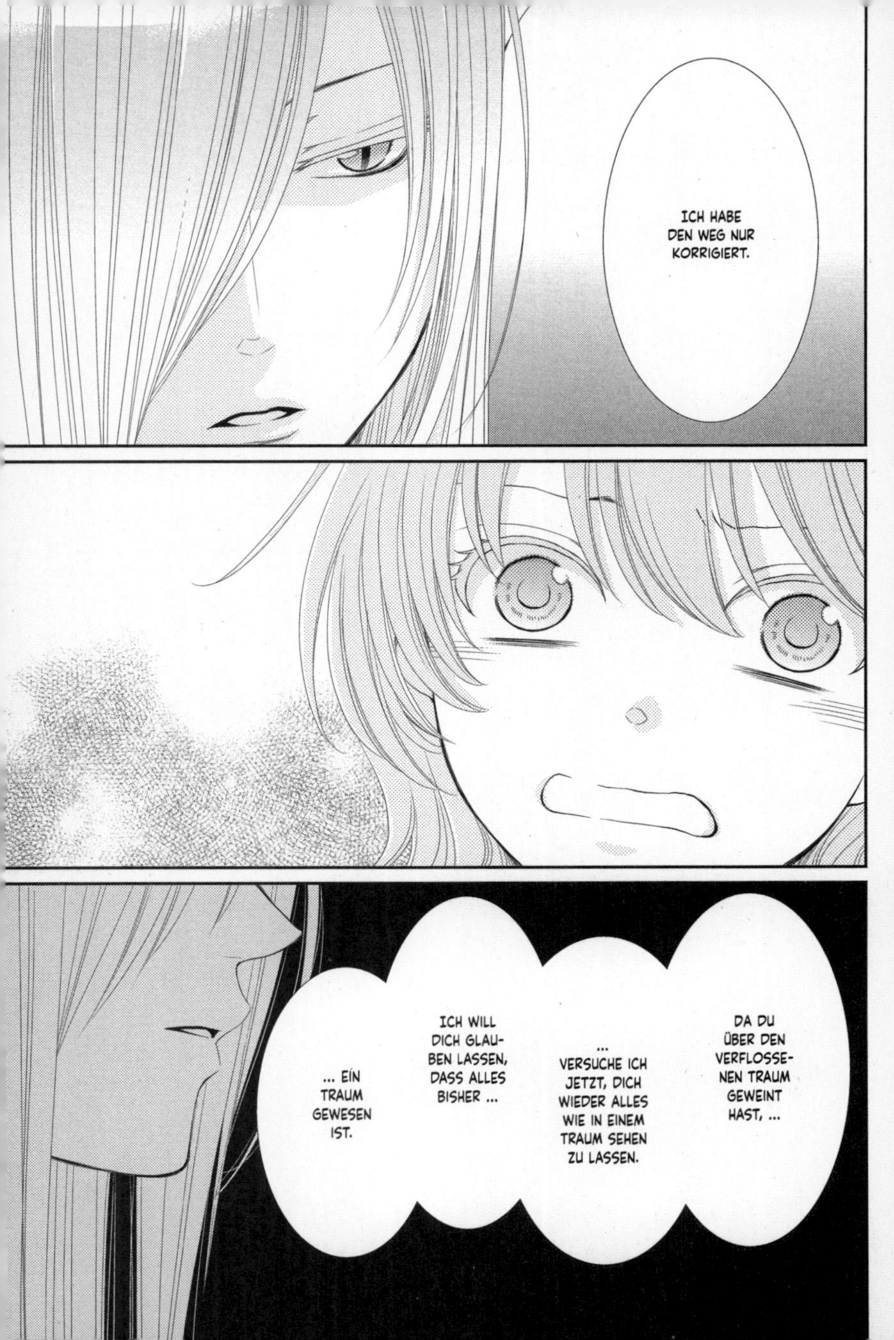
ICH HABE DEN WEG NUR KORRIGIERT.
DA DU ÜBER DEN VERFLOSSENEN TRAUM GEWEINT HAST, ...
... VERSUCHE ICH JETZT, DICH WIEDER ALLES WIE IN EINEM TRAUM SEHEN ZU LASSEN.
ICH WILL DICH GLAUBEN LASSEN, DASS ALLES BISHER ...
... EIN TRAUM GEWESEN IST.

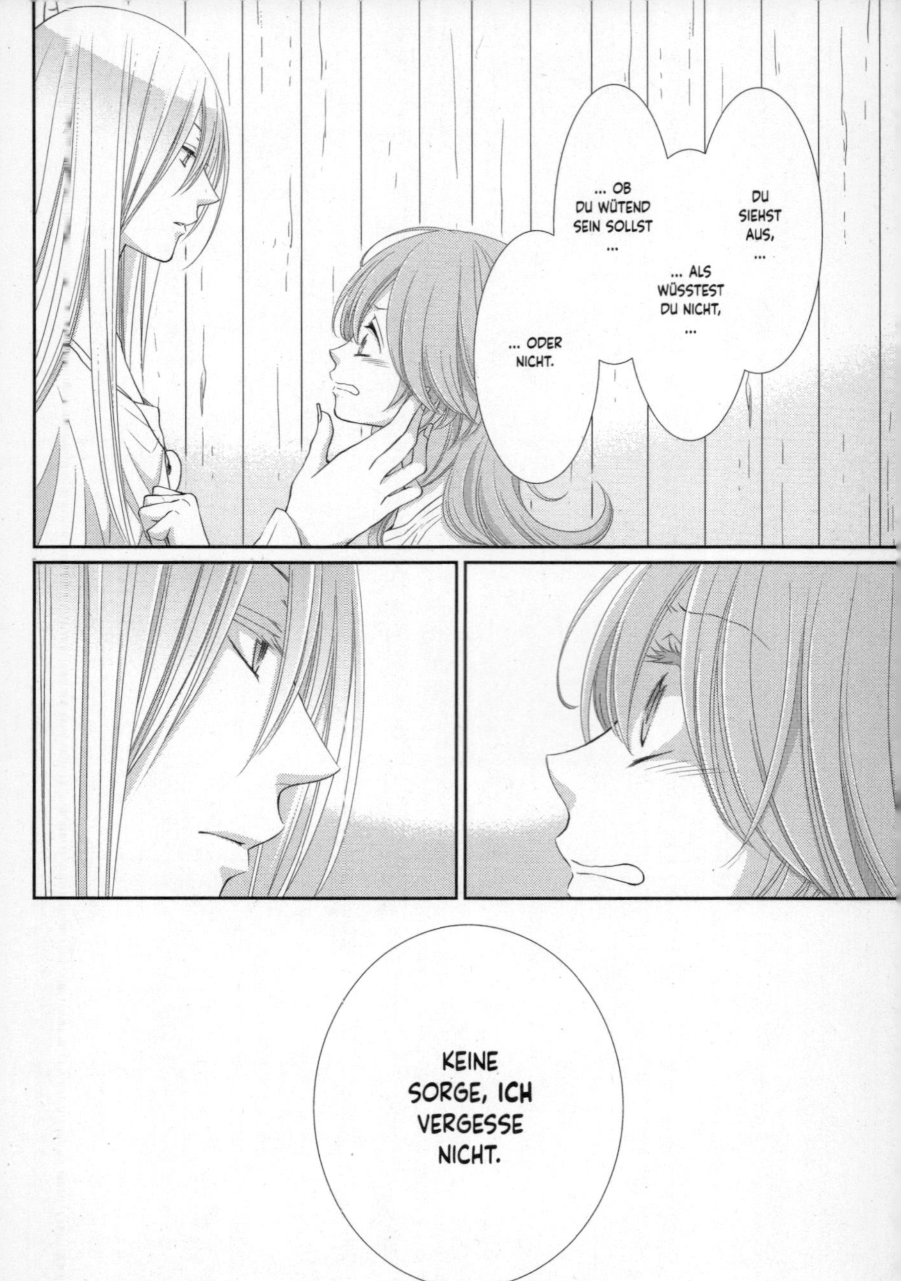
DU SIEHST AUS, ...
... ALS WÜSSTEST DU NICHT, ...
... OB DU WÜTEND SEIN SOLLST ...
... ODER NICHT.
KEINE SORGE, ICH VERGESSE NICHT.

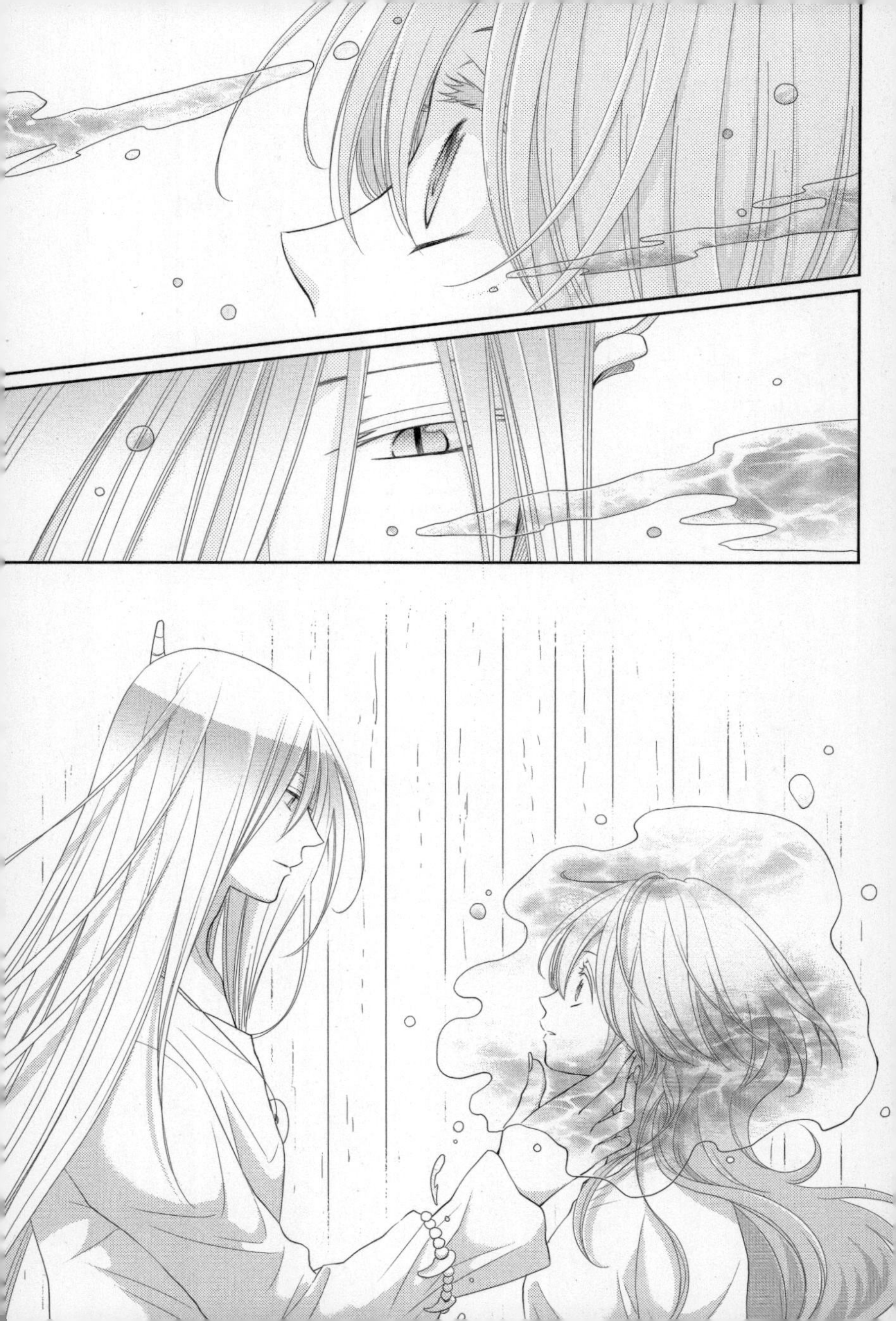

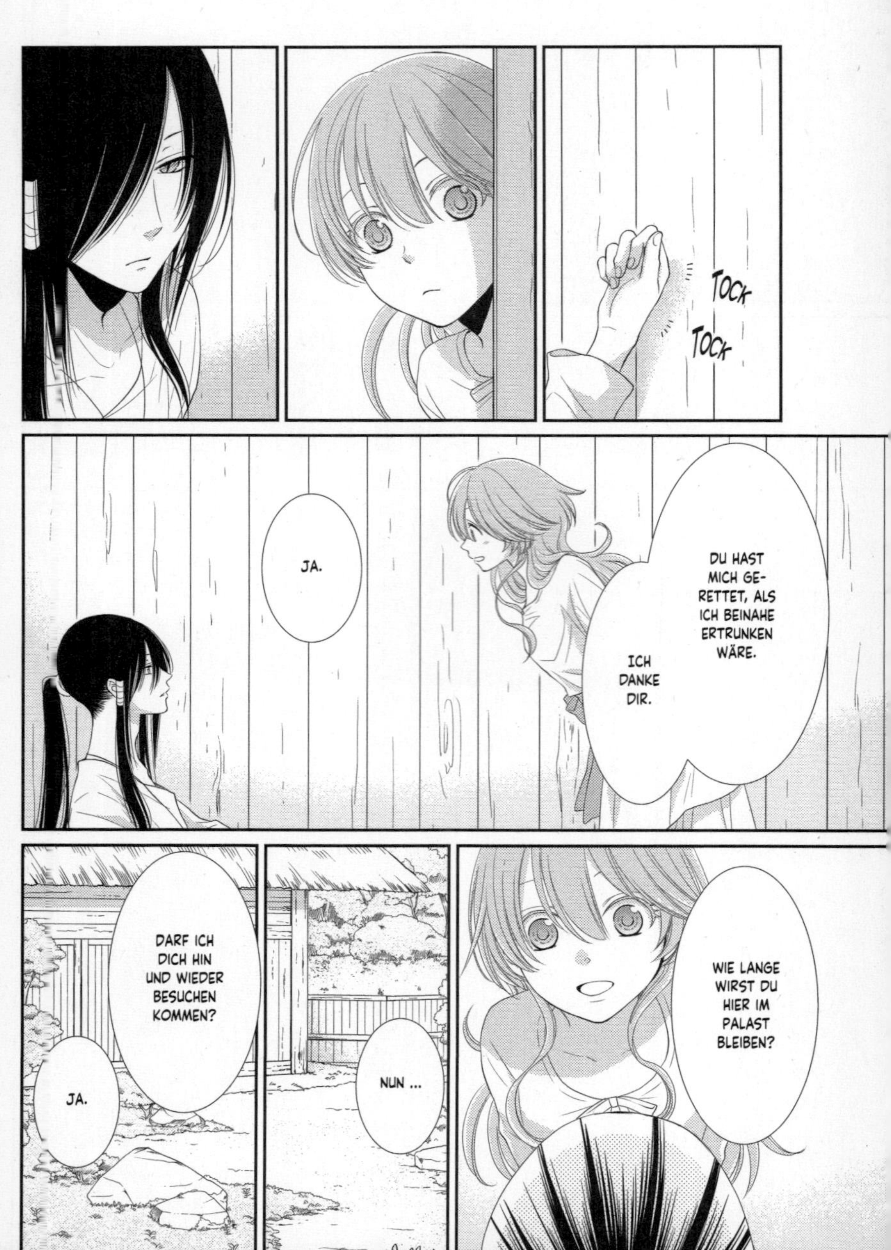
TOCK
TOCK
DU HAST MICH GERETTET, ALS ICH BEINAHE ERTRUNKEN WÄRE.
ICH DANKE DIR.
JA.
WIE LANGE WIRST DU HIER IM PALAST BLEIBEN?
NUN ...
DARF ICH DICH HIN UND WIEDER BESUCHEN KOMMEN?
JA.

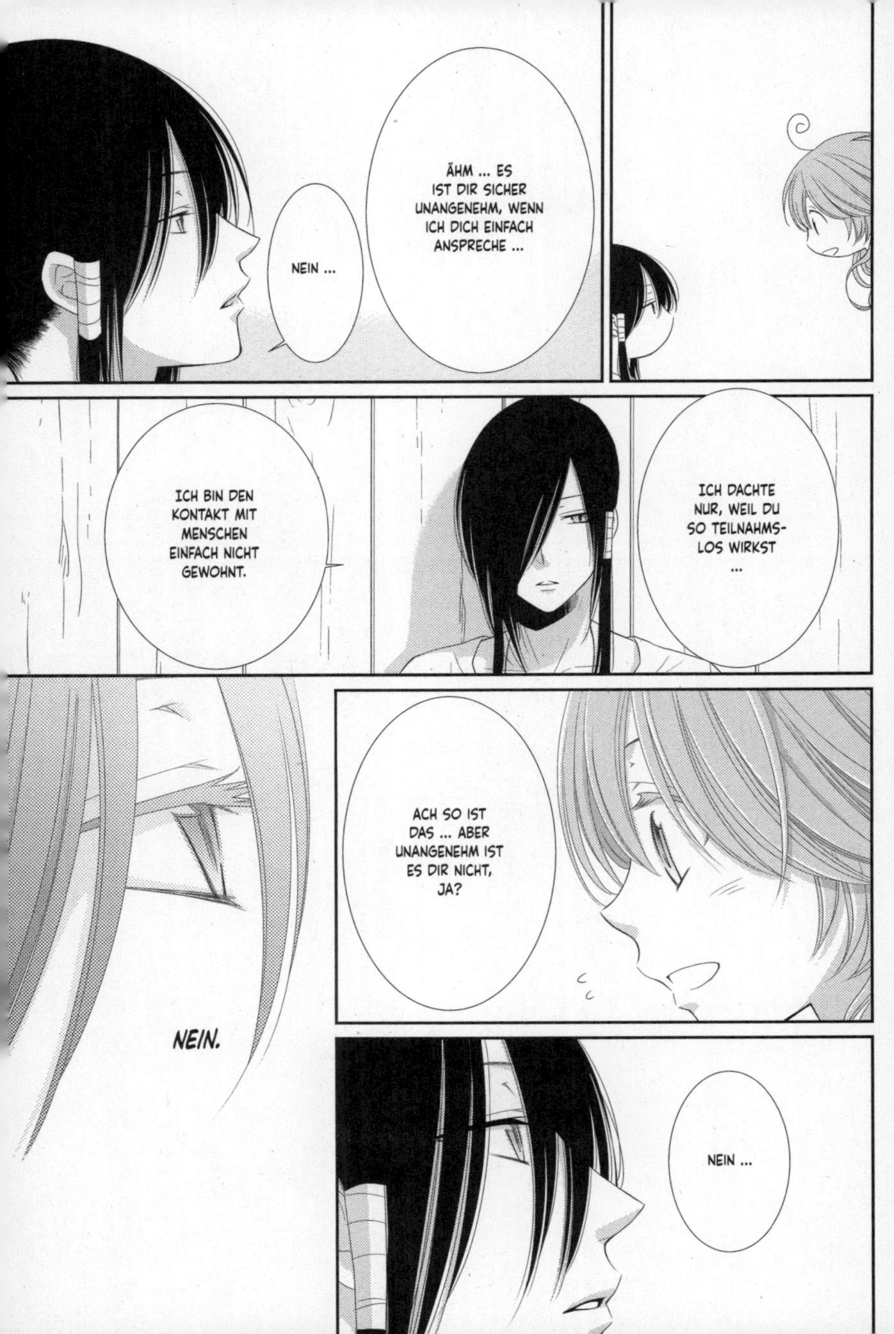
ÄHM ... ES IST DIR SICHER UNANGENEHM, WENN ICH DICH EINFACH ANSPRECHE ...
NEIN ...
ICH DACHTE NUR, WEIL DU SO TEILNAHMS-LOS WIRKST ...
ICH BIN DEN KONTAKT MIT MENSCHEN EINFACH NICHT GEWOHNT.
ACH SO IST DAS ... ABER UNANGENEHM IST ES DIR NICHT, JA?
NEIN.
NEIN ...

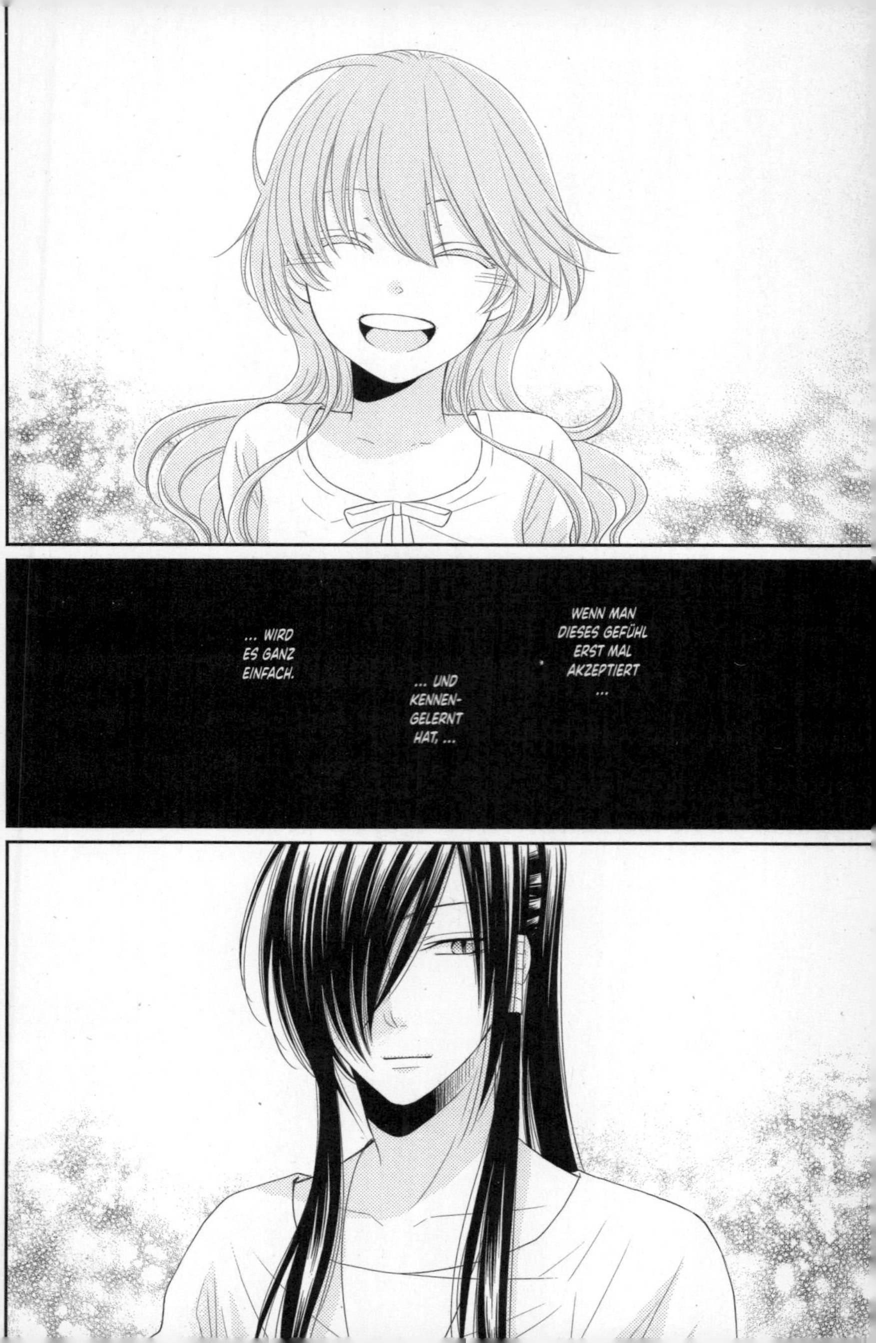

WENN MAN DIESES GEFÜHL ERST MAL AKZEPTIERT ...

... UND KENNEN-GELERNT HAT, ...

... WIRD ES GANZ EINFACH.

WENN DU LEIDEST, LEIDE ICH AUCH.

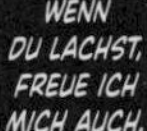

DAS NENNT MAN MITGEFÜHL.

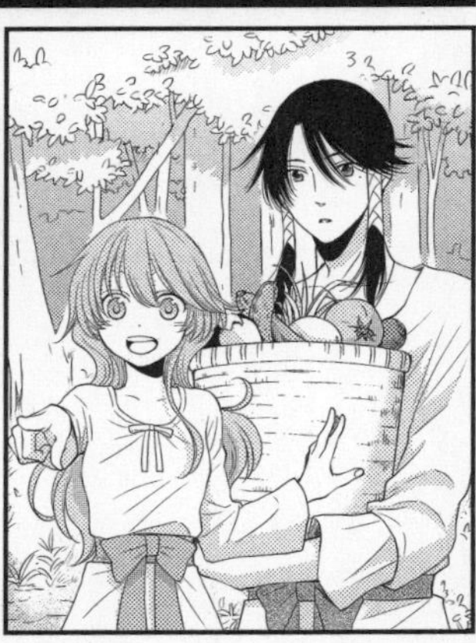

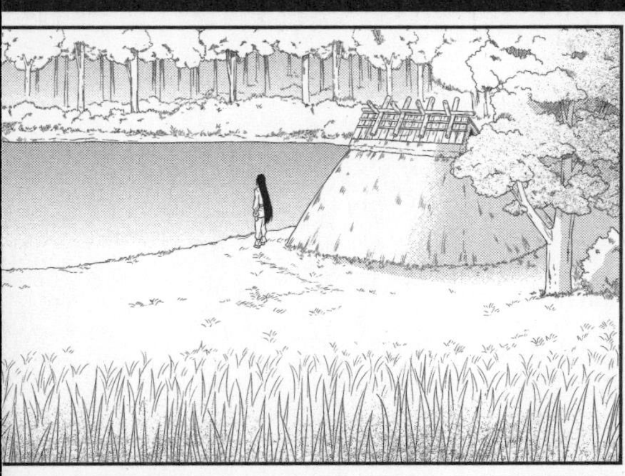

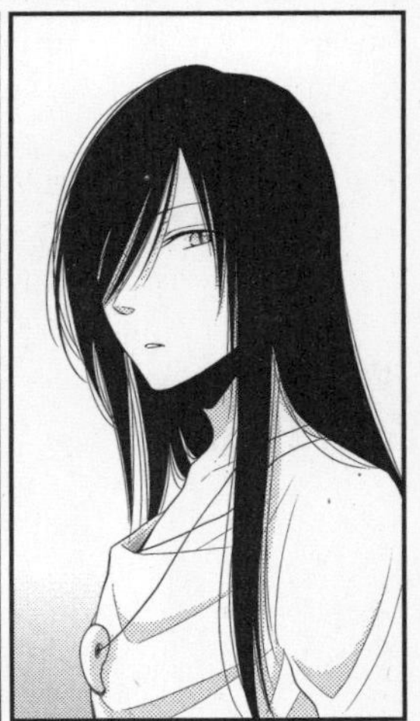

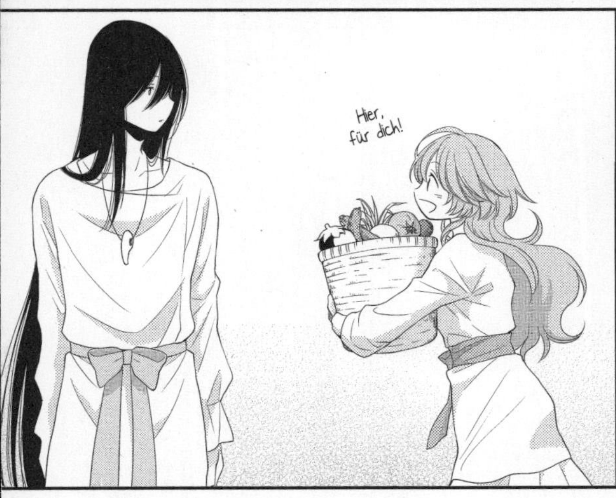

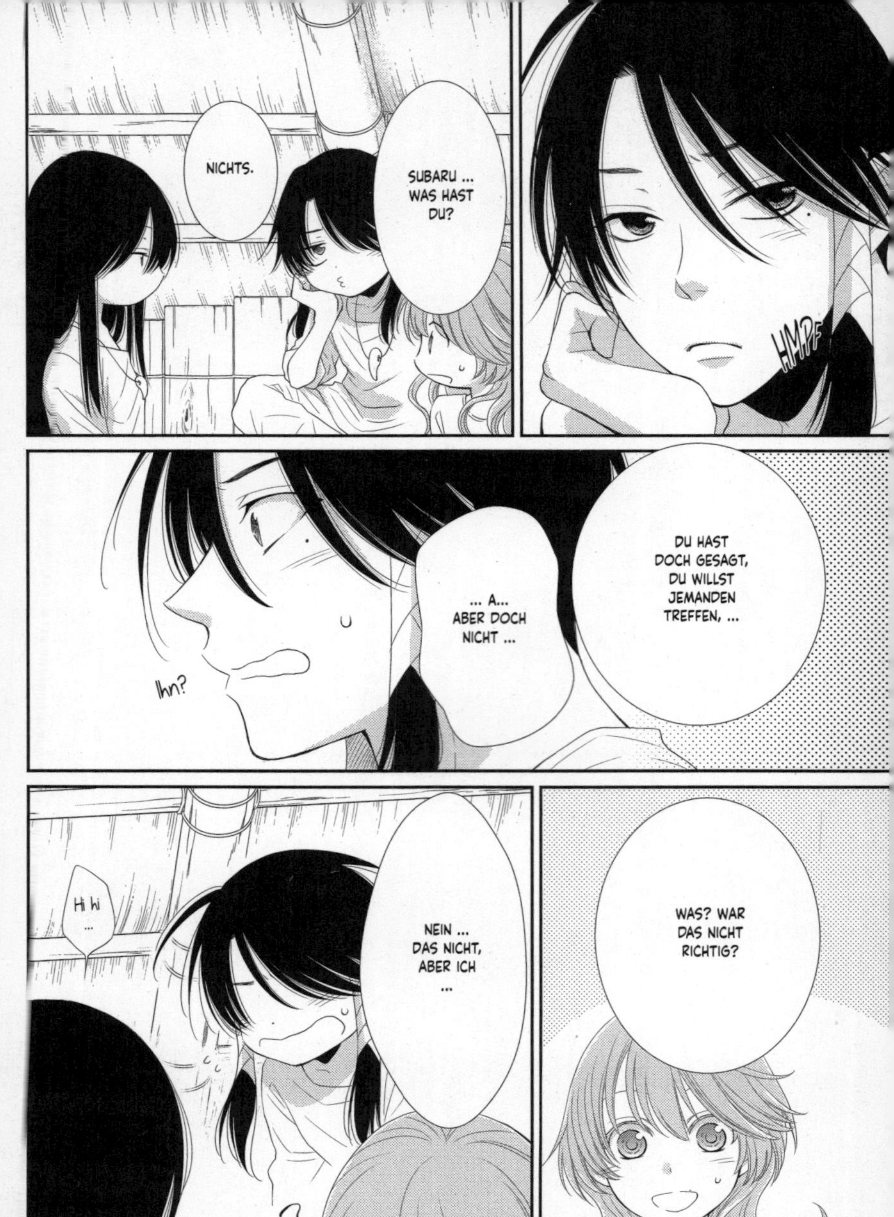
HMPF
SUBARU ... WAS HAST DU?
NICHTS.
DU HAST DOCH GESAGT, DU WILLST JEMANDEN TREFFEN, ...
... A... ABER DOCH NICHT ...
Ihn?
WAS? WAR DAS NICHT RICHTIG?
NEIN ... DAS NICHT, ABER ICH ...
Hi hi ...

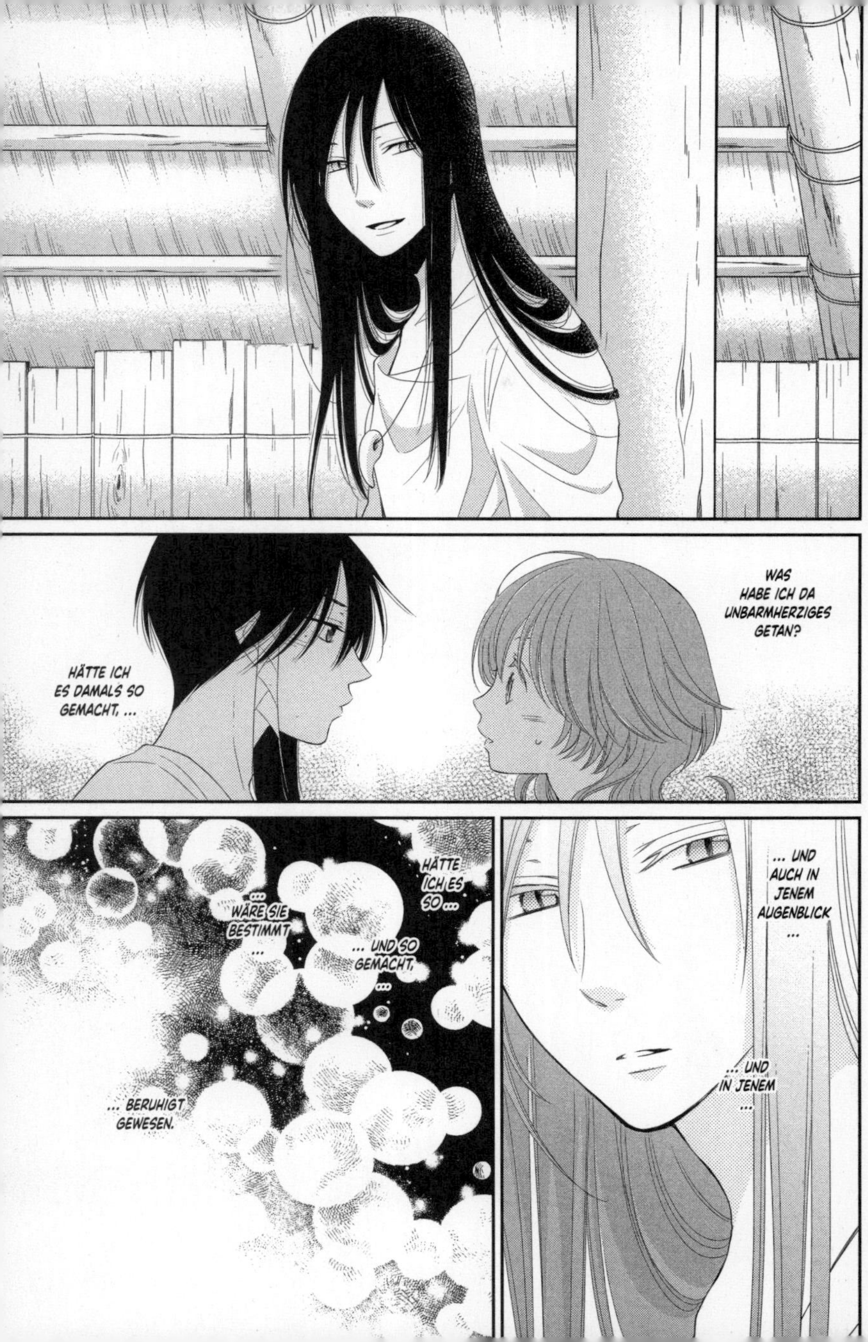

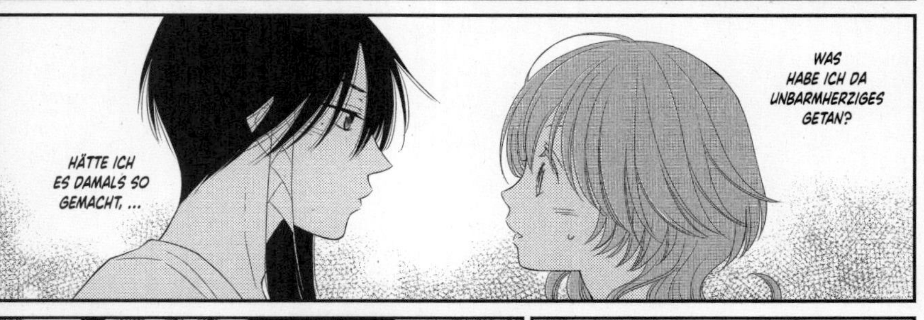
WAS HABE ICH DA UNBARMHERZIGES GETAN?
HÄTTE ICH ES DAMALS SO GEMACHT, ...

... UND AUCH IN JENEM AUGENBLICK ...
... UND IN JENEM ...
HÄTTE ICH ES SO ...
... UND SO GEMACHT, ...
... WÄRE SIE BESTIMMT ...
... BERUHIGT GEWESEN.

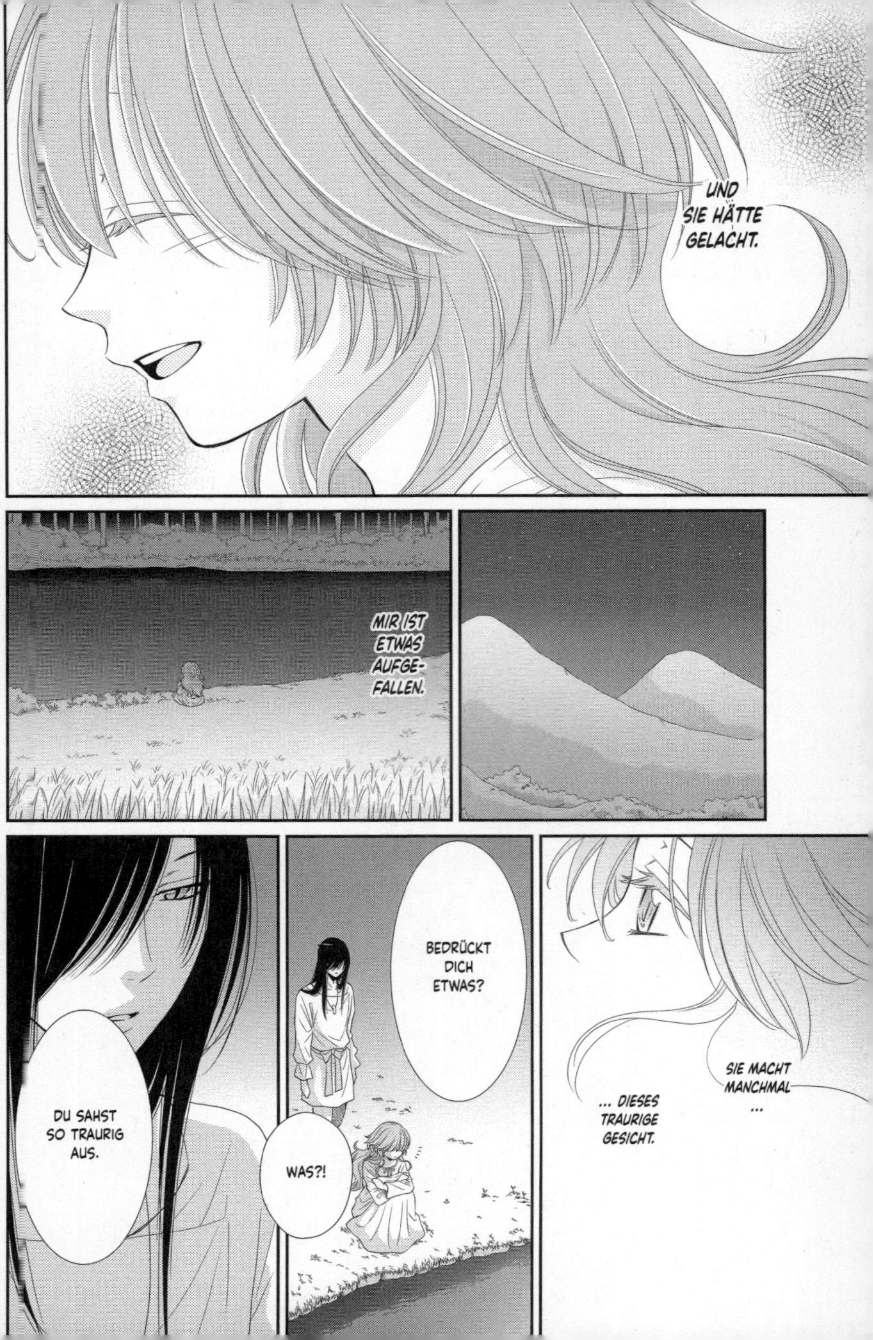

UND SIE HÄTTE GELACHT.

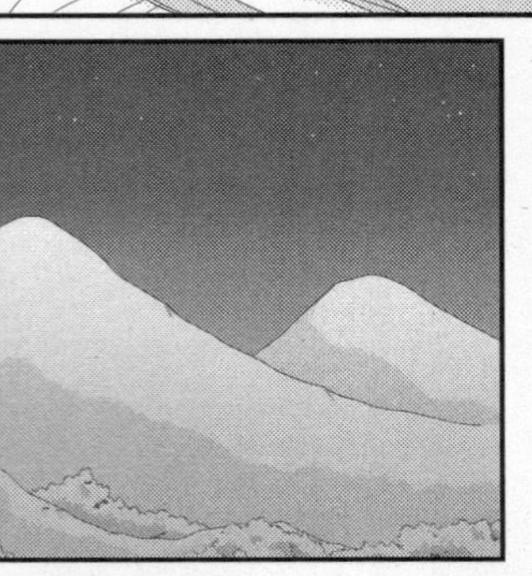

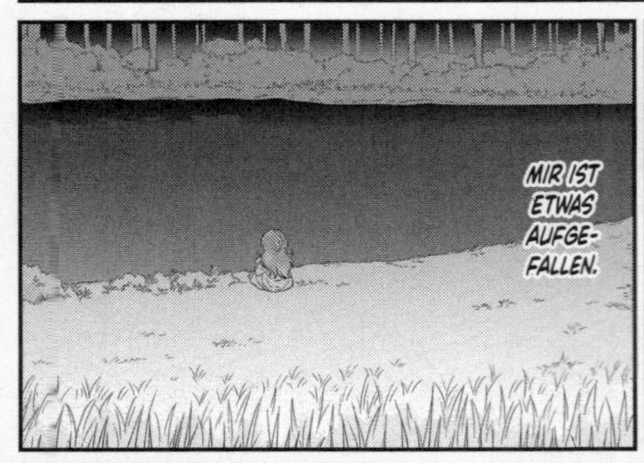

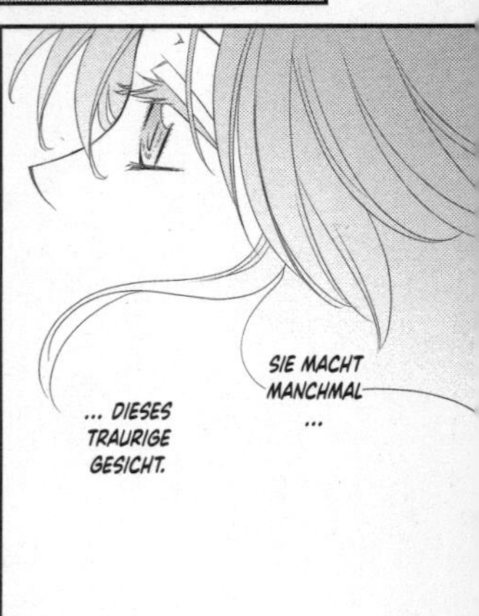

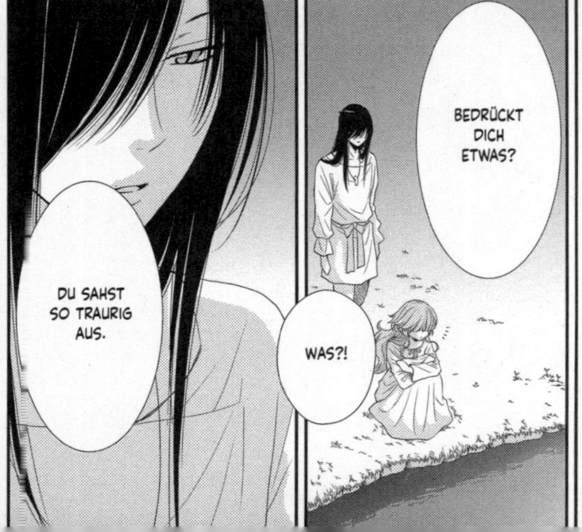

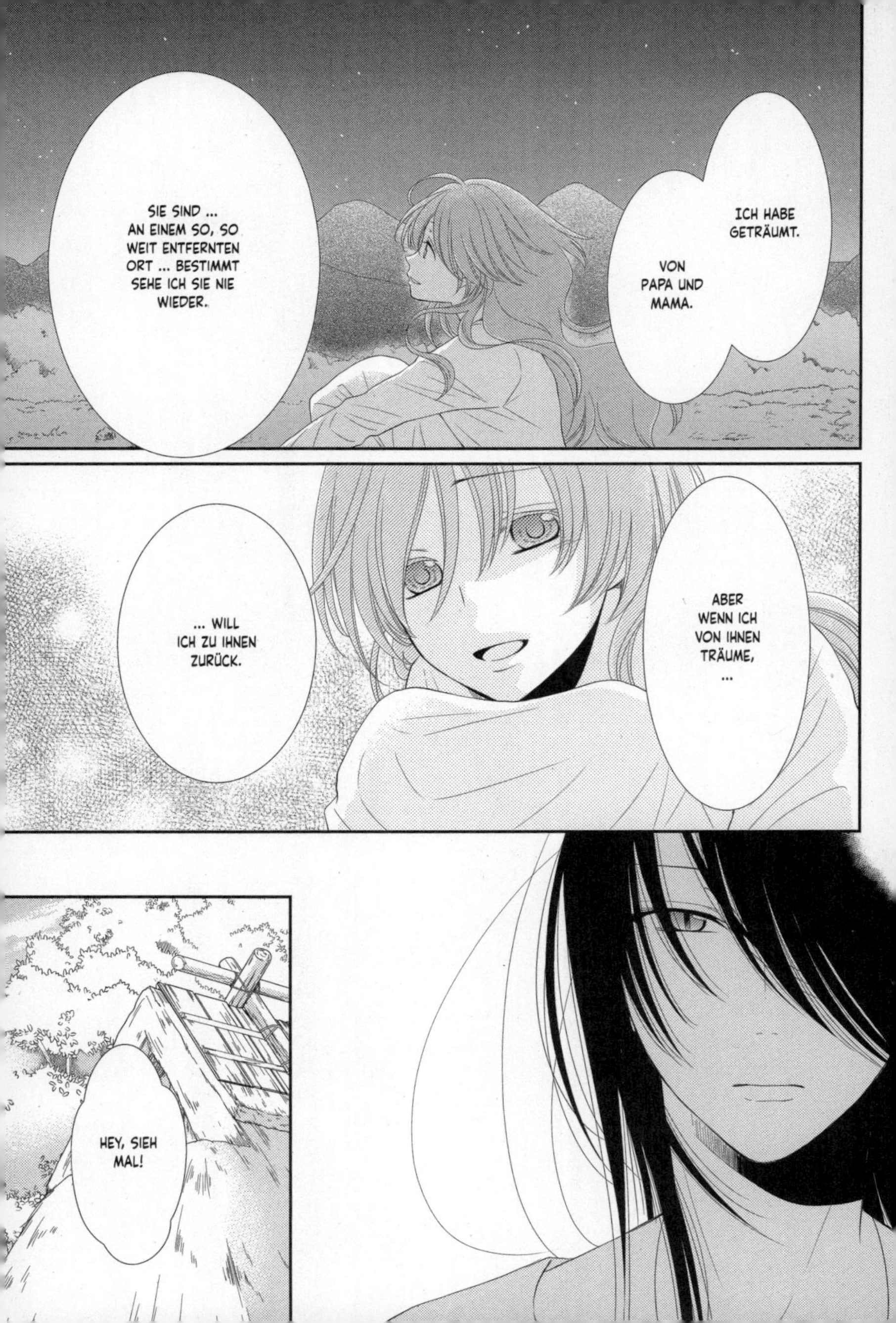
ICH HABE GETRÄUMT.
VON PAPA UND MAMA.
SIE SIND ... AN EINEM SO, SO WEIT ENTFERNTEN ORT ... BESTIMMT SEHE ICH SIE NIE WIEDER.
ABER WENN ICH VON IHNEN TRÄUME, ...
... WILL ICH ZU IHNEN ZURÜCK.
HEY, SIEH MAL!

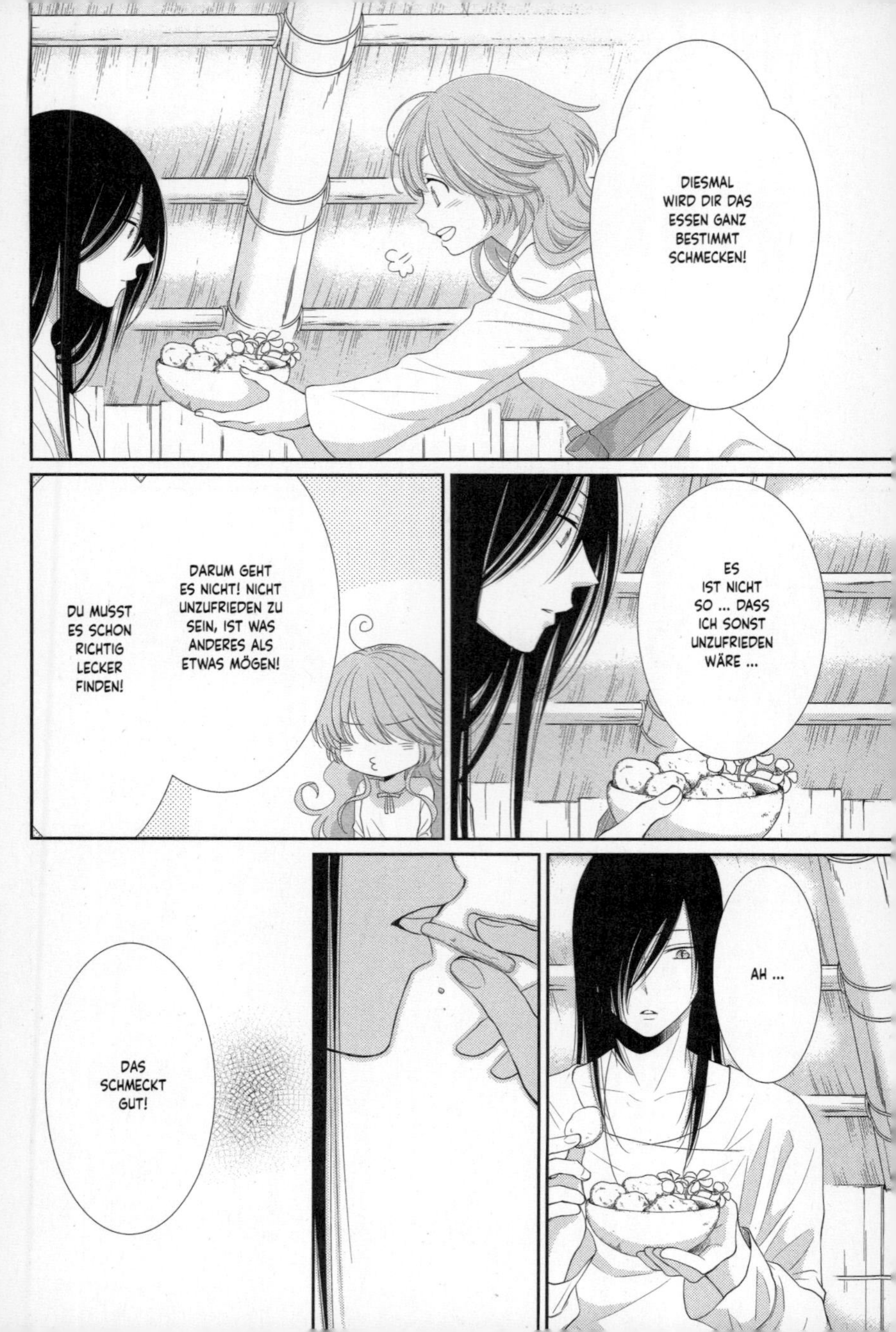
DIESMAL WIRD DIR DAS ESSEN GANZ BESTIMMT SCHMECKEN!
ES IST NICHT SO ... DASS ICH SONST UNZUFRIEDEN WÄRE ...
DARUM GEHT ES NICHT! NICHT UNZUFRIEDEN ZU SEIN, IST WAS ANDERES ALS ETWAS MÖGEN!
DU MUSST ES SCHON RICHTIG LECKER FINDEN!
AH ...
DAS SCHMECKT GUT!

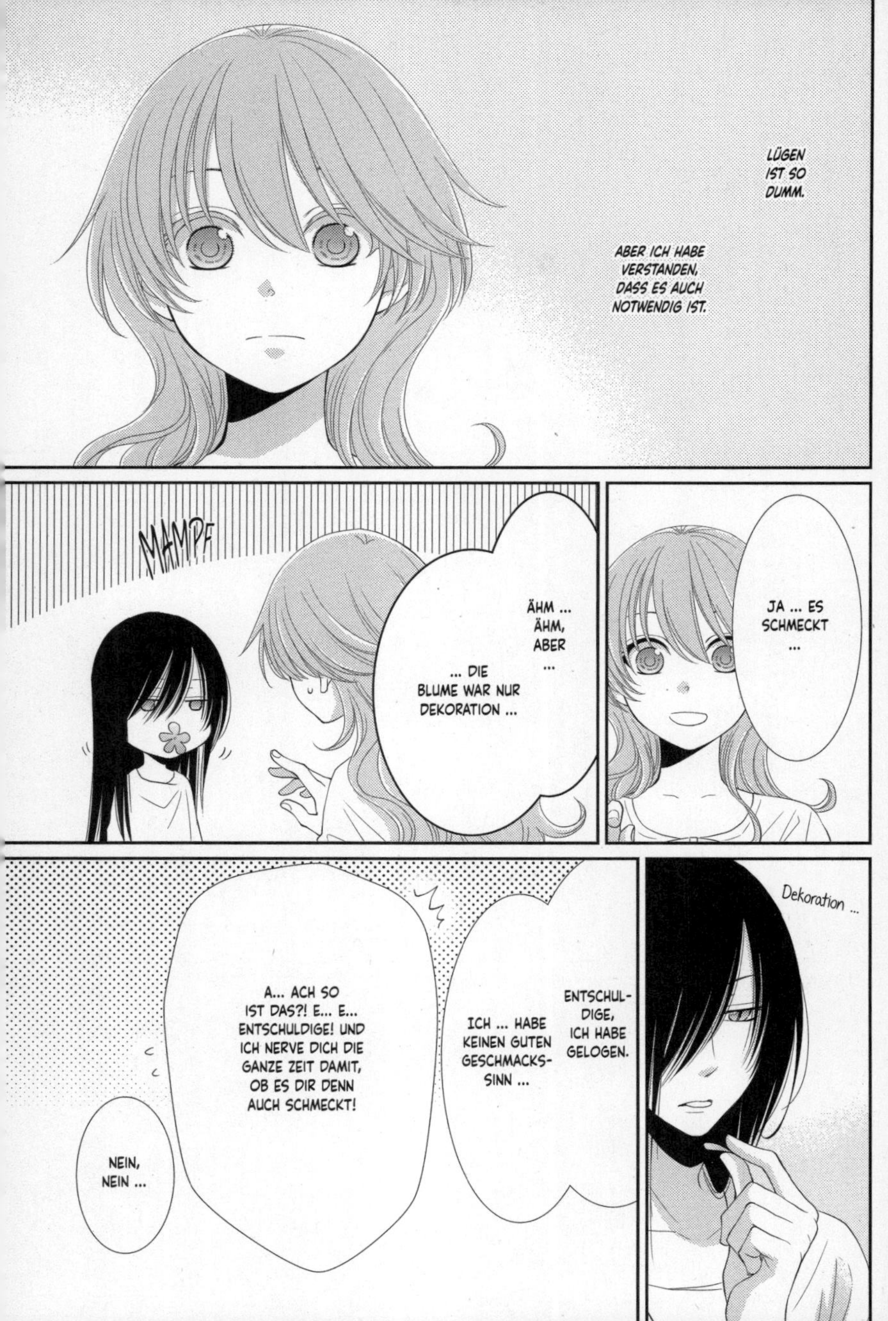
LÜGEN IST SO DUMM.
ABER ICH HABE VERSTANDEN, DASS ES AUCH NOTWENDIG IST.
JA ... ES SCHMECKT ...
MAMPF
ÄHM ... ÄHM, ABER ...
... DIE BLUME WAR NUR DEKORATION ...
Dekoration ...
ENTSCHUL-DIGE, ICH HABE GELOGEN.
ICH ... HABE KEINEN GUTEN GESCHMACKS-SINN ...
A... ACH SO IST DAS?! E... E... ENTSCHULDIGE! UND ICH NERVE DICH DIE GANZE ZEIT DAMIT, OB ES DIR DENN AUCH SCHMECKT!
NEIN, NEIN ...

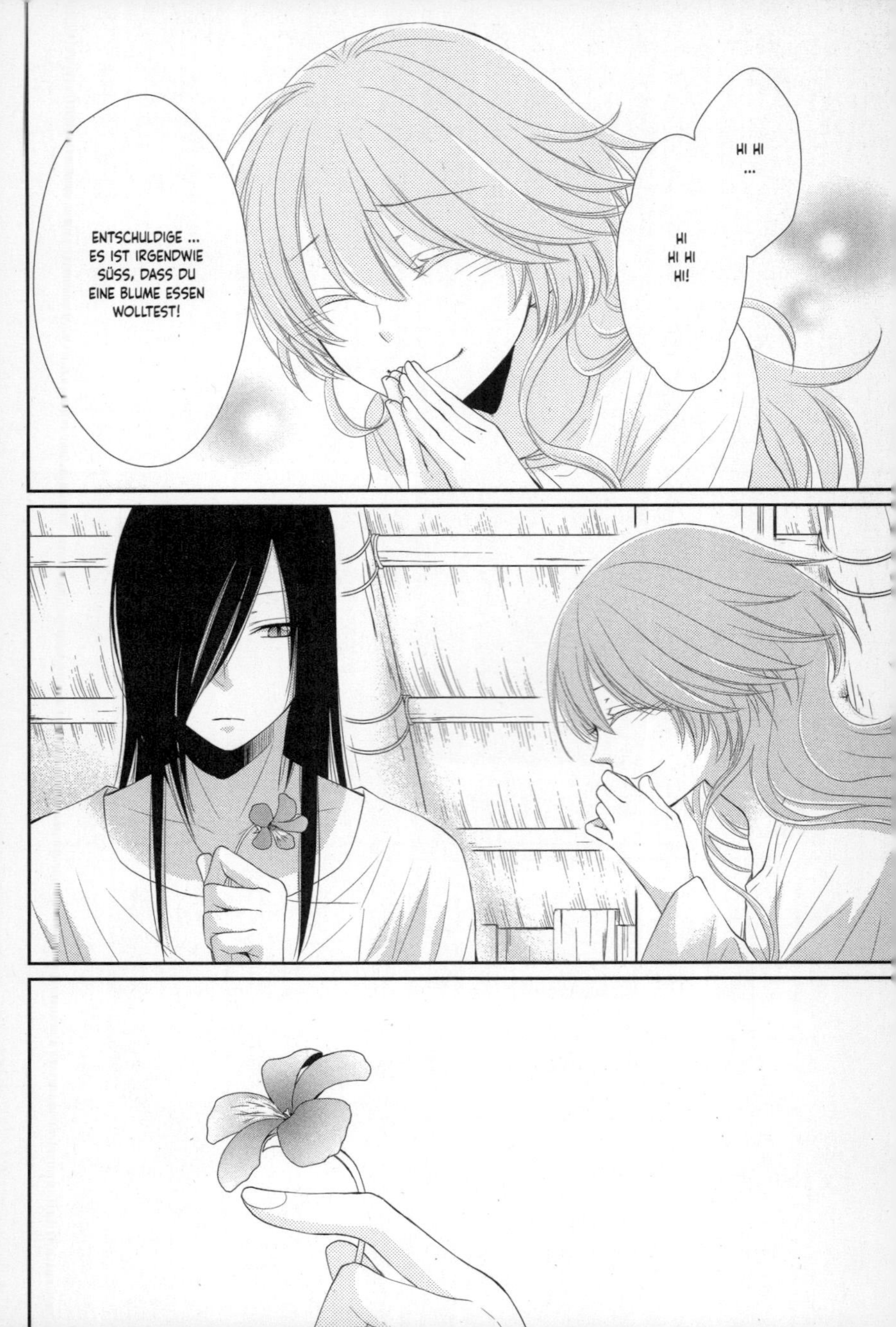
HI HI ... HI HI HI HI!
ENTSCHULDIGE ... ES IST IRGENDWIE SÜSS, DASS DU EINE BLUME ESSEN WOLLTEST!

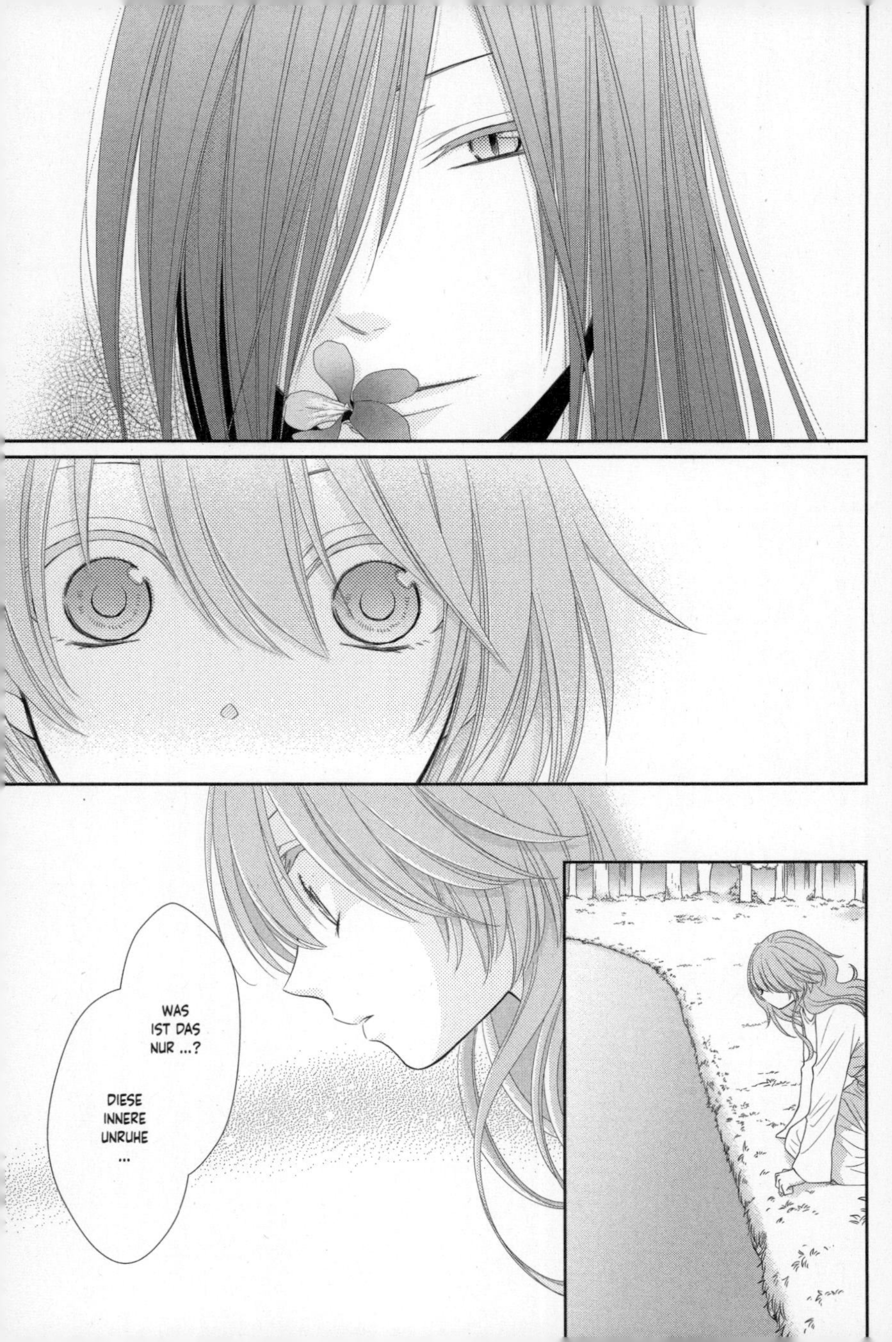
WAS IST DAS NUR ...?
DIESE INNERE UNRUHE ...

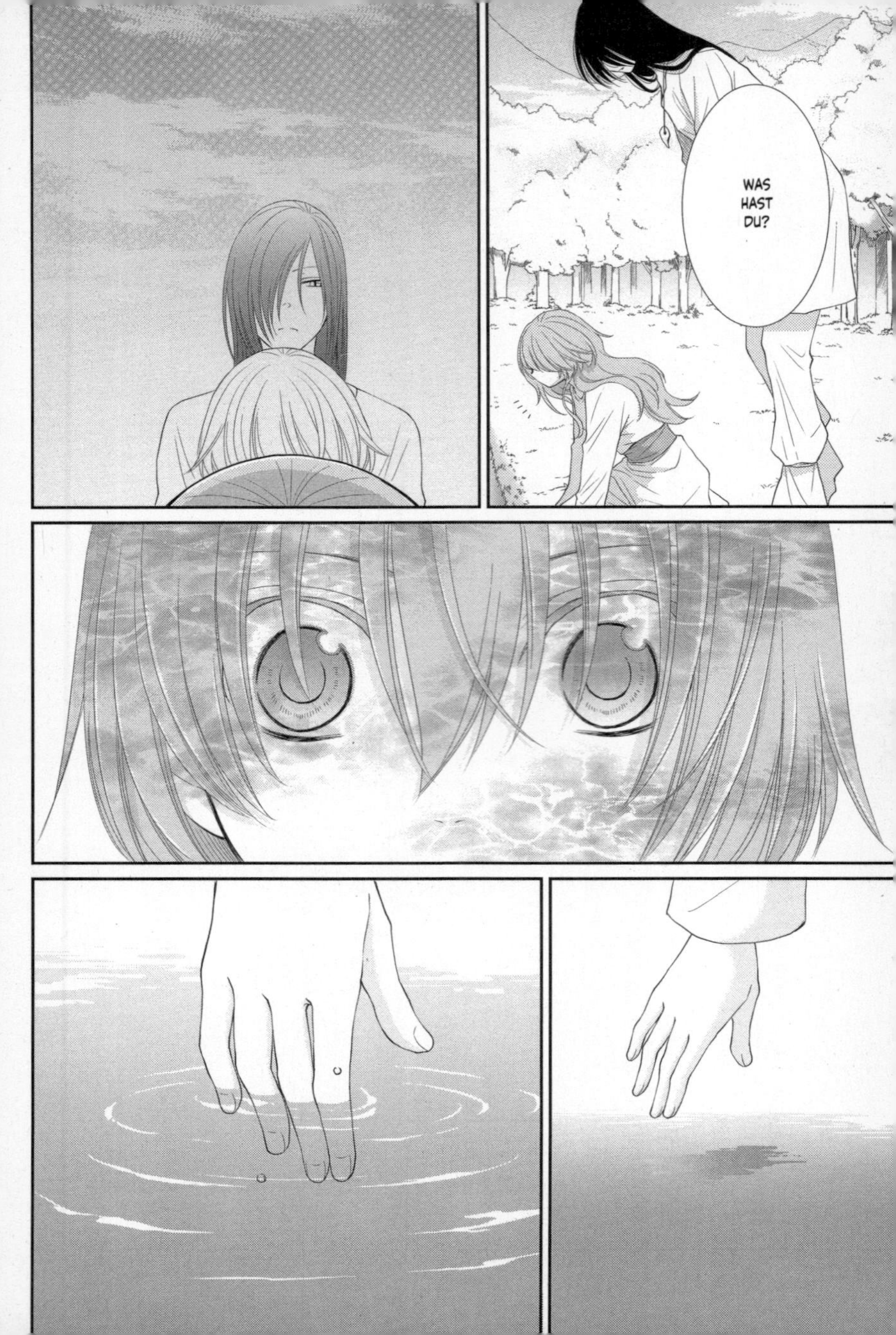
WAS HAST DU?

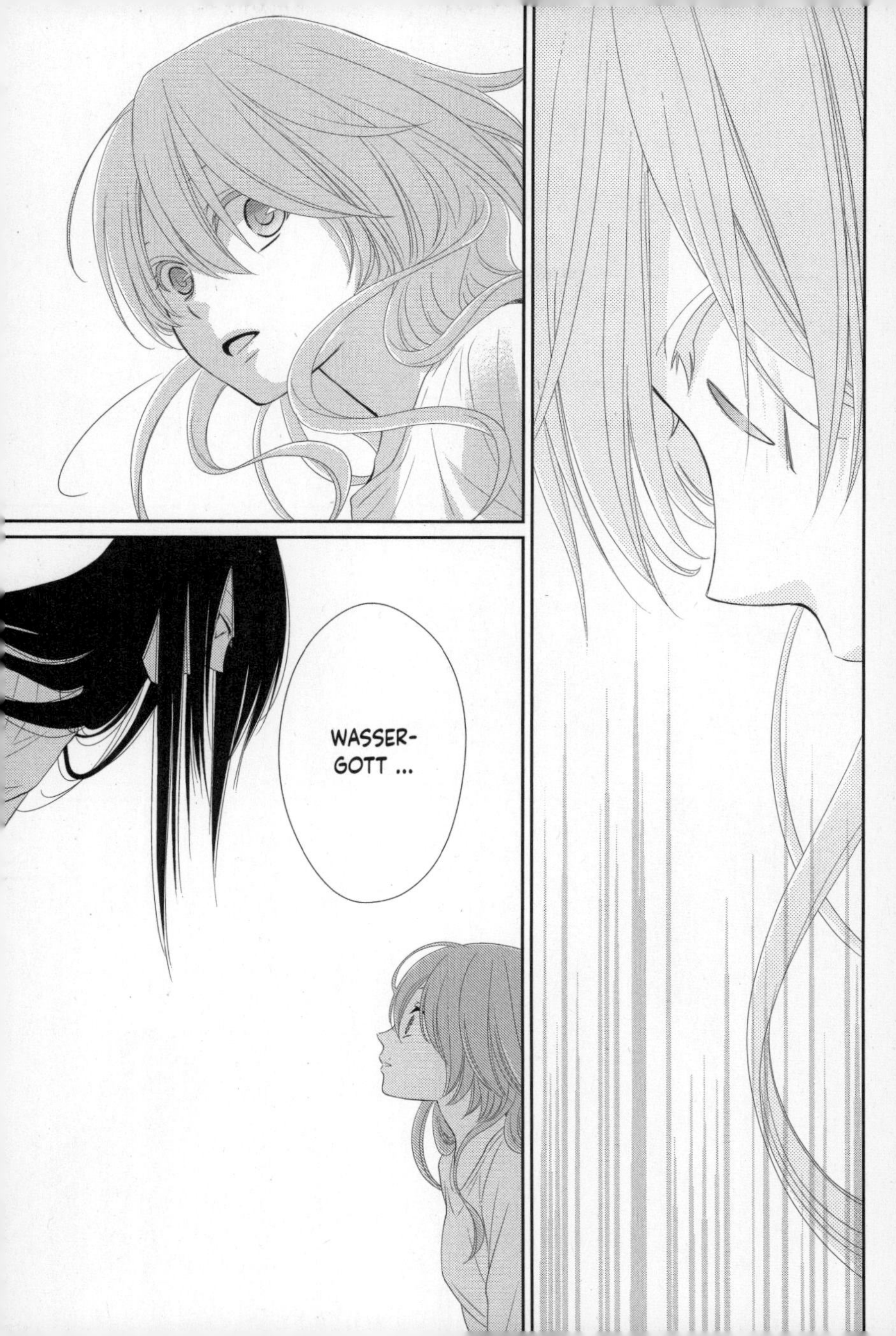
WASSER-
GOTT ...

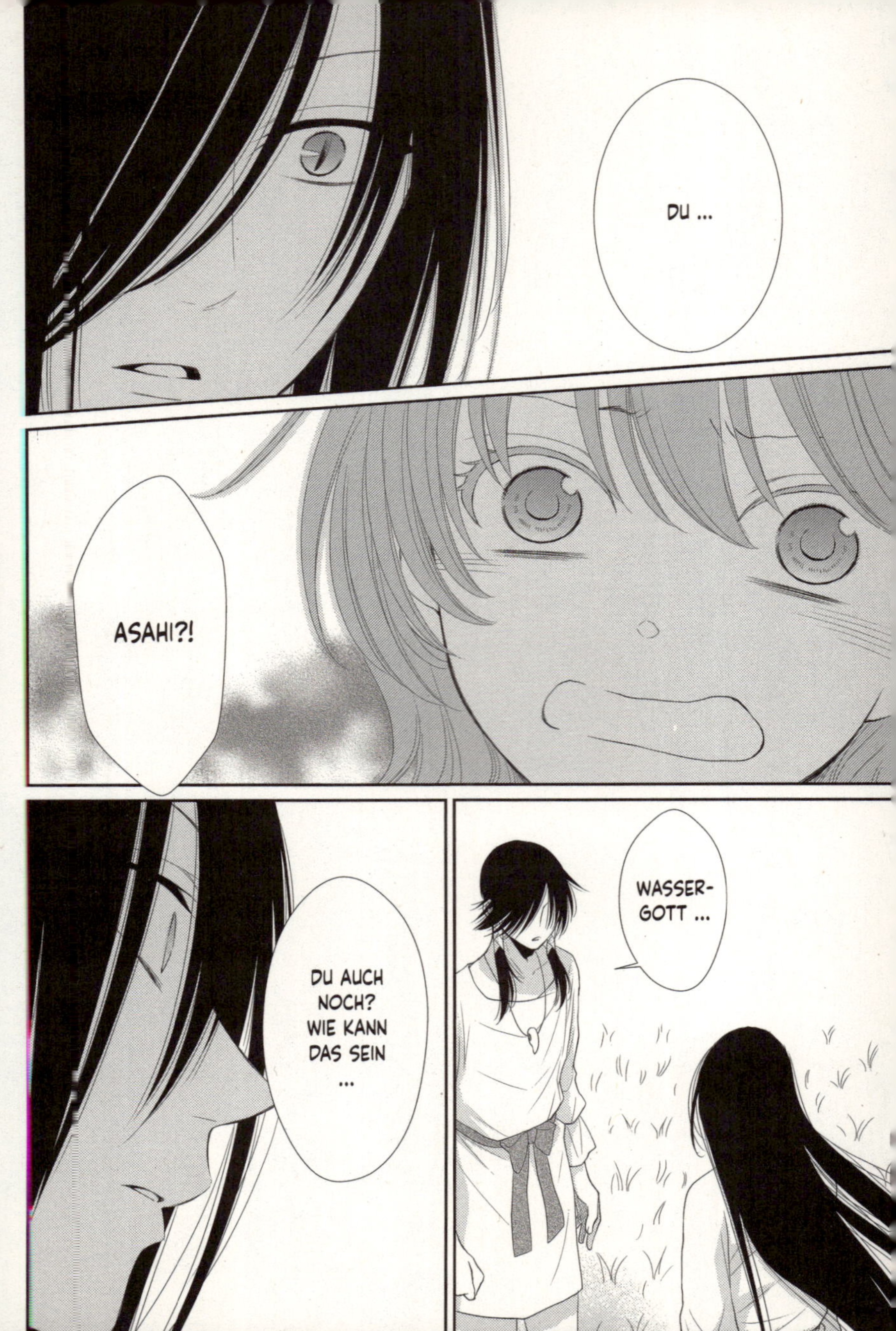
DU ...
ASAHI?!
WASSER-GOTT ...
DU AUCH NOCH? WIE KANN DAS SEIN ...

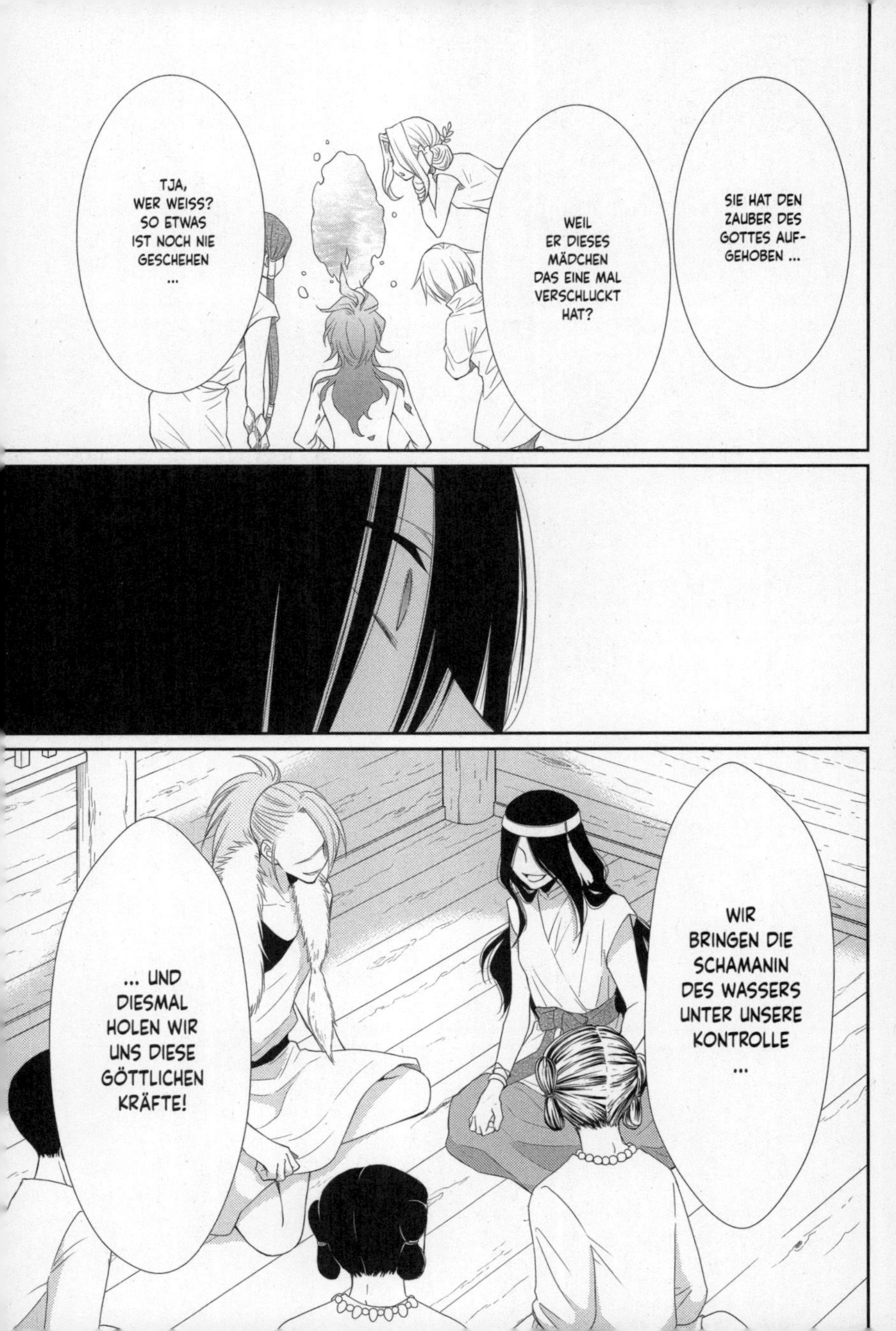
SIE HAT DEN ZAUBER DES GOTTES AUF- GEHOBEN ...
WEIL ER DIESES MÄDCHEN DAS EINE MAL VERSCHLUCKT HAT?
TJA, WER WEISS? SO ETWAS IST NOCH NIE GESCHEHEN ...
WIR BRINGEN DIE SCHAMANIN DES WASSERS UNTER UNSERE KONTROLLE ...
... UND DIESMAL HOLEN WIR UNS DIESE GÖTTLICHEN KRÄFTE!

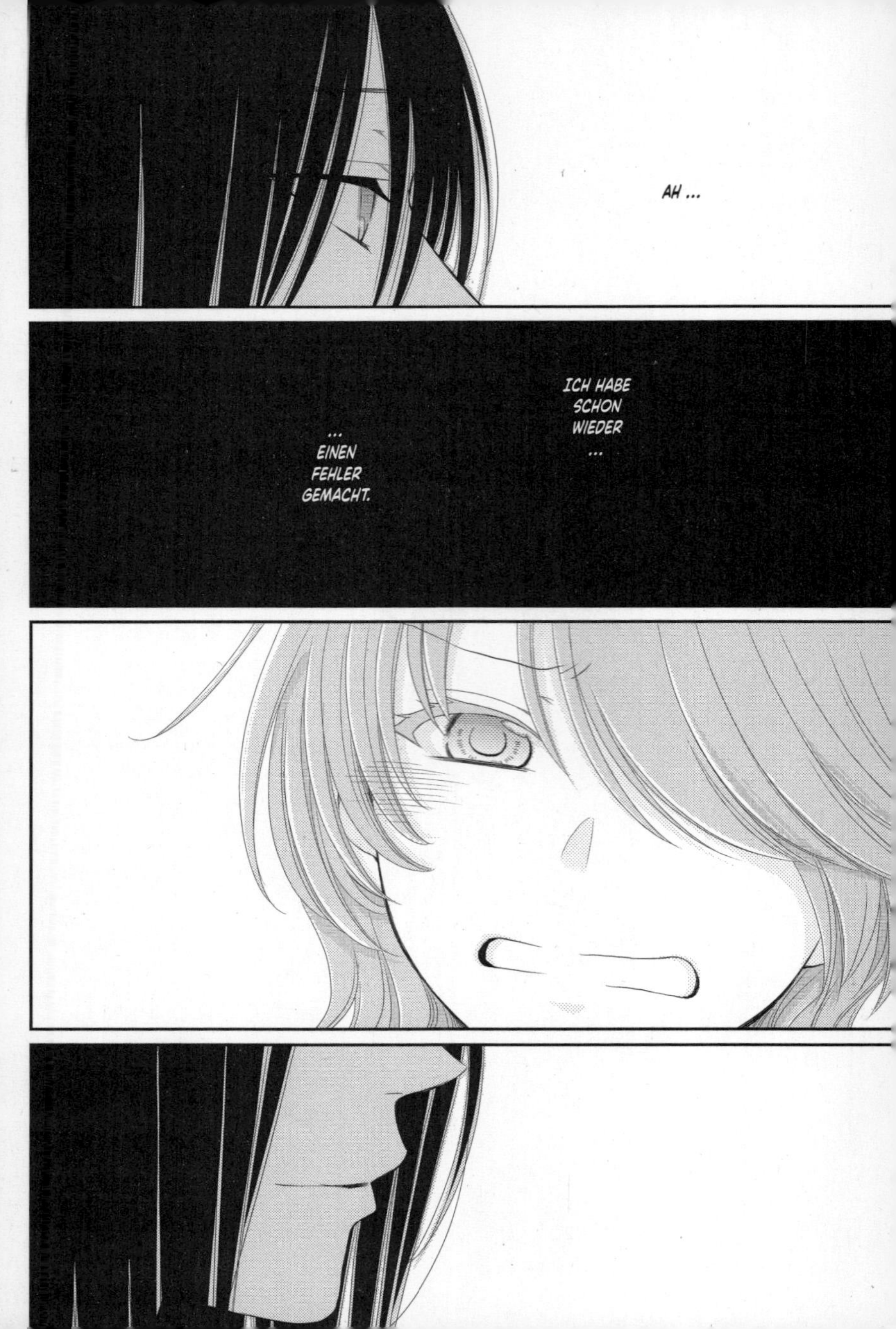
AH ...
ICH HABE SCHON WIEDER ...
... EINEN FEHLER GEMACHT.

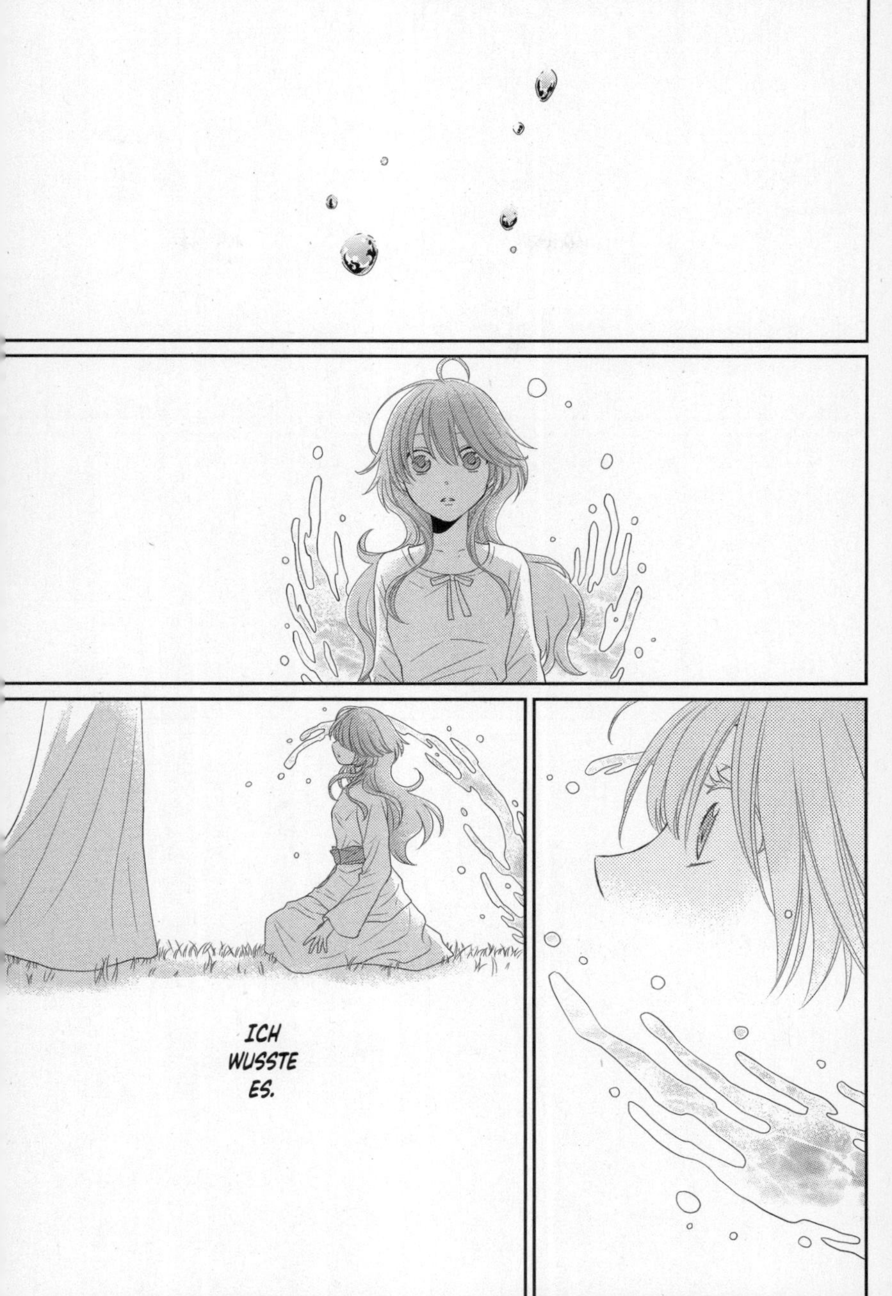
ICH WUSSTE ES.

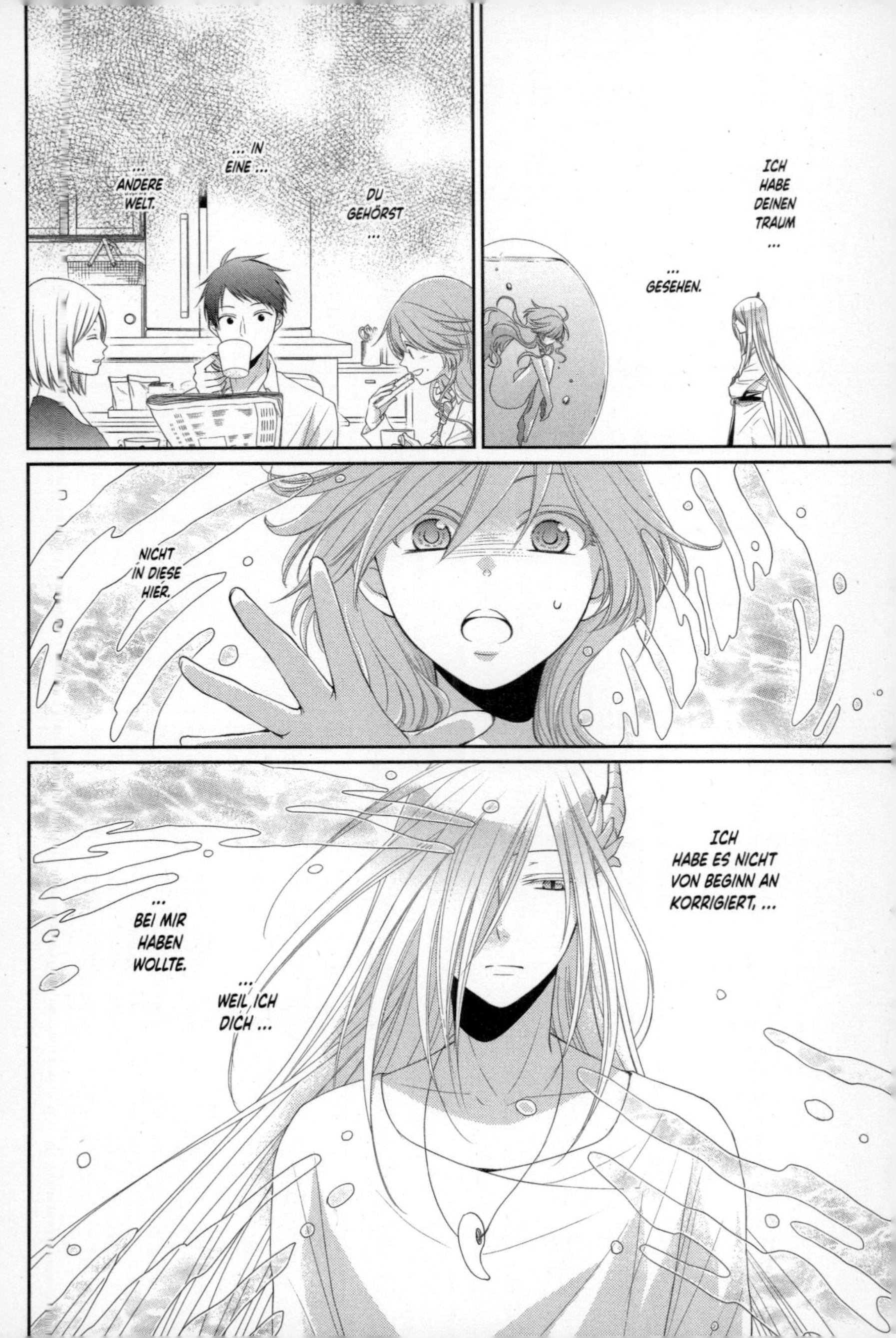
... IN EINE ...
... ANDERE WELT.
DU GEHÖRST ...
ICH HABE DEINEN TRAUM ...
... GESEHEN.
NICHT IN DIESE HIER.
ICH HABE ES NICHT VON BEGINN AN KORRIGIERT, ...
... WEIL ICH DICH ...
... BEI MIR HABEN WOLLTE.

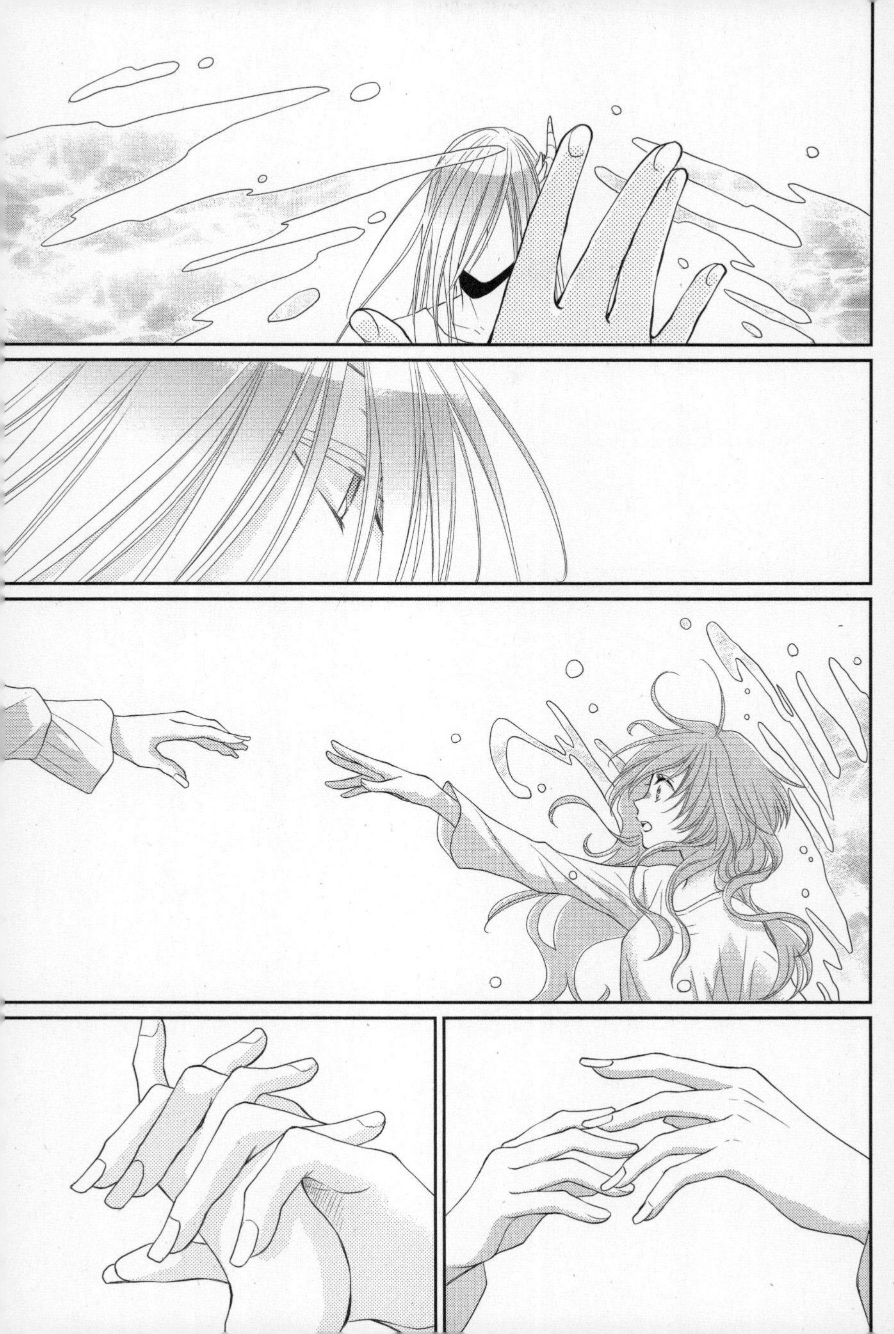

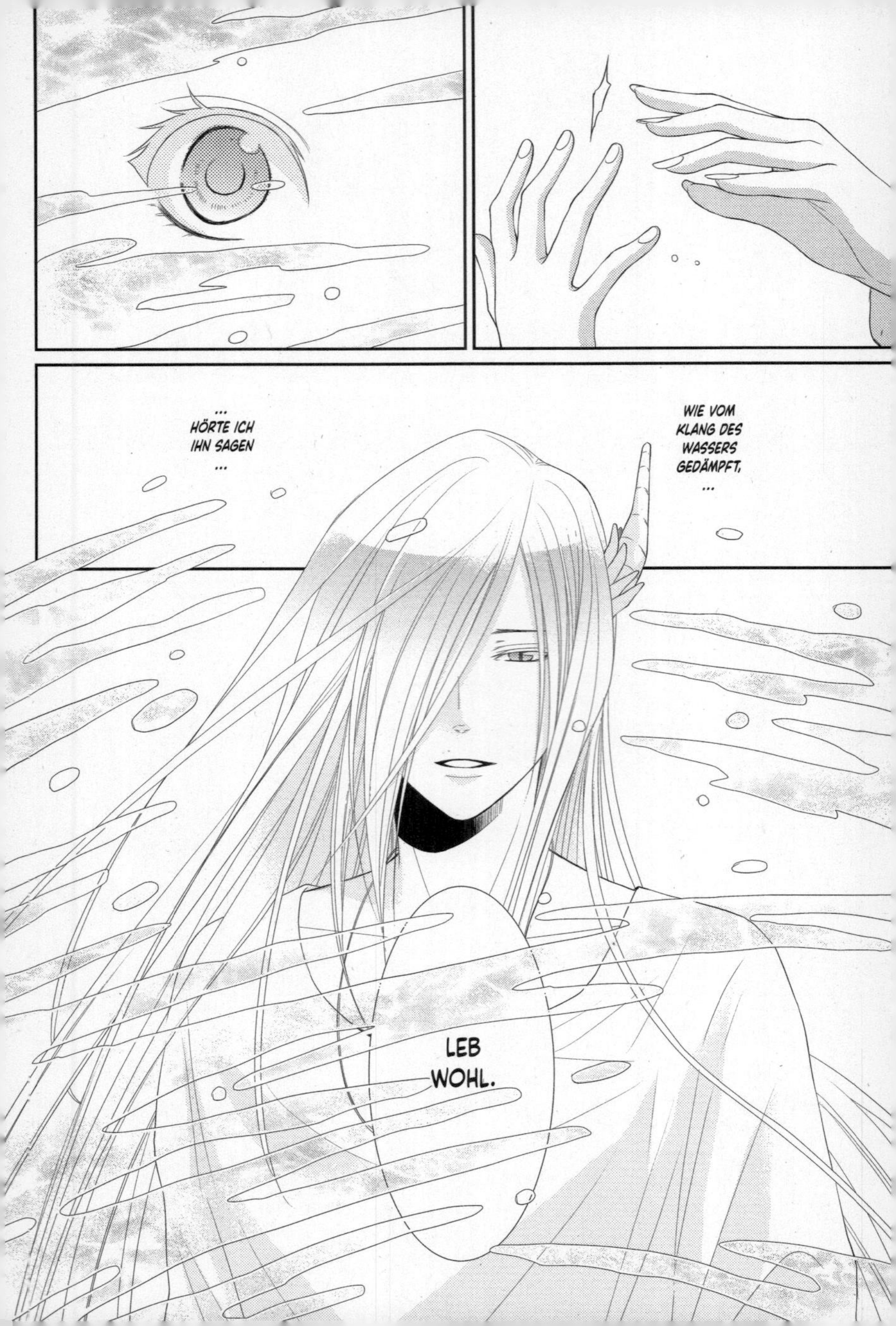
WIE VOM KLANG DES WASSERS GEDÄMPFT, ...
... HÖRTE ICH IHN SAGEN ...
LEB WOHL.

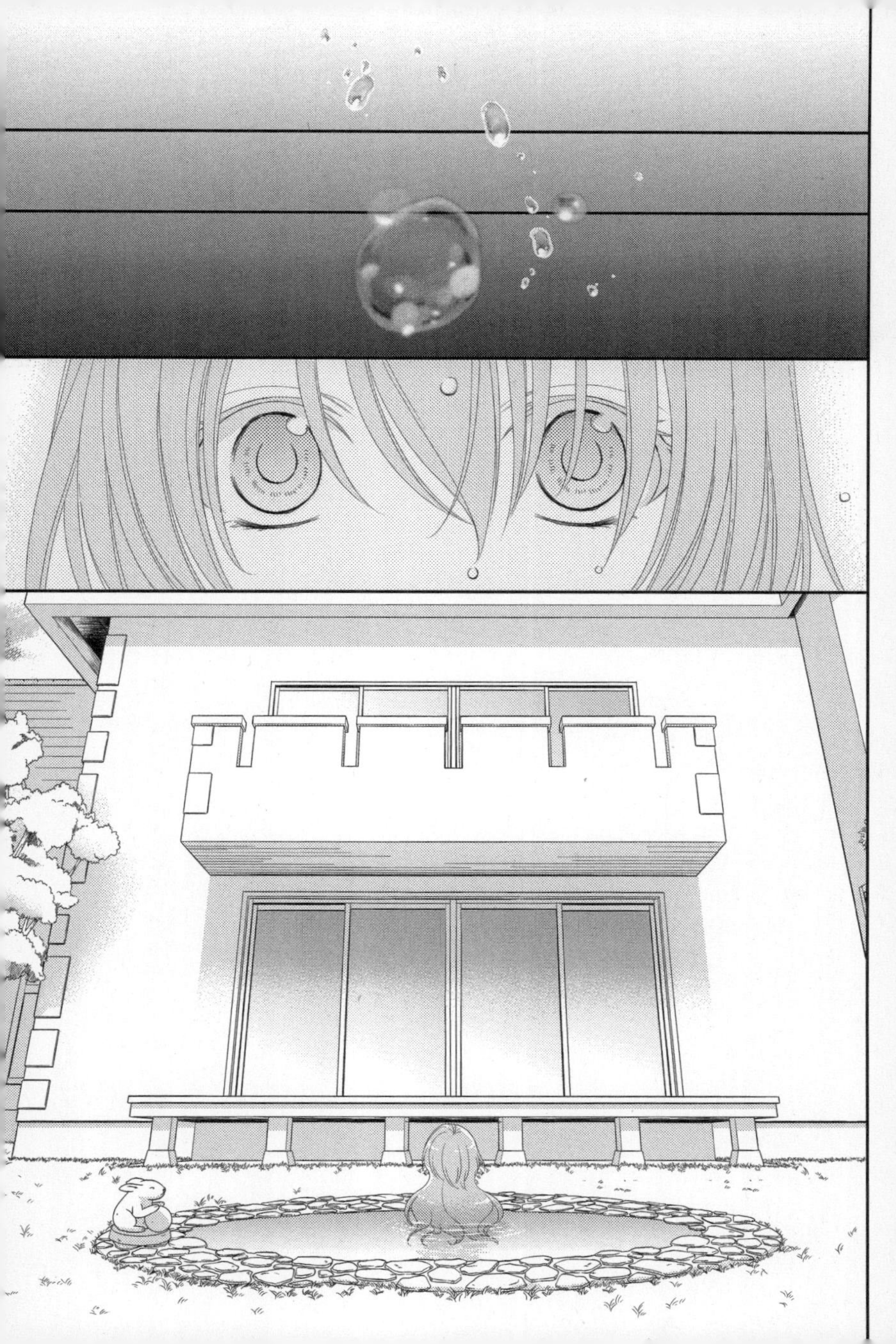

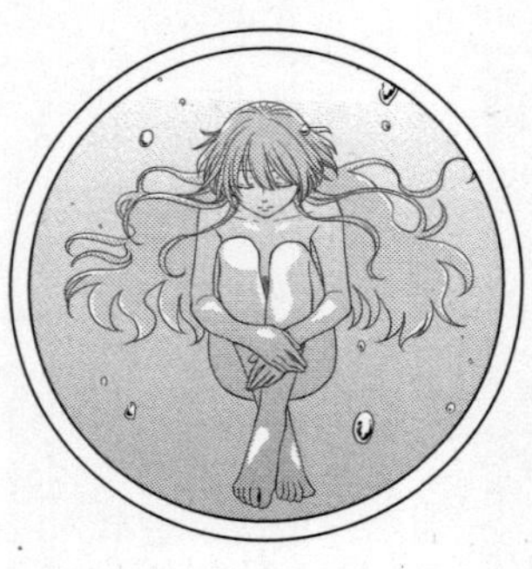

Kapitel 24

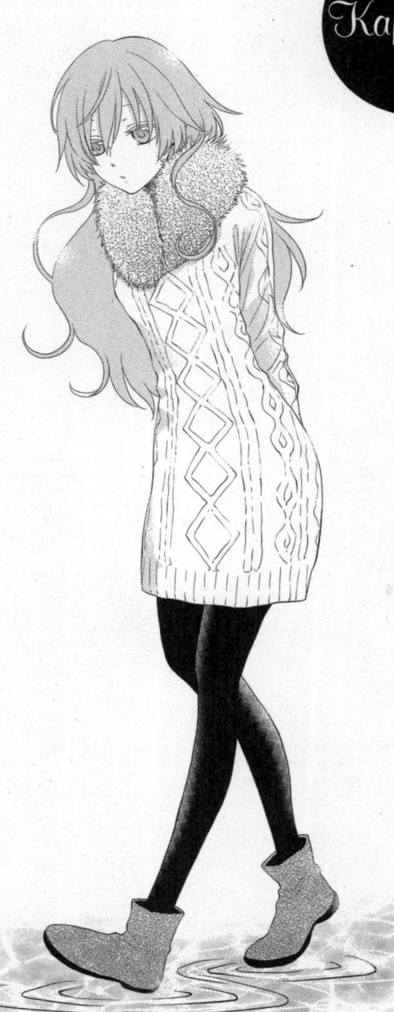

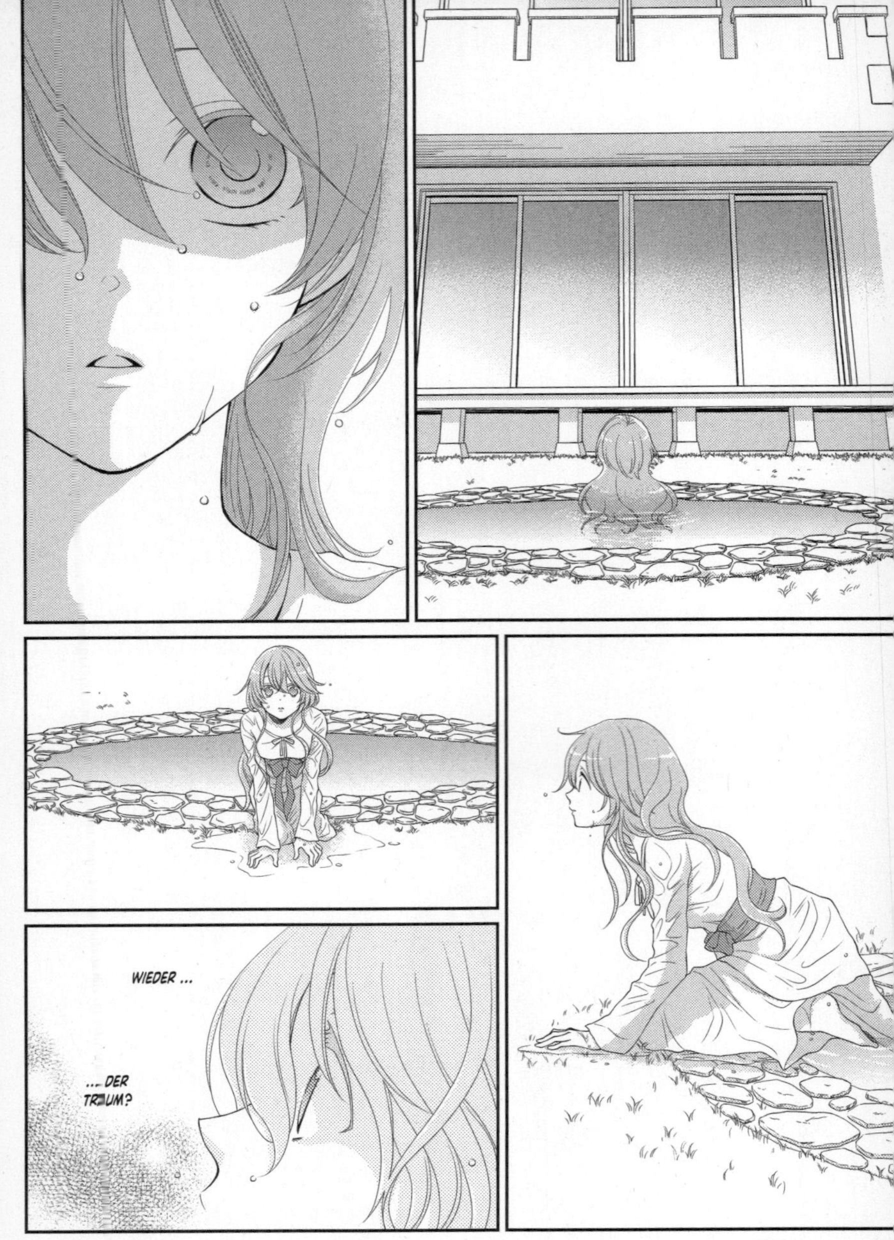
WIEDER ...
... DER TRAUM?

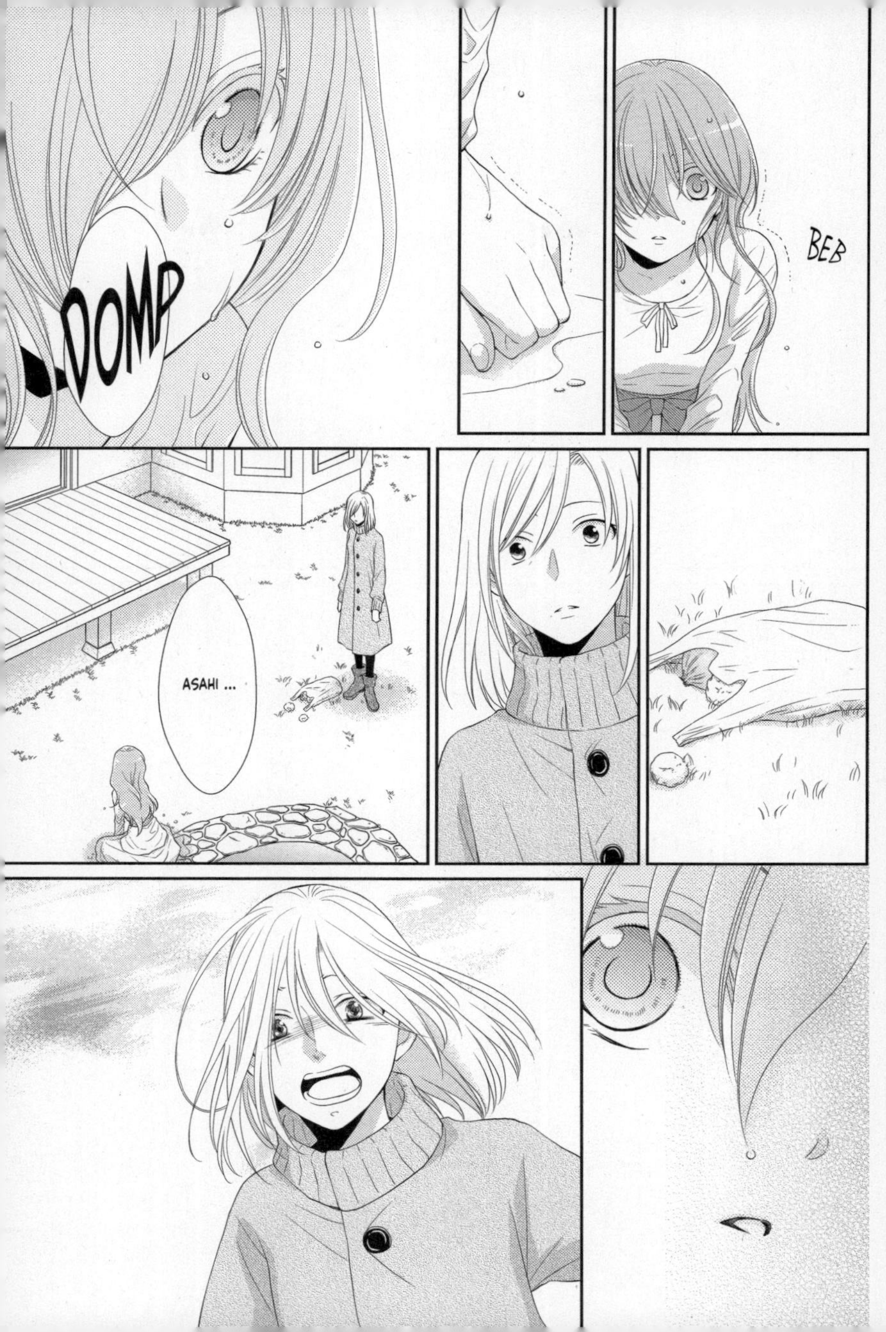
BEB
DOMP
ASAHI ...

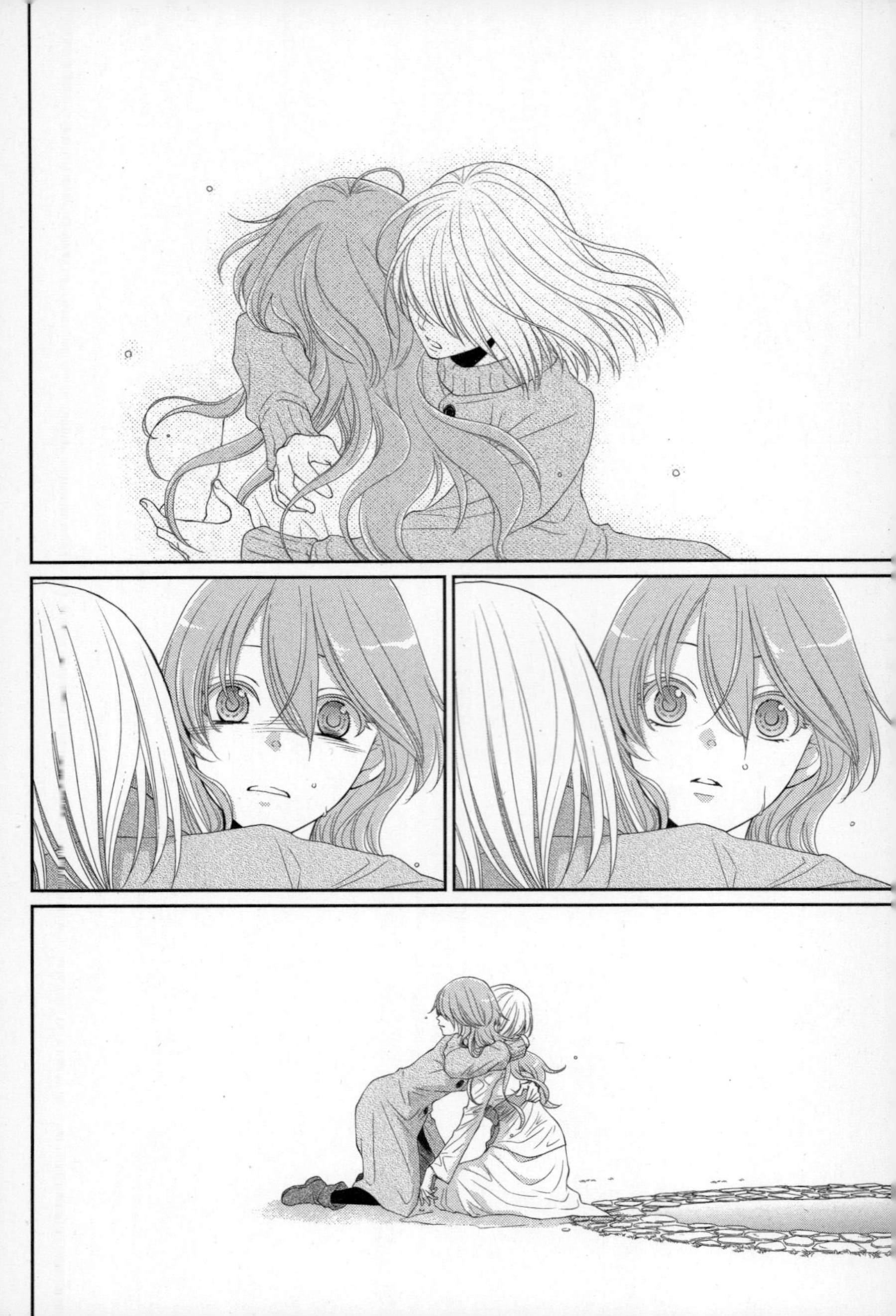

ICH BIN ZURÜCK ZU HAUSE.

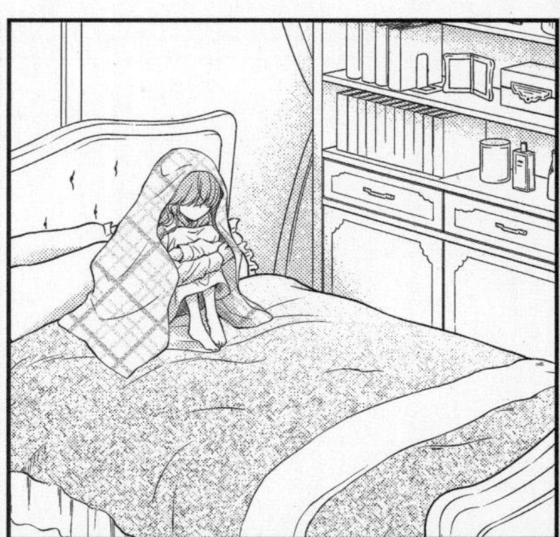

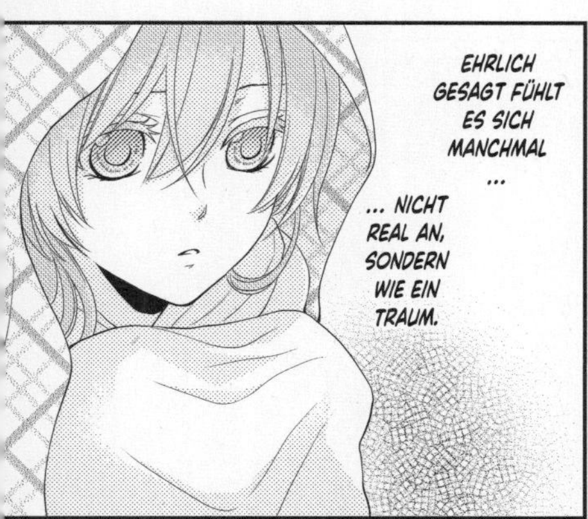

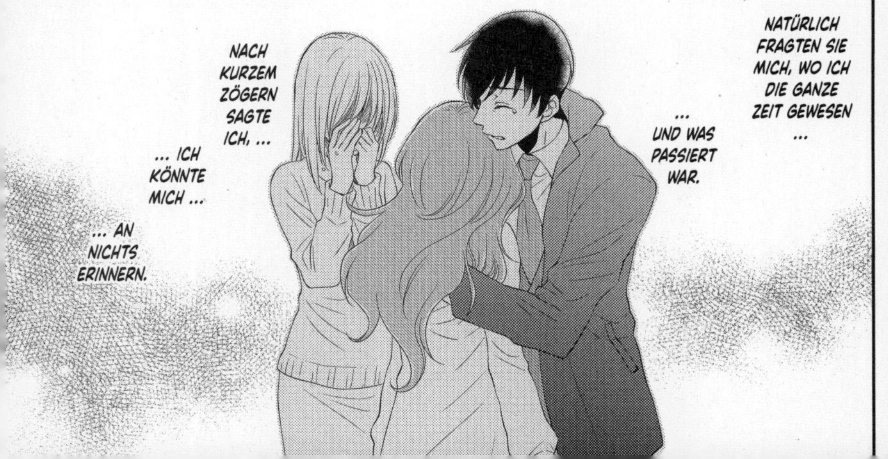

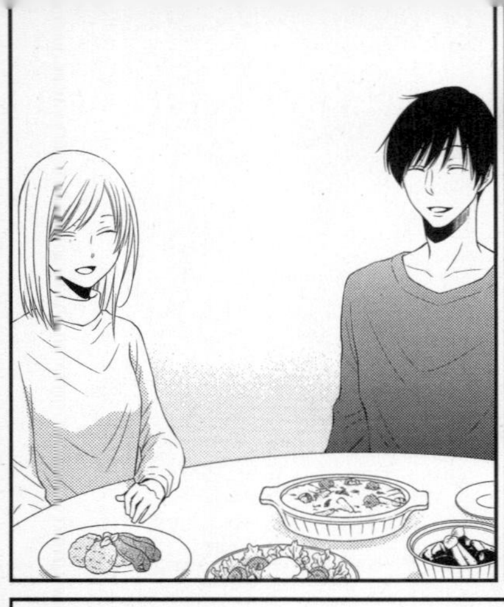
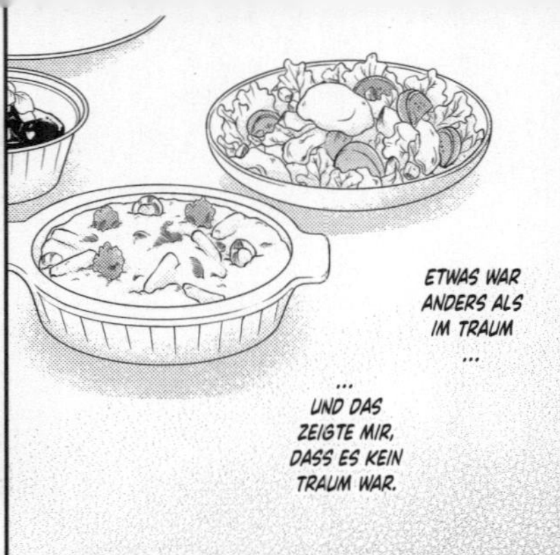
ETWAS WAR ANDERS ALS IM TRAUM ...
... UND DAS ZEIGTE MIR, DASS ES KEIN TRAUM WAR.
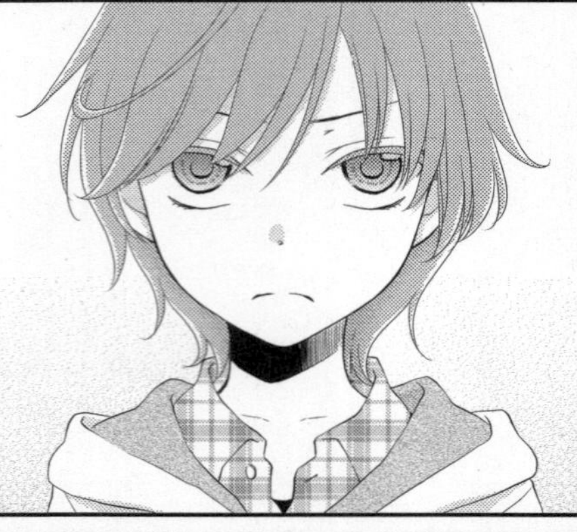
ICH HATTE ...
... EINEN KLEINEN BRUDER BEKOMMEN.
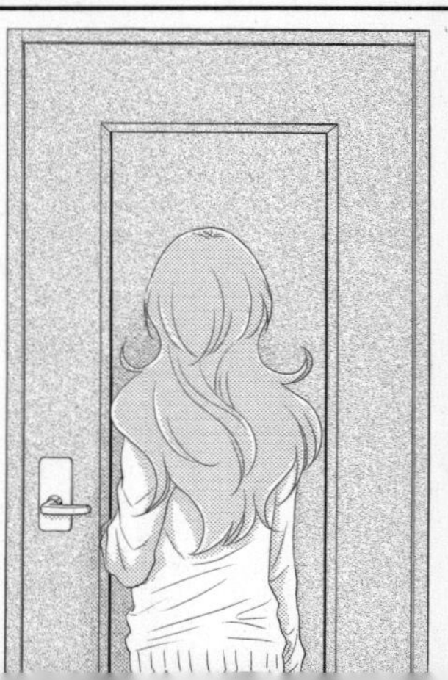
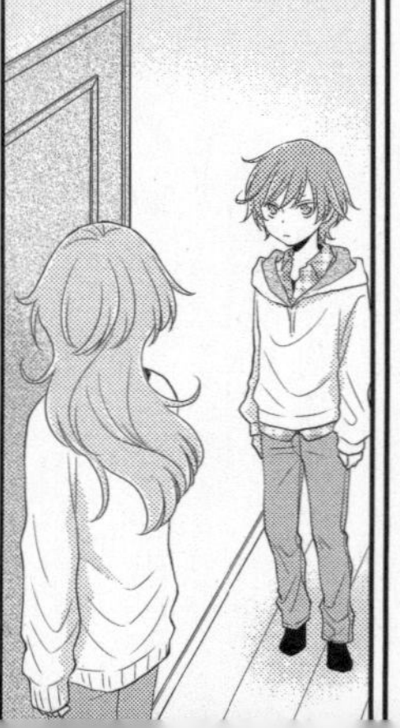
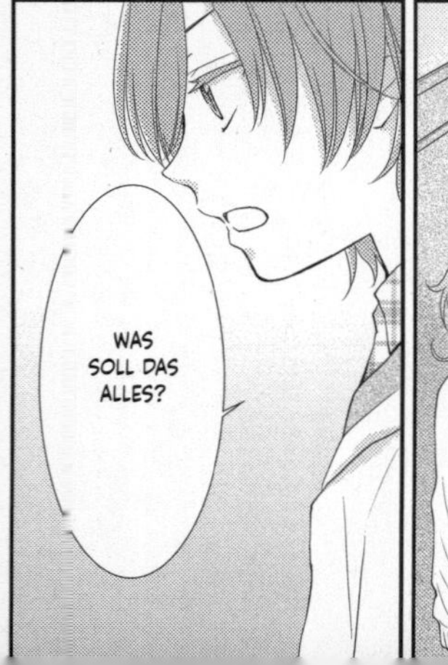
WAS SOLL DAS ALLES?

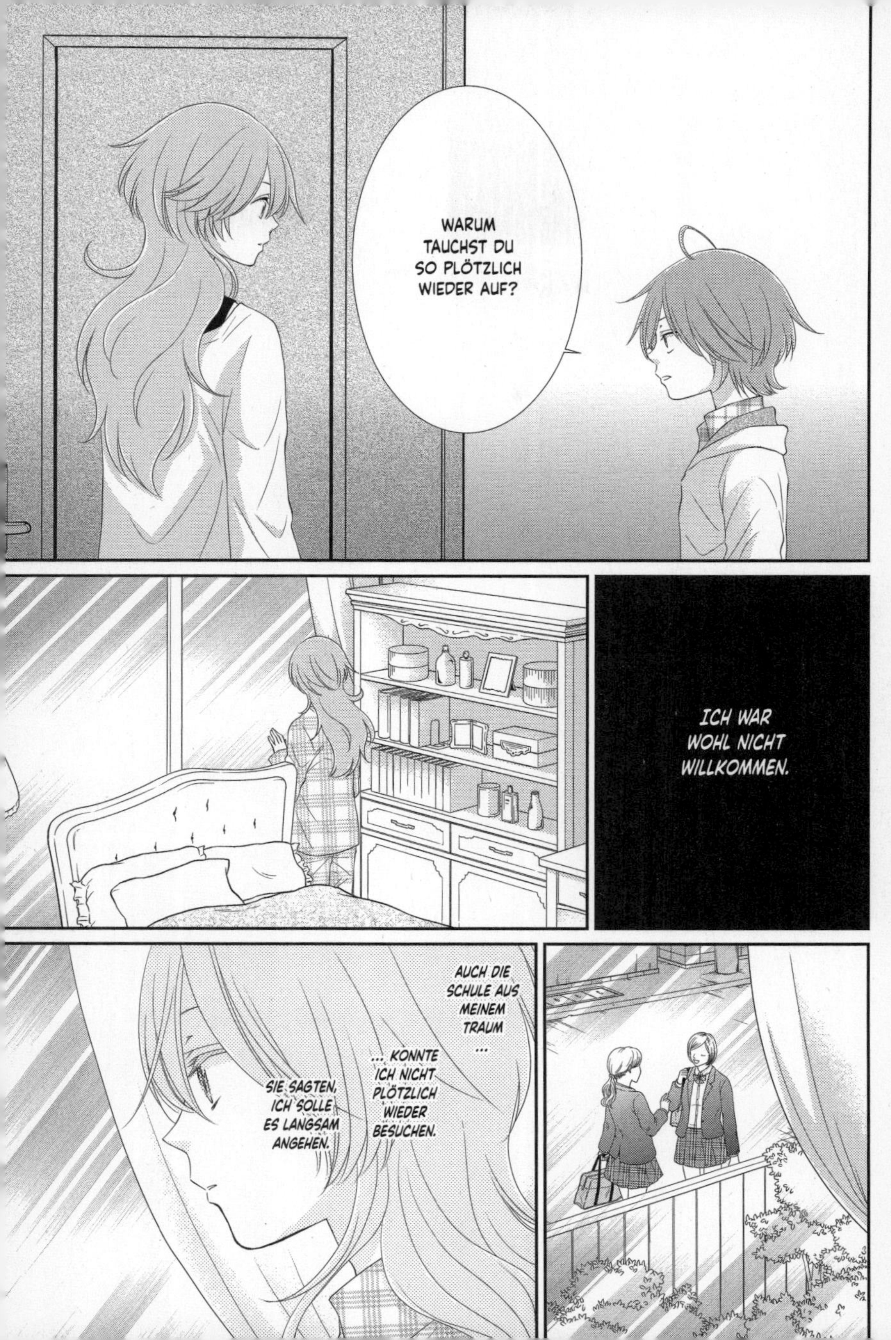
WARUM TAUCHST DU SO PLÖTZLICH WIEDER AUF?
ICH WAR WOHL NICHT WILLKOMMEN.
AUCH DIE SCHULE AUS MEINEM TRAUM ...
... KONNTE ICH NICHT PLÖTZLICH WIEDER BESUCHEN.
SIE SAGTEN, ICH SOLLE ES LANGSAM ANGEHEN.

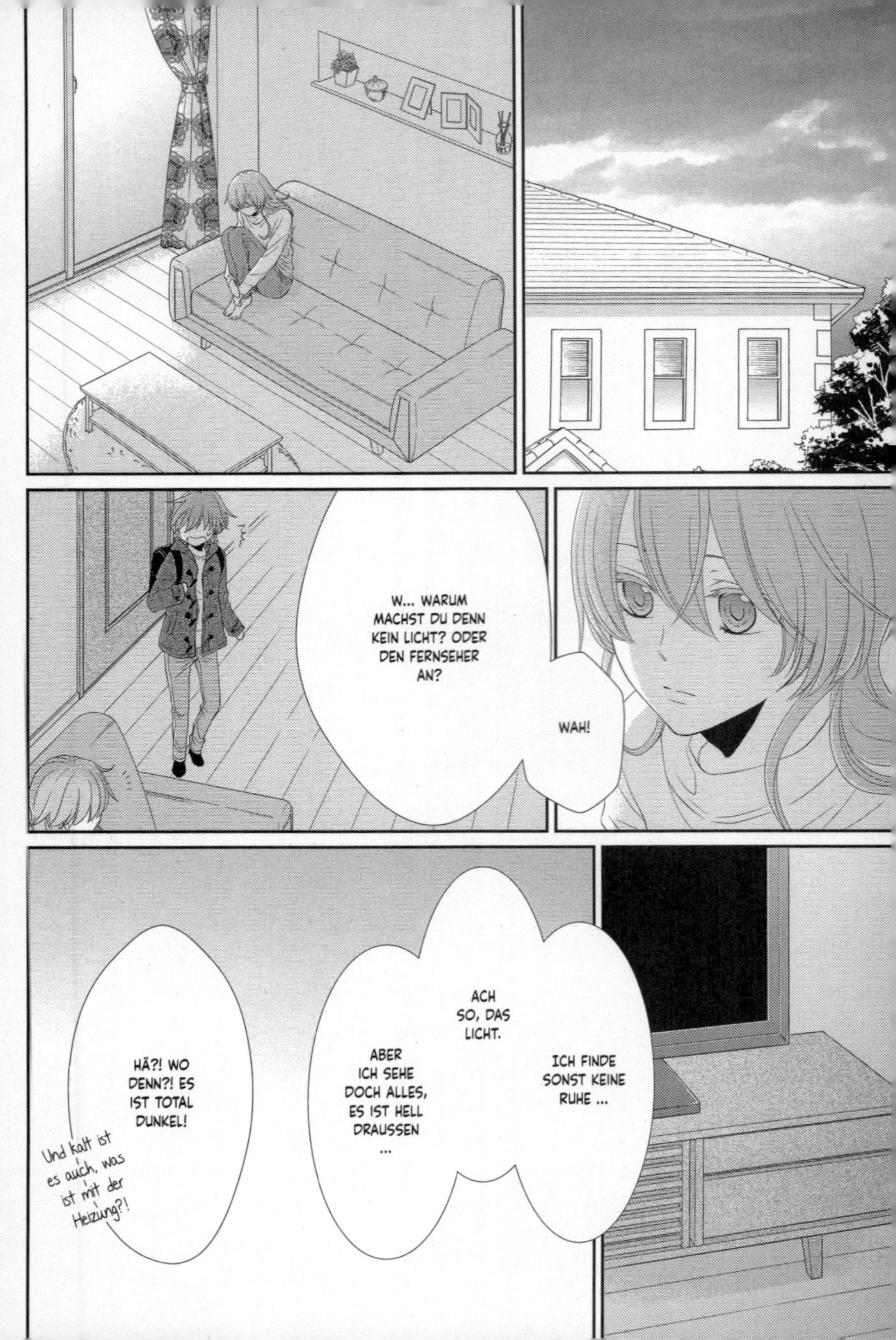
WAH!
W... WARUM MACHST DU DENN KEIN LICHT? ODER DEN FERNSEHER AN?
ICH FINDE SONST KEINE RUHE ...
ACH SO, DAS LICHT.
ABER ICH SEHE DOCH ALLES, ES IST HELL DRAUSSEN ...
HÄ?! WO DENN?! ES IST TOTAL DUNKEL!
Und kalt ist es auch, was ist mit der Heizung?!

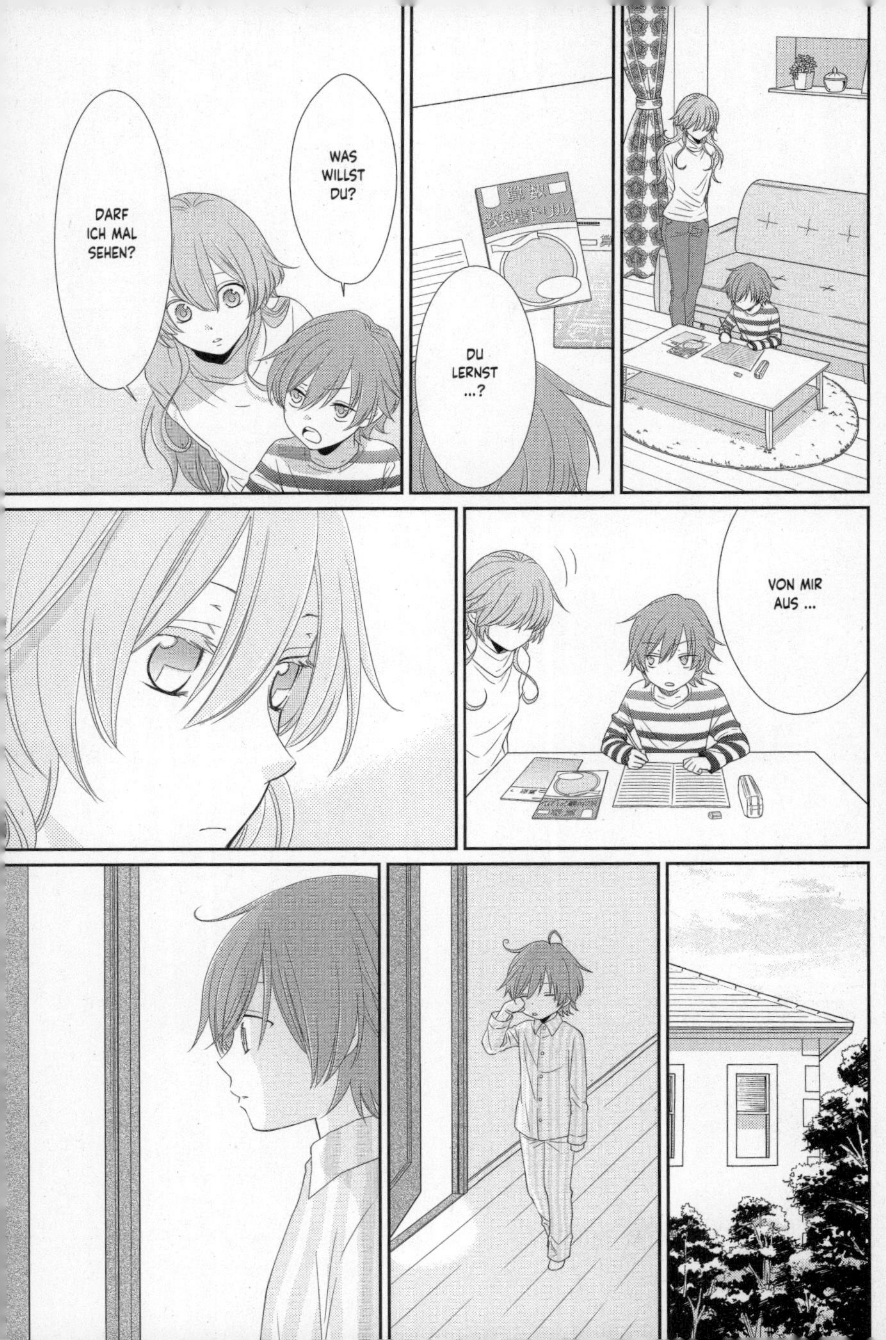
DU LERNST ...?
WAS WILLST DU?
DARF ICH MAL SEHEN?
VON MIR AUS ...

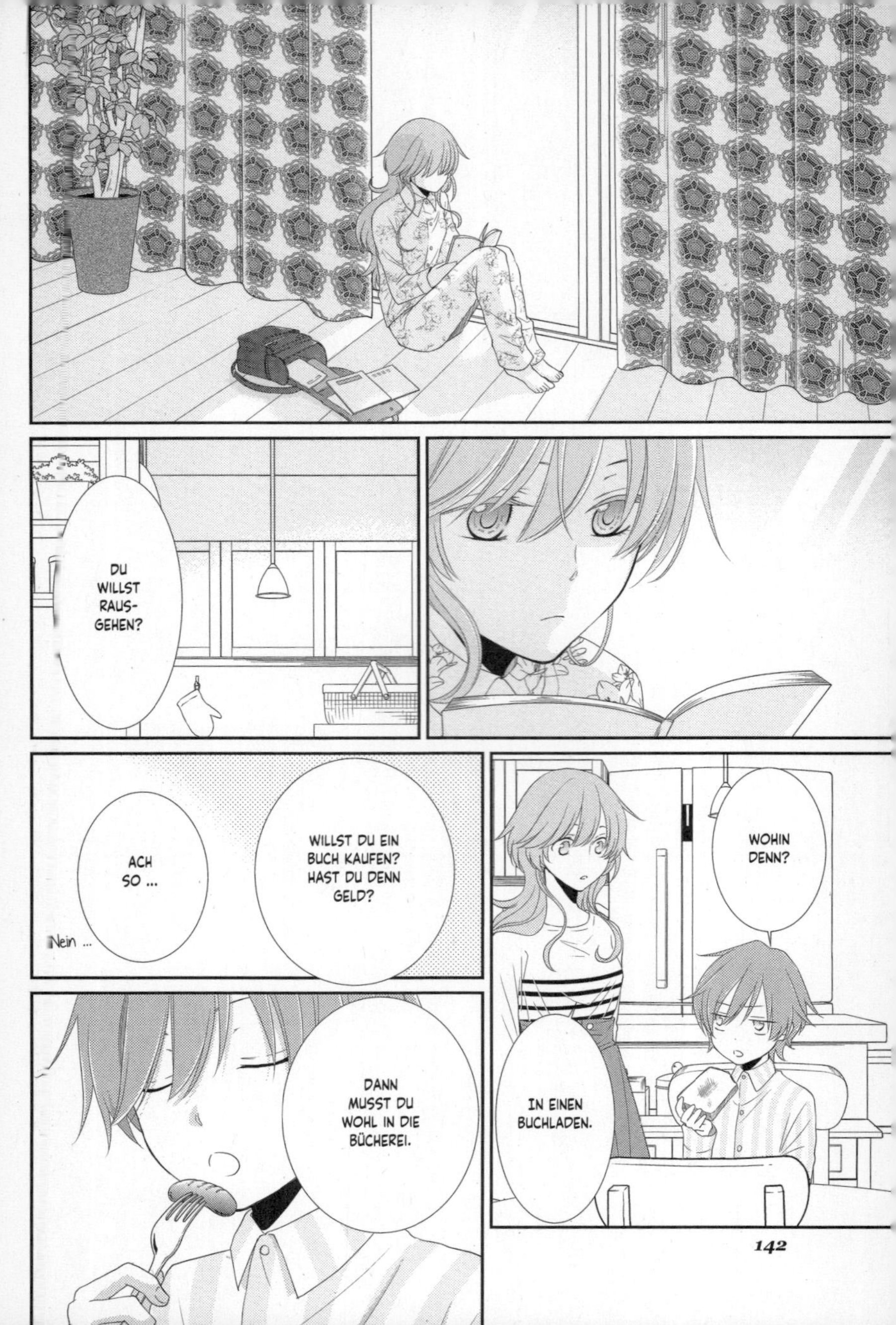
DU WILLST RAUS-GEHEN?
WOHIN DENN?
IN EINEN BUCHLADEN.
WILLST DU EIN BUCH KAUFEN? HAST DU DENN GELD?
ACH SO ...
Nein ...
DANN MUSST DU WOHL IN DIE BÜCHEREI.

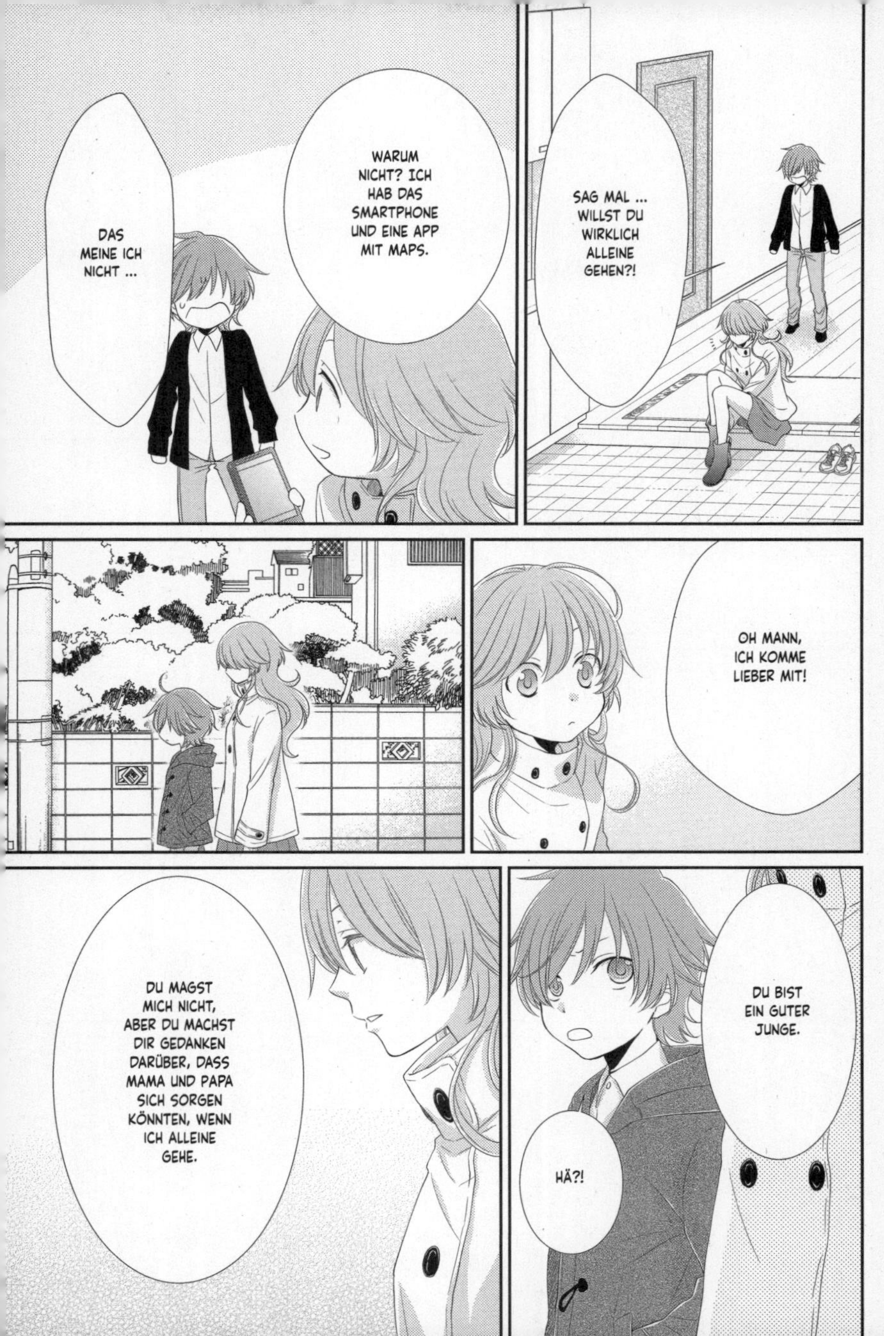
SAG MAL ... WILLST DU WIRKLICH ALLEINE GEHEN?!
WARUM NICHT? ICH HAB DAS SMARTPHONE UND EINE APP MIT MAPS.
DAS MEINE ICH NICHT ...
OH MANN, ICH KOMME LIEBER MIT!
DU BIST EIN GUTER JUNGE.
HÄ?!
DU MAGST MICH NICHT, ABER DU MACHST DIR GEDANKEN DARÜBER, DASS MAMA UND PAPA SICH SORGEN KÖNNTEN, WENN ICH ALLEINE GEHE.

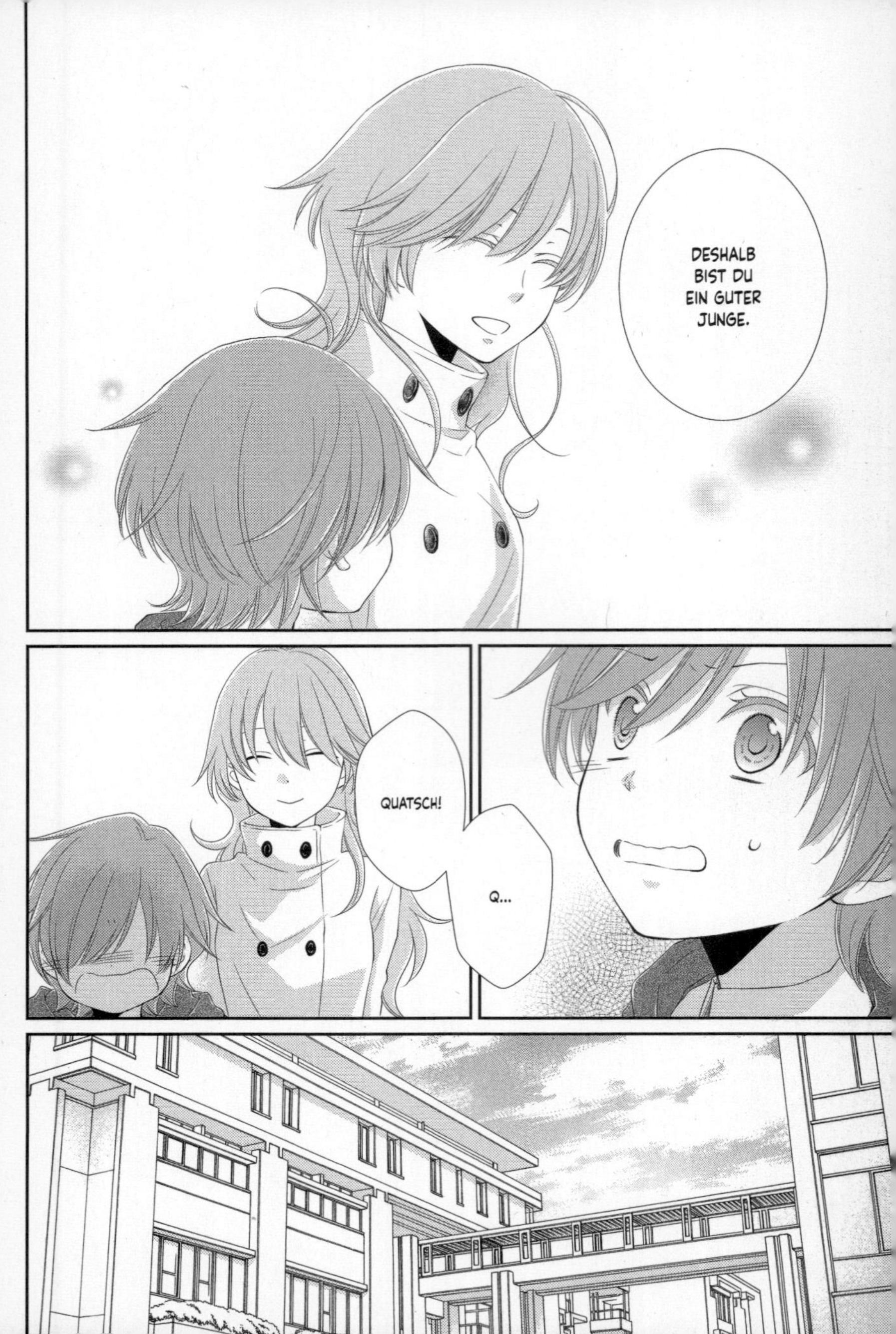
DESHALB BIST DU EIN GUTER JUNGE.
Q...
QUATSCH!

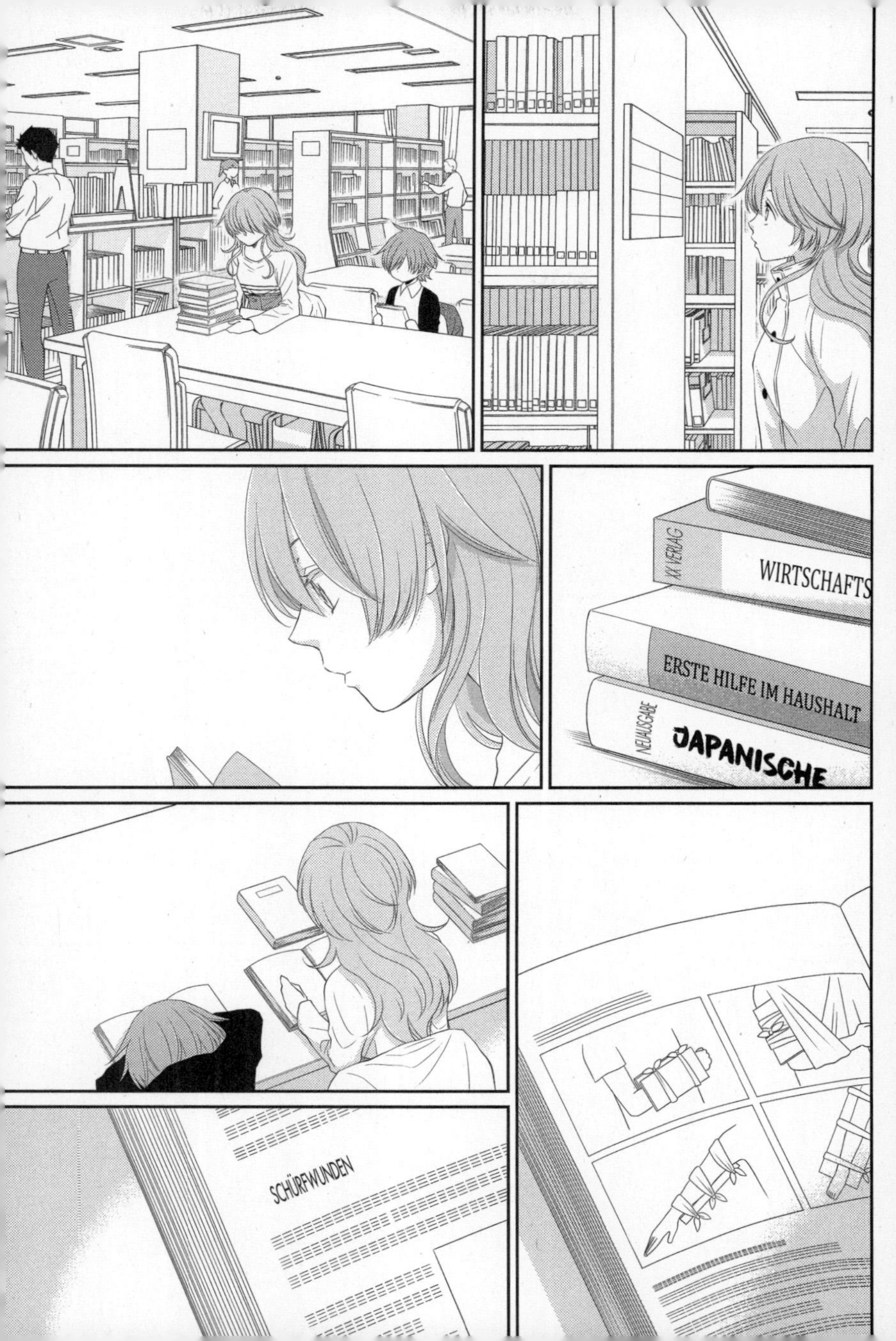

XX VERLAG
WIRTSCHAFTS
ERSTE HILFE IM HAUSHALT
NEUAUSGABE
JAPANISCHE
SCHÜRFWUNDEN

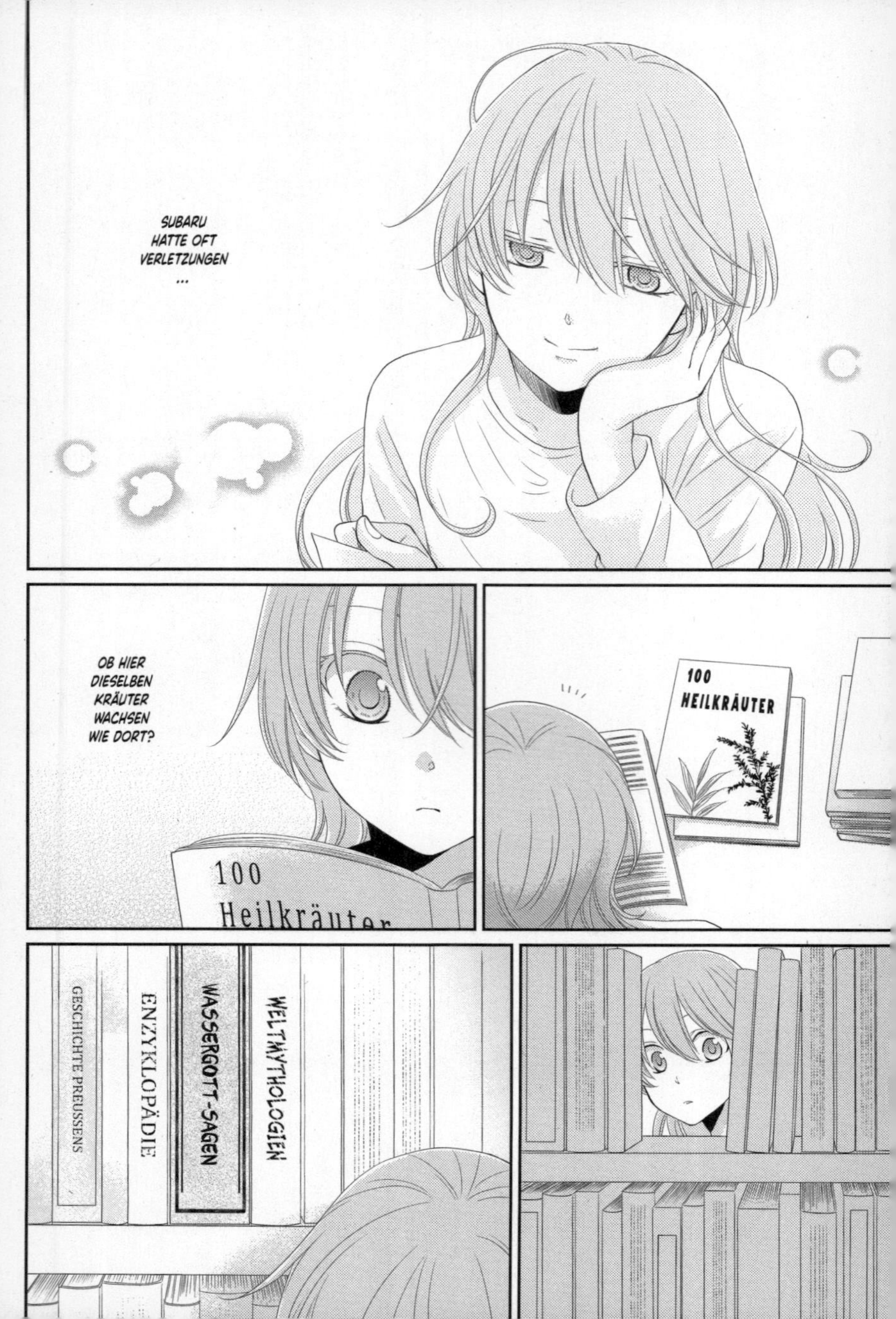

SUBARU HATTE OFT VERLETZUNGEN ...
OB HIER DIESELBEN KRÄUTER WACHSEN WIE DORT?
100 Heilkräuter
100 HEILKRÄUTER
WELTMYTHOLOGIEN
WASSERGOTT-SAGEN
ENZYKLOPÄDIE
GESCHICHTE PREUSSENS

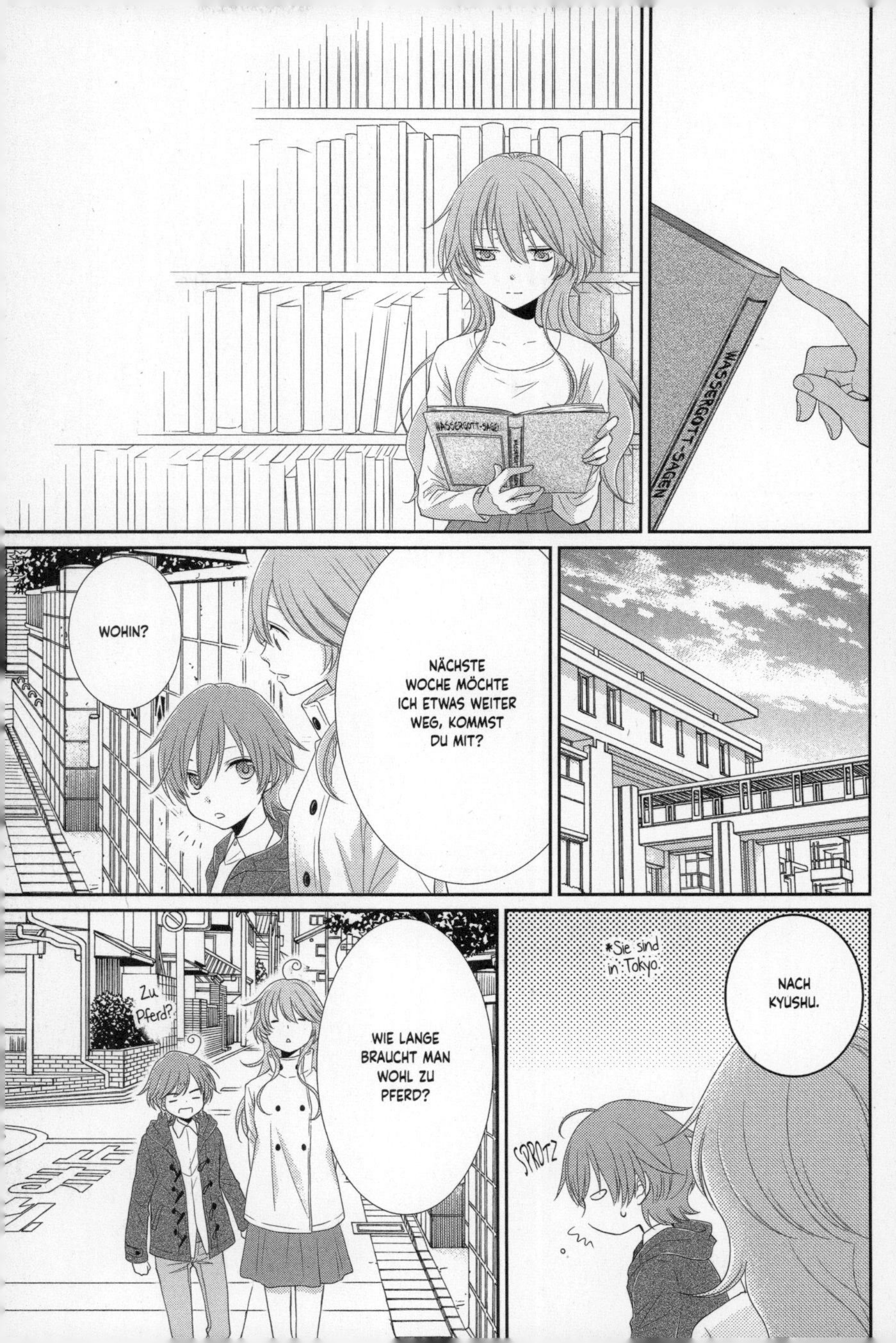

WASSERGOTT-SAGEN
WASSERGOTT-SAGEN
NÄCHSTE WOCHE MÖCHTE ICH ETWAS WEITER WEG, KOMMST DU MIT?
WOHIN?
NACH KYUSHU.
*Sie sind in Tokyo.
SPROTZ
WIE LANGE BRAUCHT MAN WOHL ZU PFERD?
Zu Pferd!?

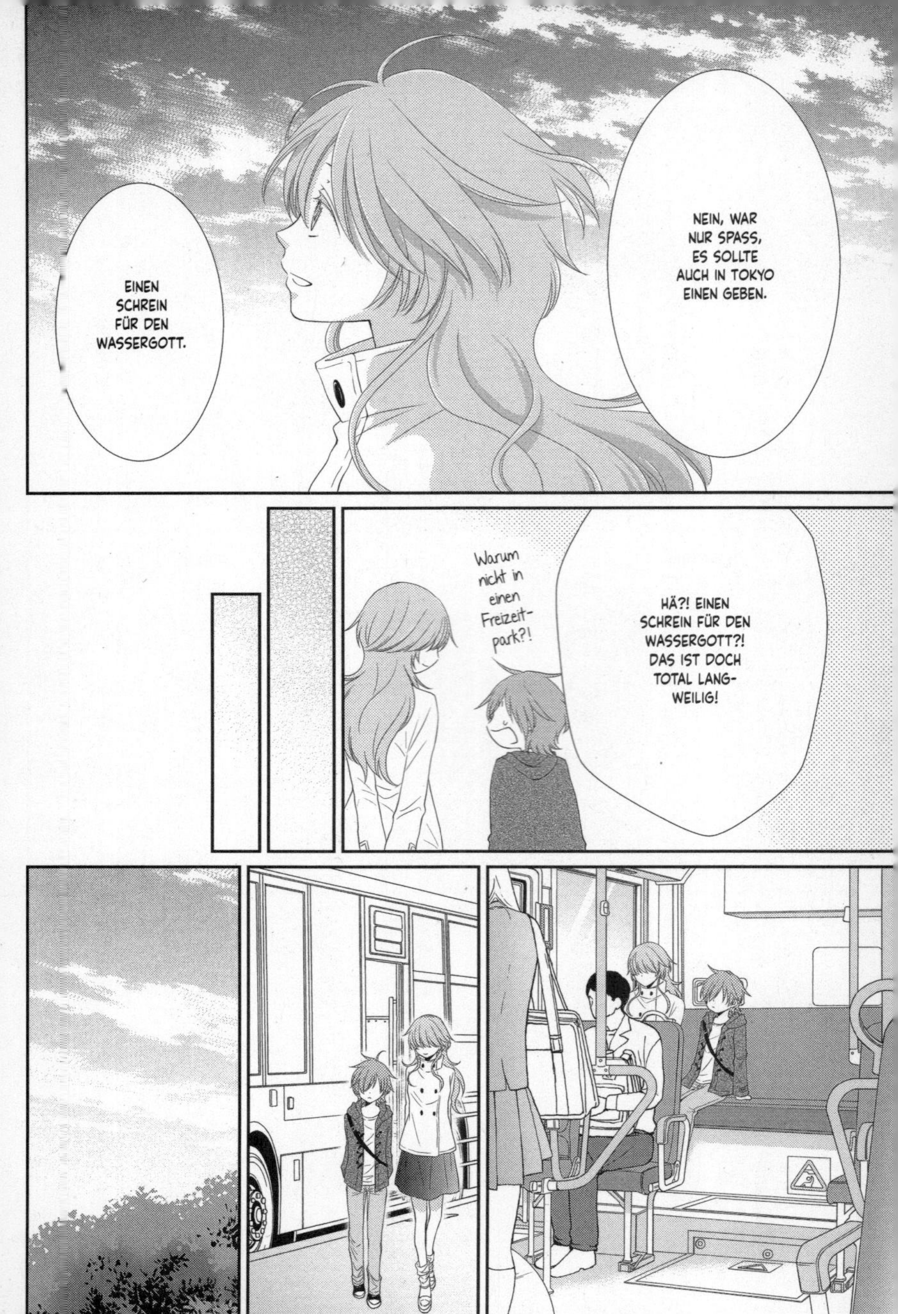
NEIN, WAR NUR SPASS, ES SOLLTE AUCH IN TOKYO EINEN GEBEN.
EINEN SCHREIN FÜR DEN WASSERGOTT.
HÄ?! EINEN SCHREIN FÜR DEN WASSERGOTT?! DAS IST DOCH TOTAL LANG-WEILIG!
Warum nicht in einen Freizeit-park?!

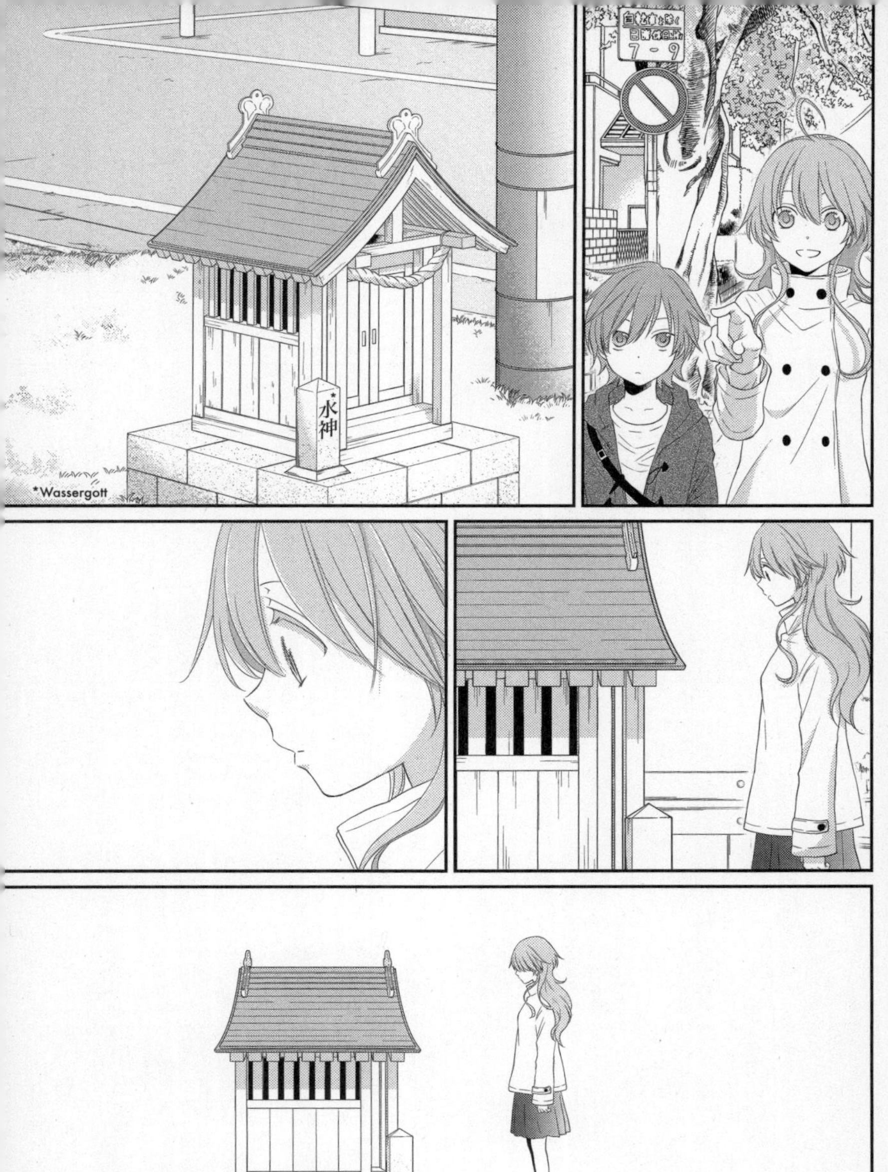

*Wassergott

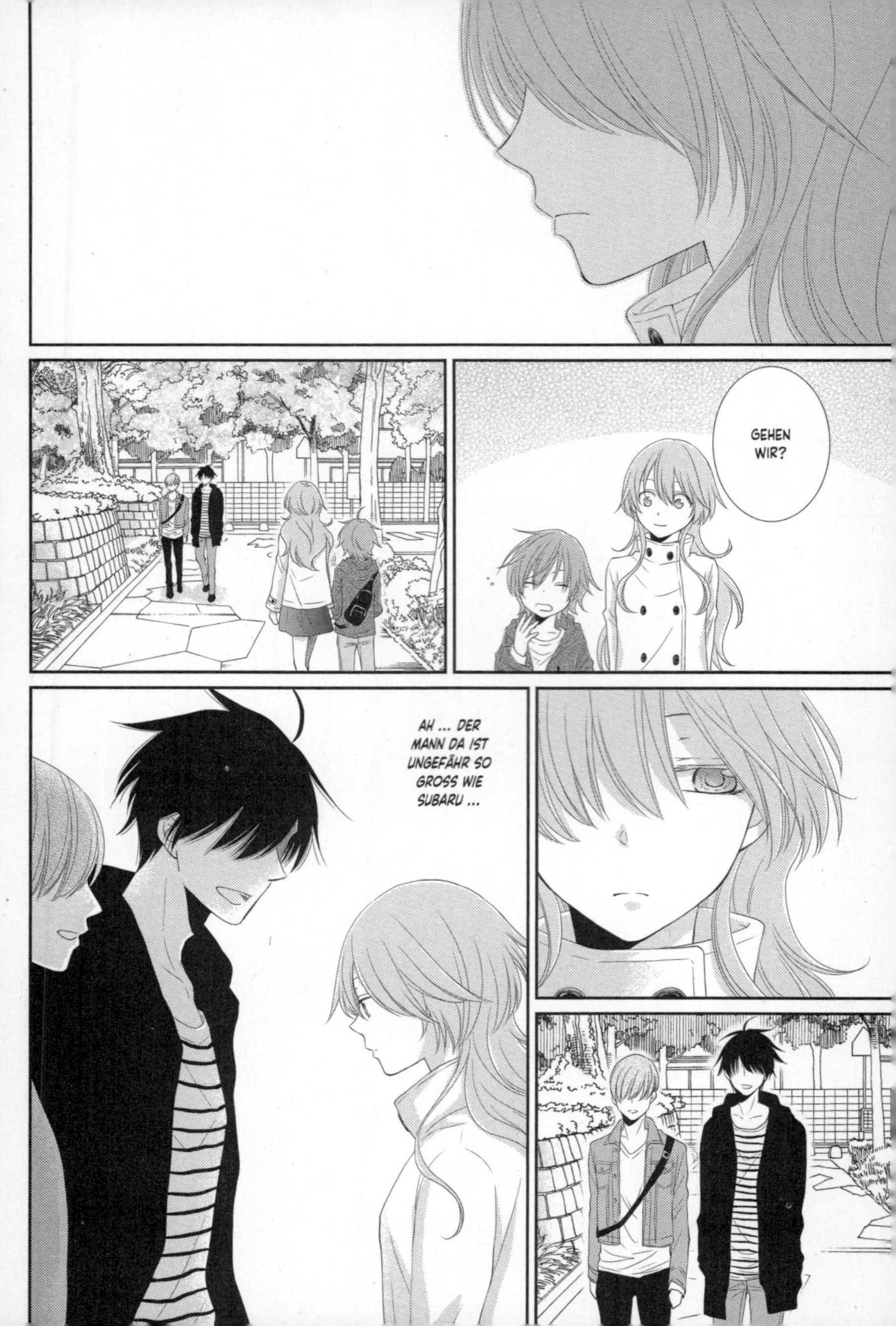
GEHEN WIR?
AH ... DER MANN DA IST UNGEFÄHR SO GROSS WIE SUBARU ...

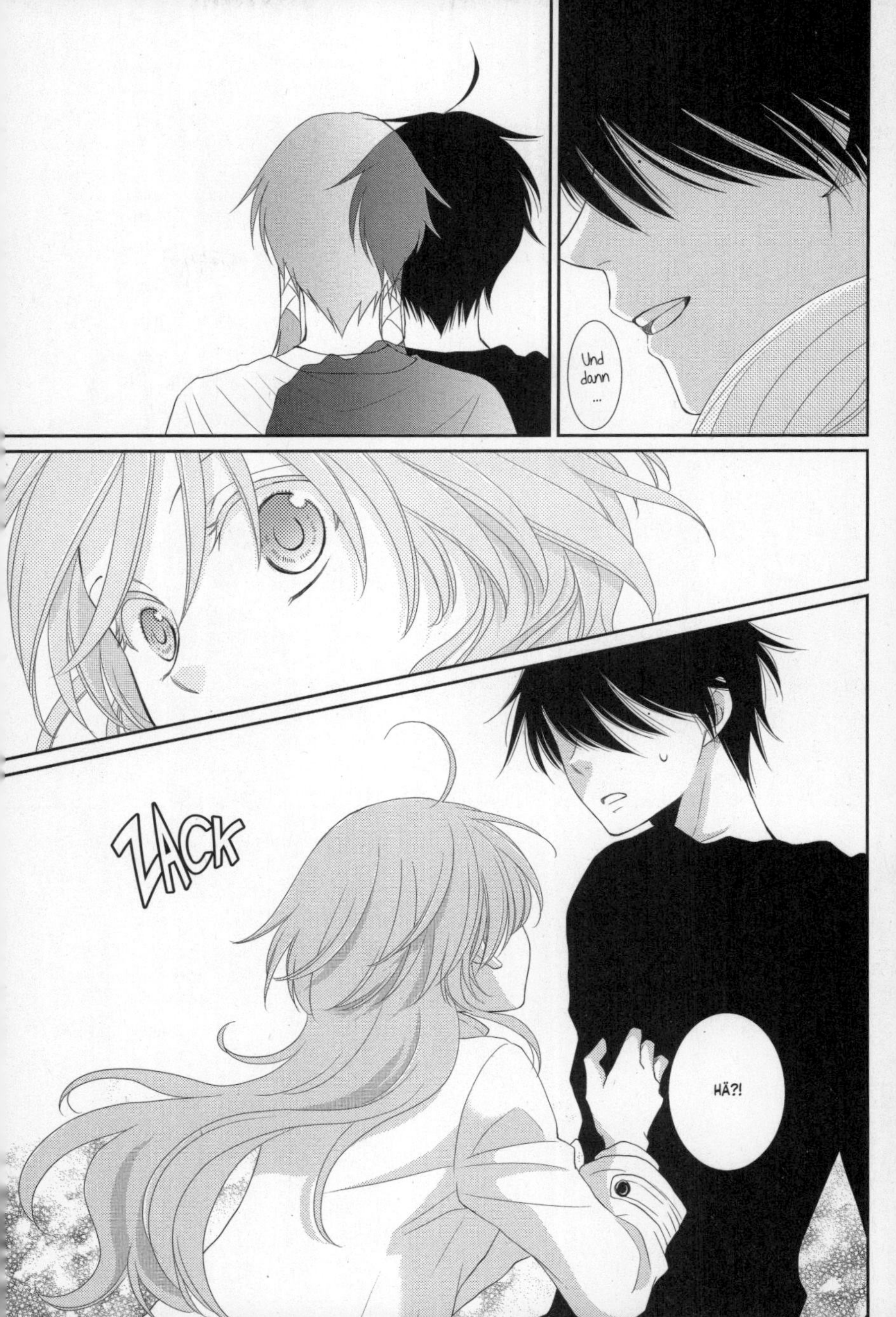
Und dann ...
ZACK
HÄ?!

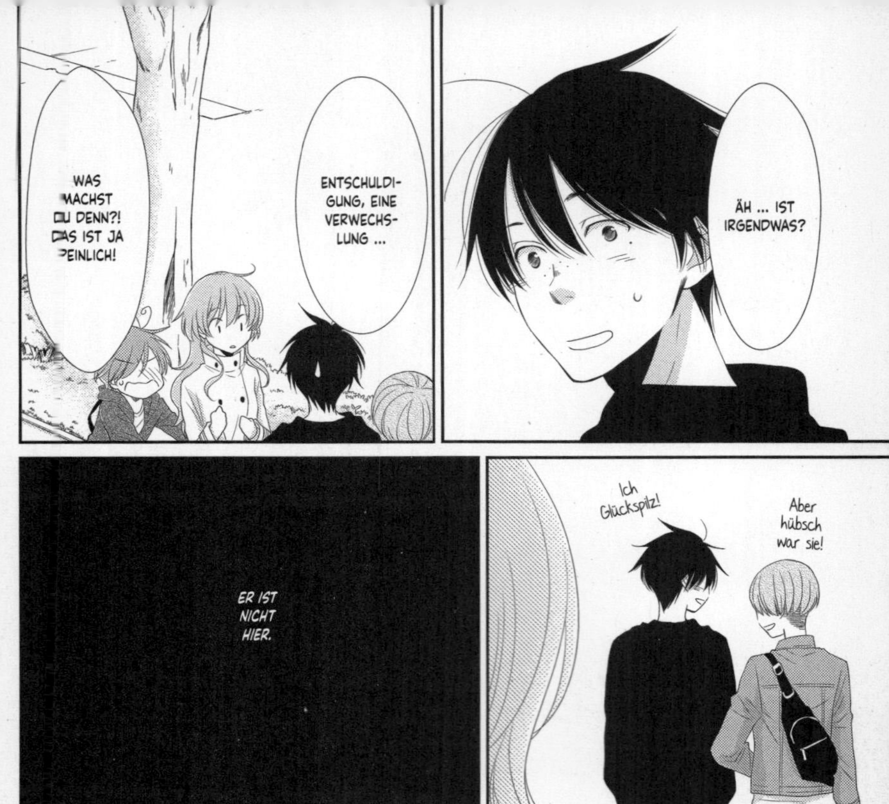

NICHT HIER ...

... IN DIESER WELT.

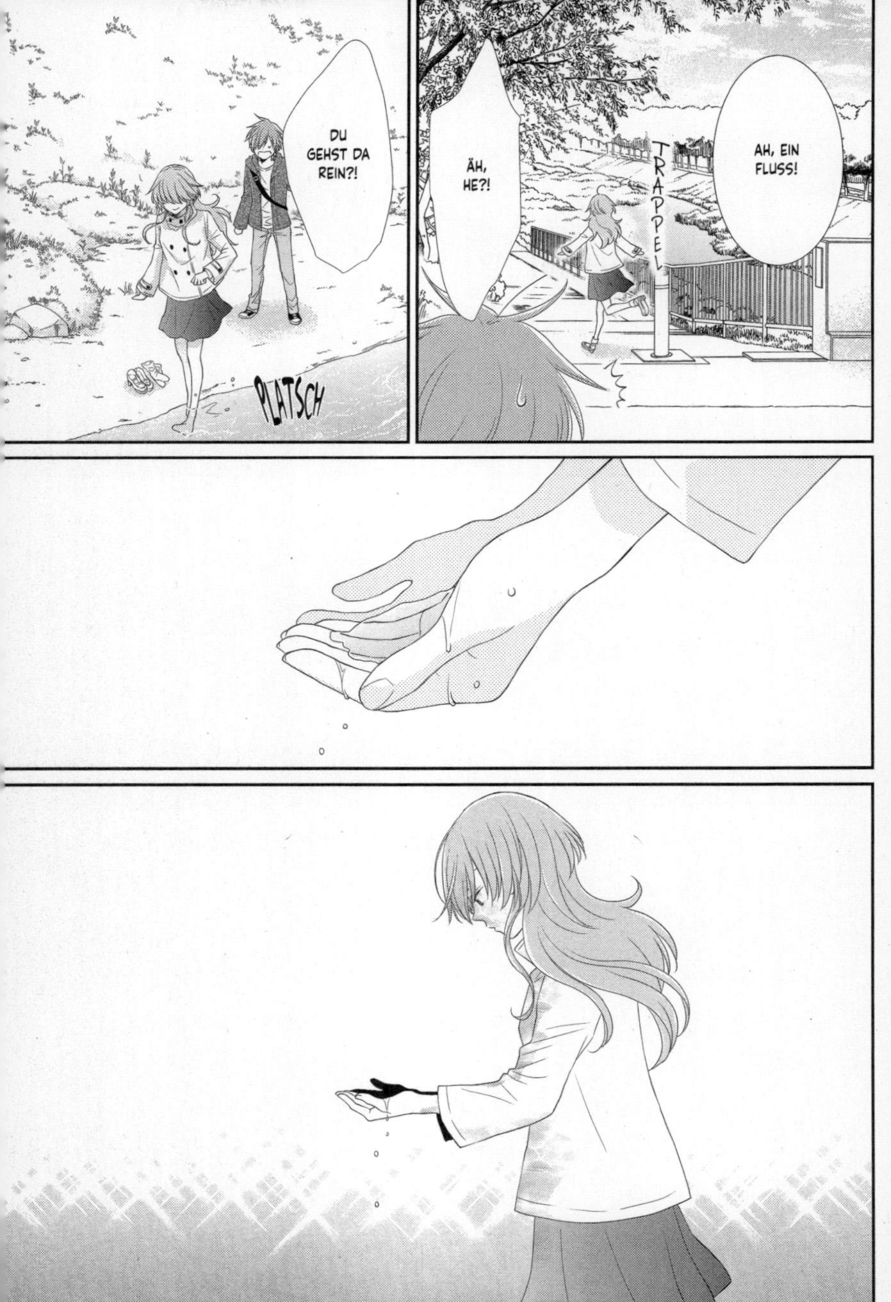
AH, EIN FLUSS!
TRAPPEL
ÄH, HE?!
DU GEHST DA REIN?!
PLATSCH

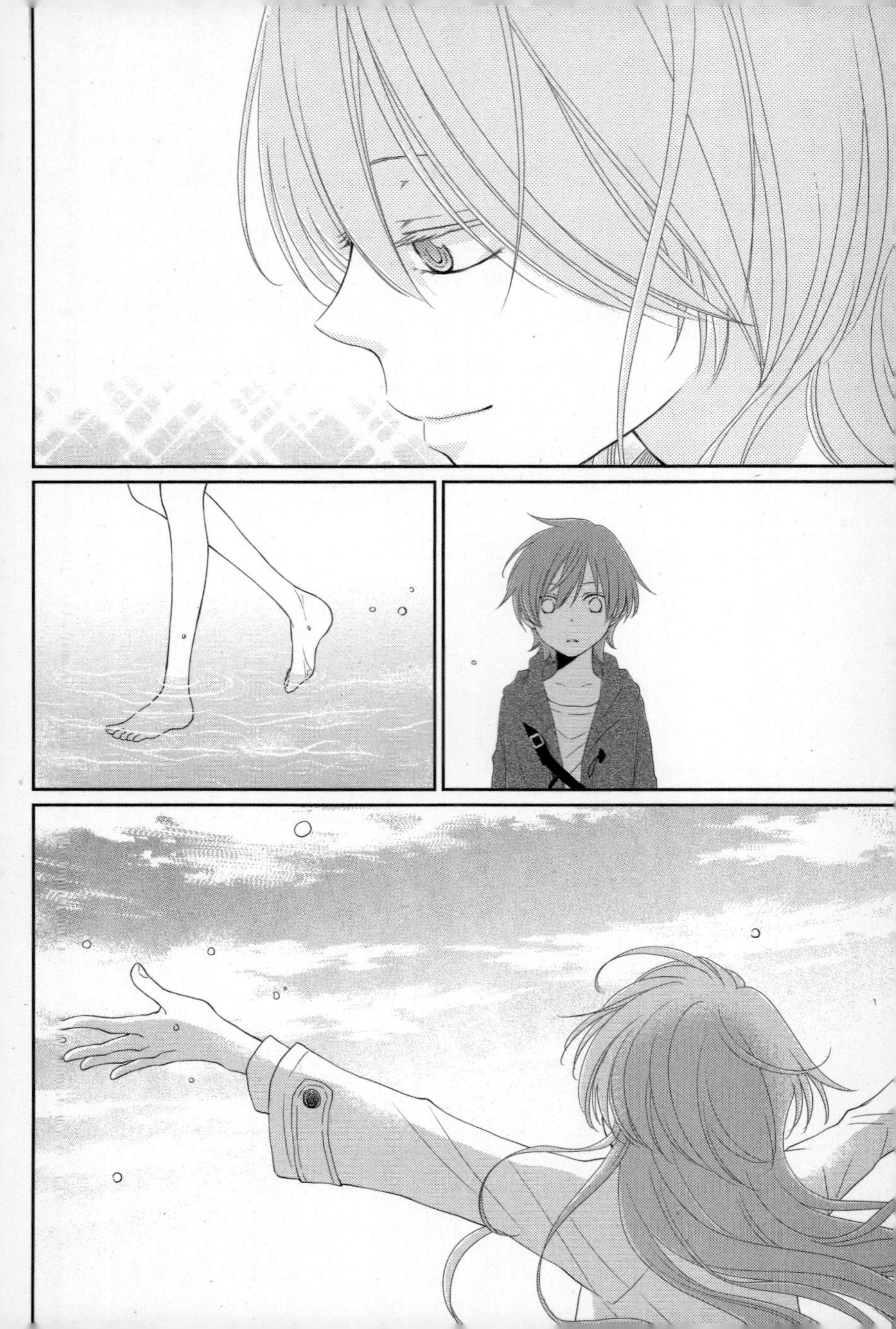

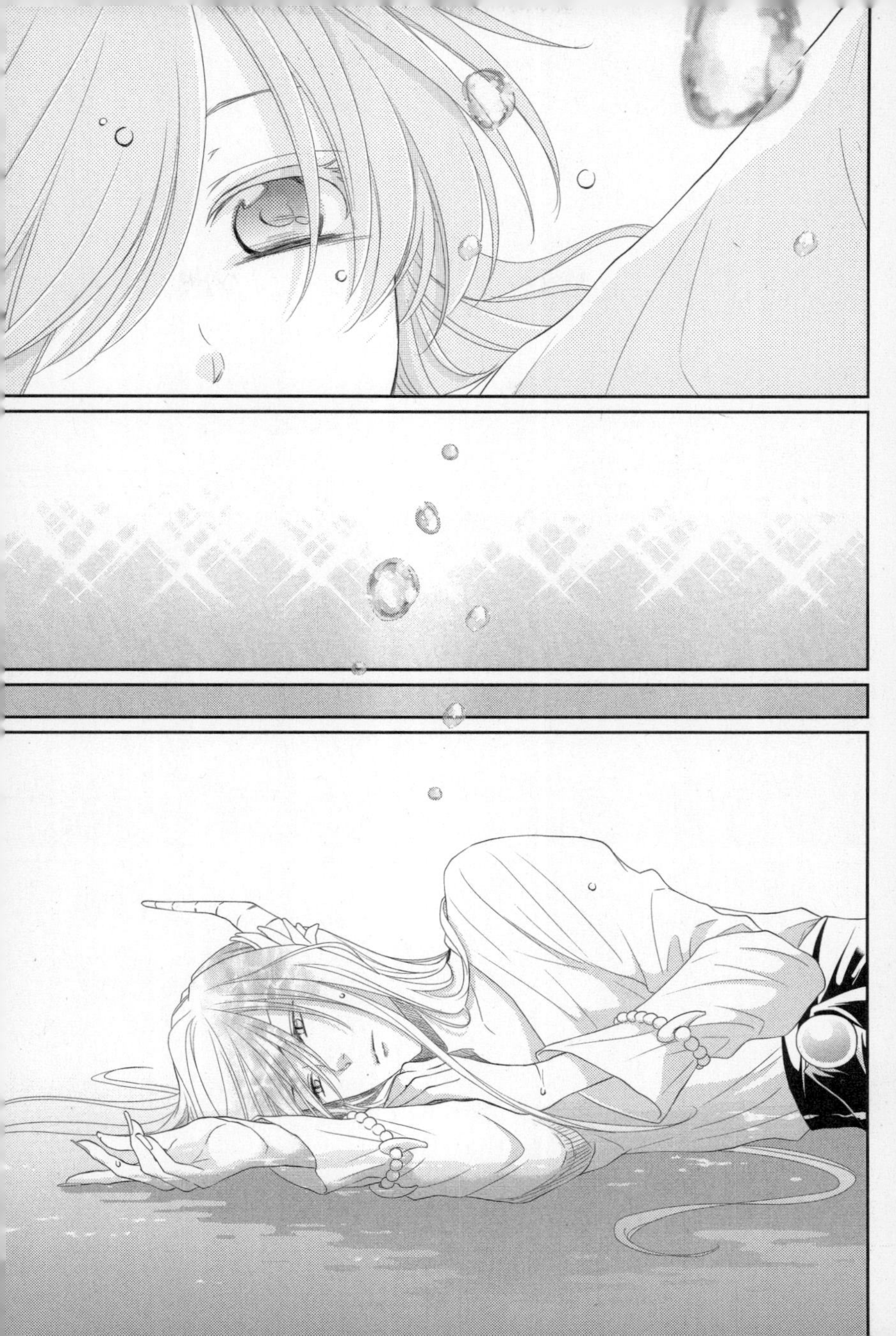

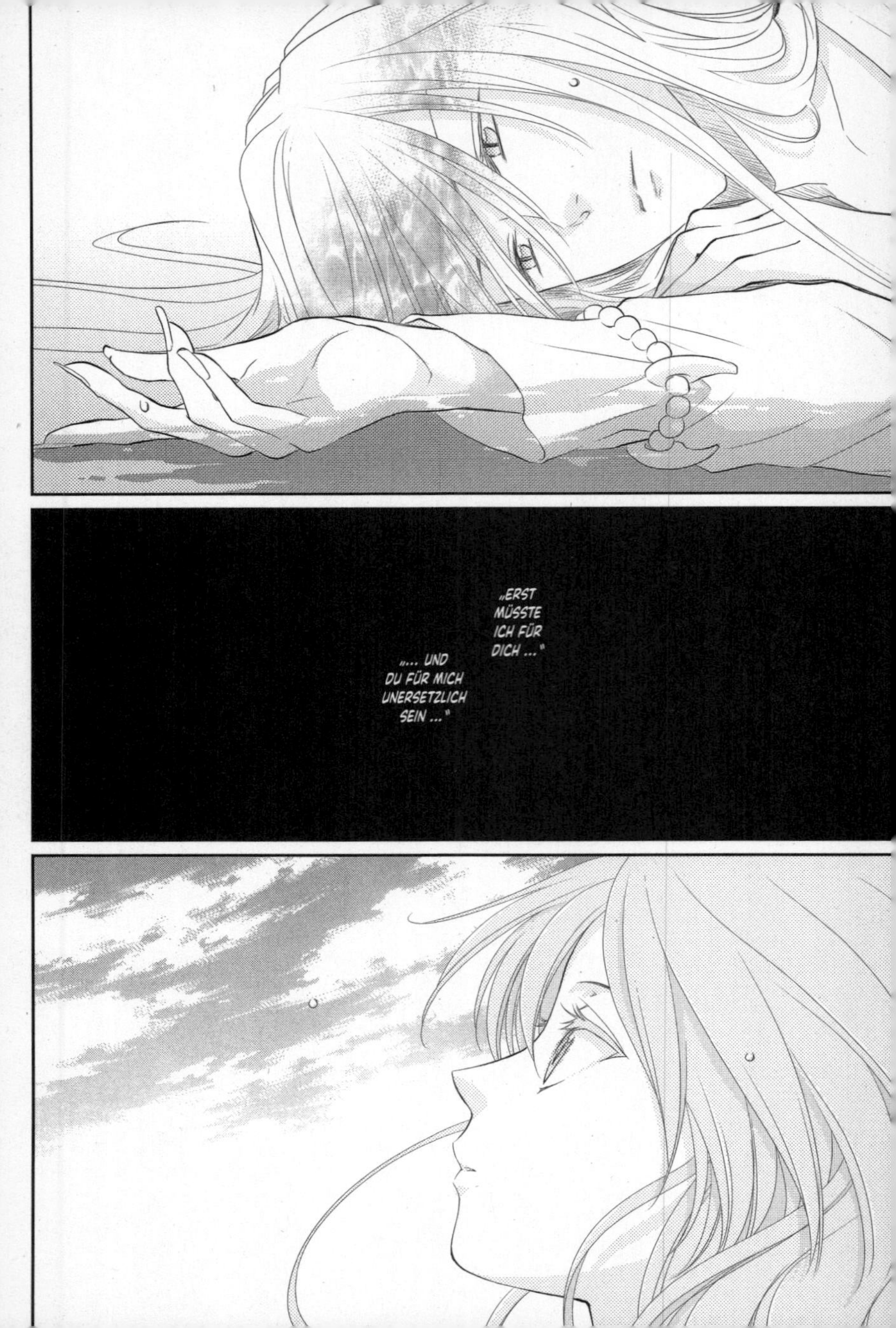
„ERST MÜSSTE ICH FÜR DICH ..."
„... UND DU FÜR MICH UNERSETZLICH SEIN ..."

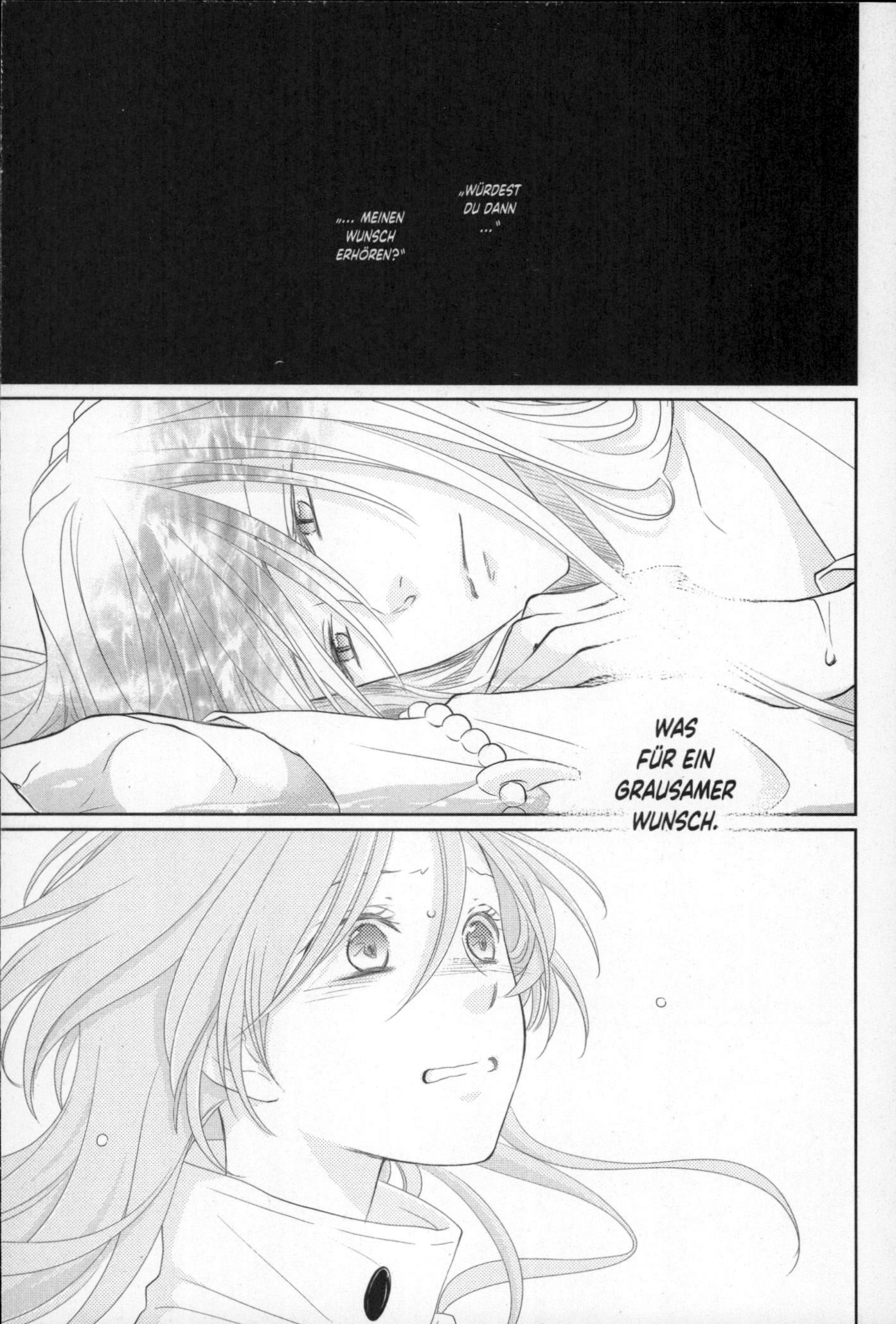
„Würdest du dann …“
„… meinen Wunsch erhören?“
Was für ein grausamer Wunsch.

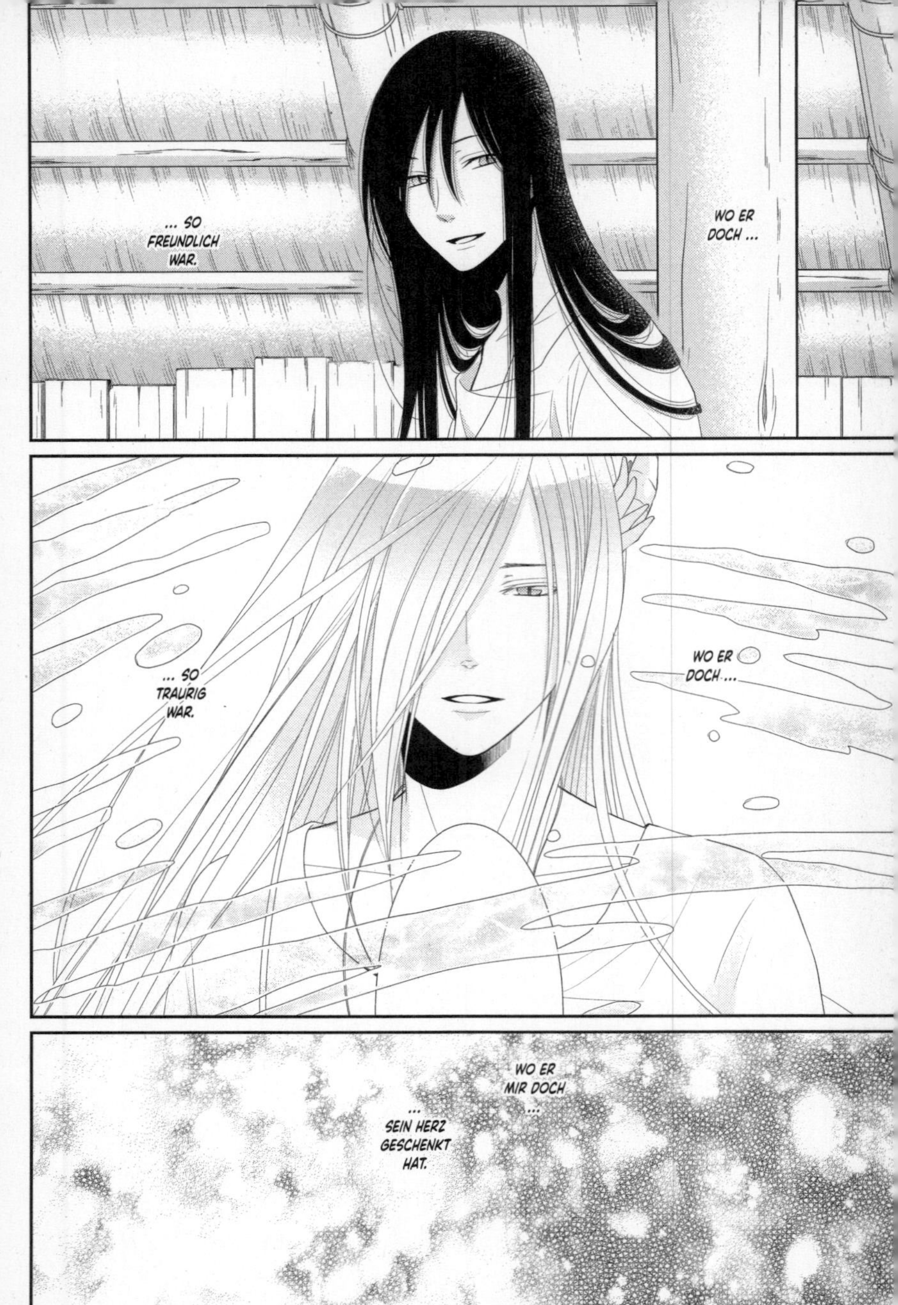
WO ER DOCH ...
... SO FREUNDLICH WAR.
WO ER DOCH ...
... SO TRAURIG WAR.
WO ER MIR DOCH ...
... SEIN HERZ GESCHENKT HAT.

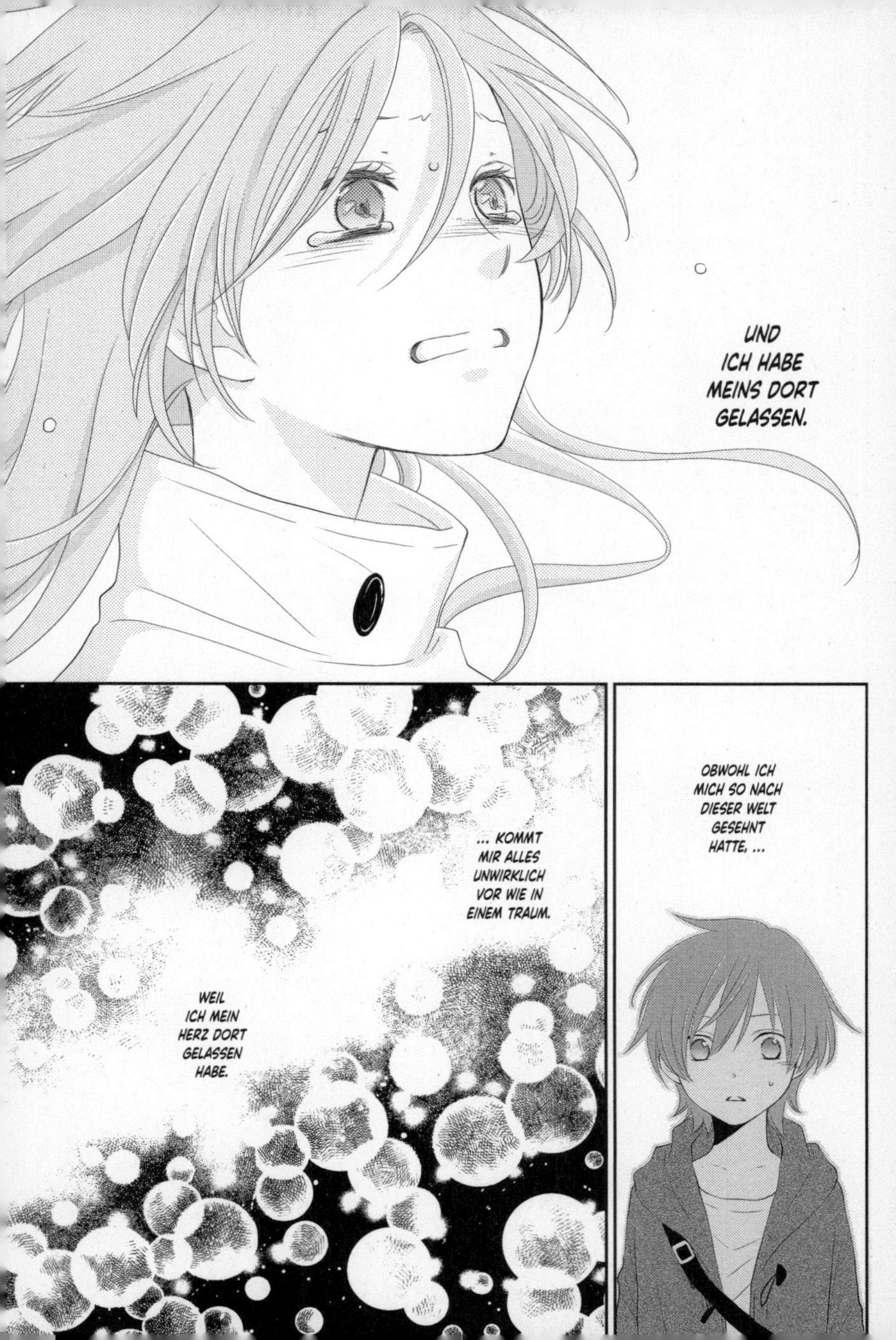
UND ICH HABE MEINS DORT GELASSEN.
OBWOHL ICH MICH SO NACH DIESER WELT GESEHNT HATTE, ...
... KOMMT MIR ALLES UNWIRKLICH VOR WIE IN EINEM TRAUM.
WEIL ICH MEIN HERZ DORT GELASSEN HABE.

ICH KANN DAS ALLES NICHT MEHR VERGESSEN.

DIE ZEIT, DIE ICH DORT VERBRACHT HABE, ...

... UND ALL DIE MENSCHEN DORT ...

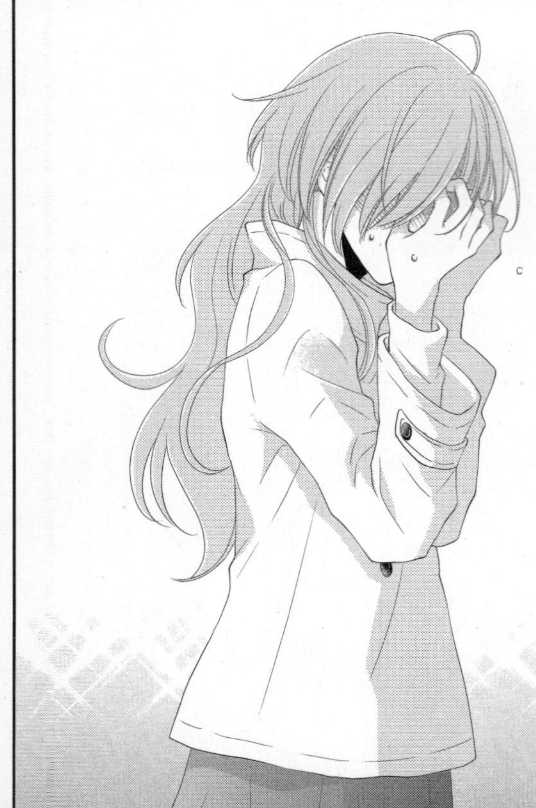

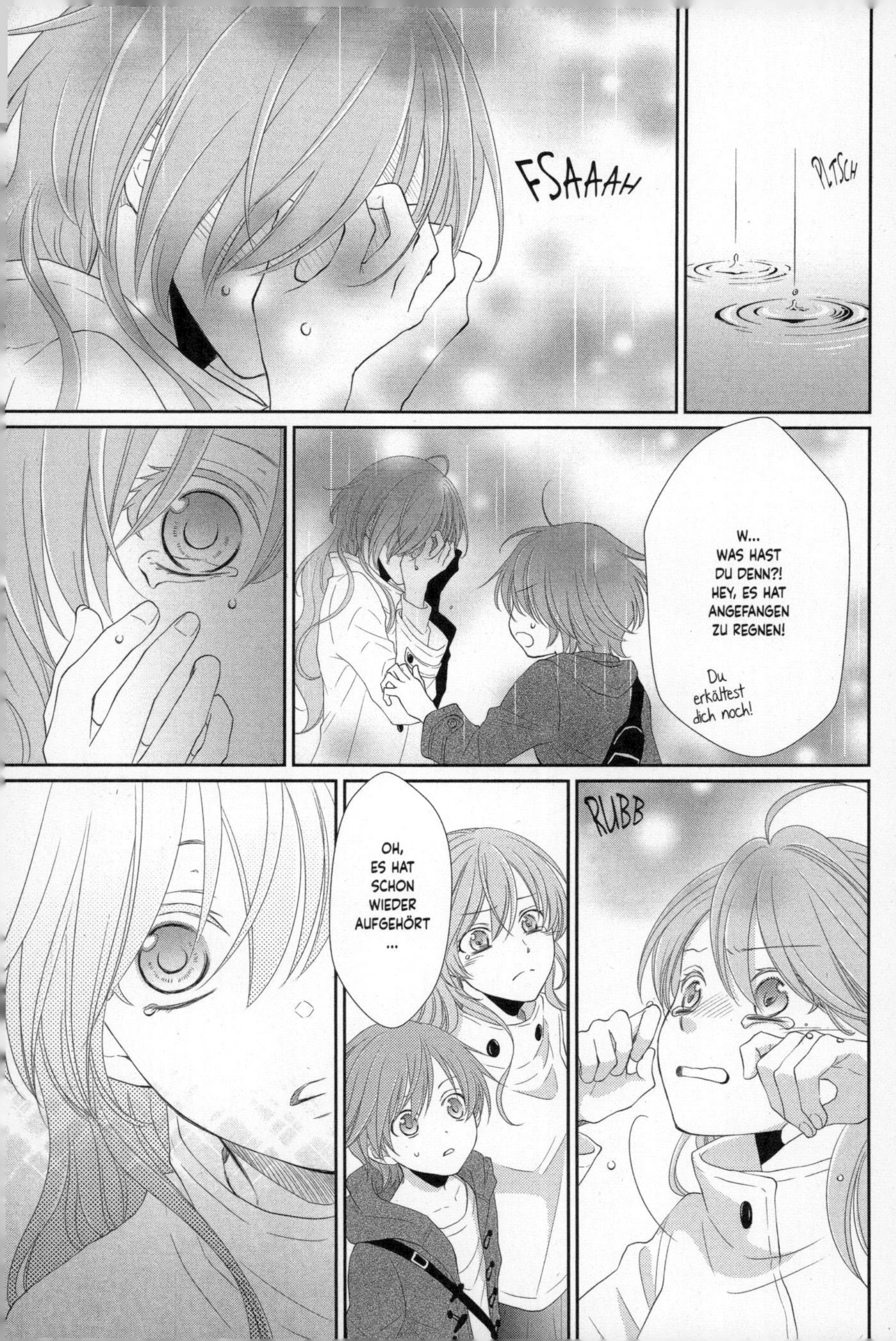
PLITSCH
FSAAAH
W... WAS HAST DU DENN?! HEY, ES HAT ANGEFANGEN ZU REGNEN!
Du erkältest dich noch!
RUBB
OH, ES HAT SCHON WIEDER AUFGEHÖRT ...

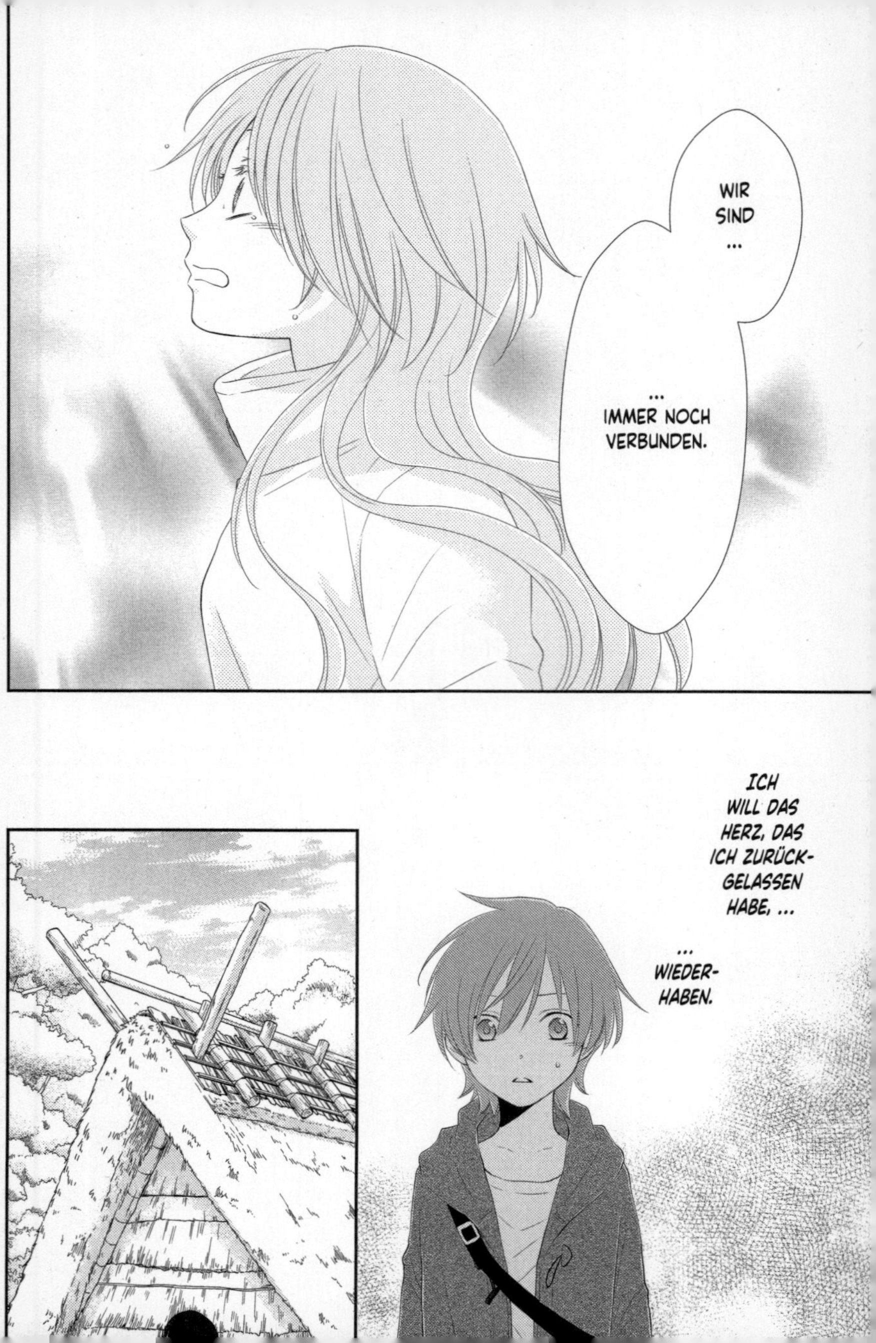

WIR SIND ...
... IMMER NOCH VERBUNDEN.
ICH WILL DAS HERZ, DAS ICH ZURÜCK-GELASSEN HABE, ...
... WIEDER-HABEN.

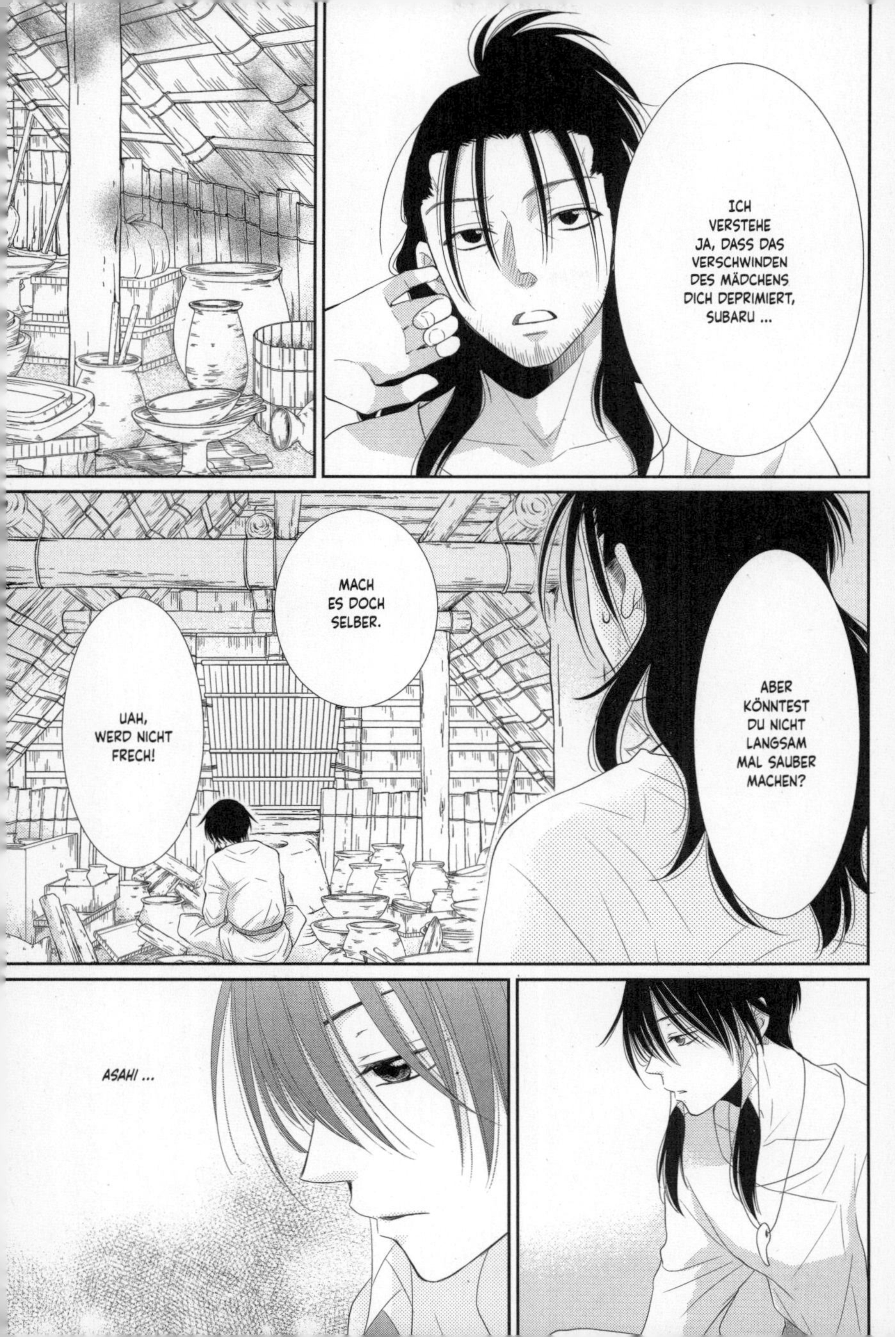
ICH VERSTEHE JA, DASS DAS VERSCHWINDEN DES MÄDCHENS DICH DEPRIMIERT, SUBARU ...
ABER KÖNNTEST DU NICHT LANGSAM MAL SAUBER MACHEN?
MACH ES DOCH SELBER.
UAH, WERD NICHT FRECH!
ASAHI ...

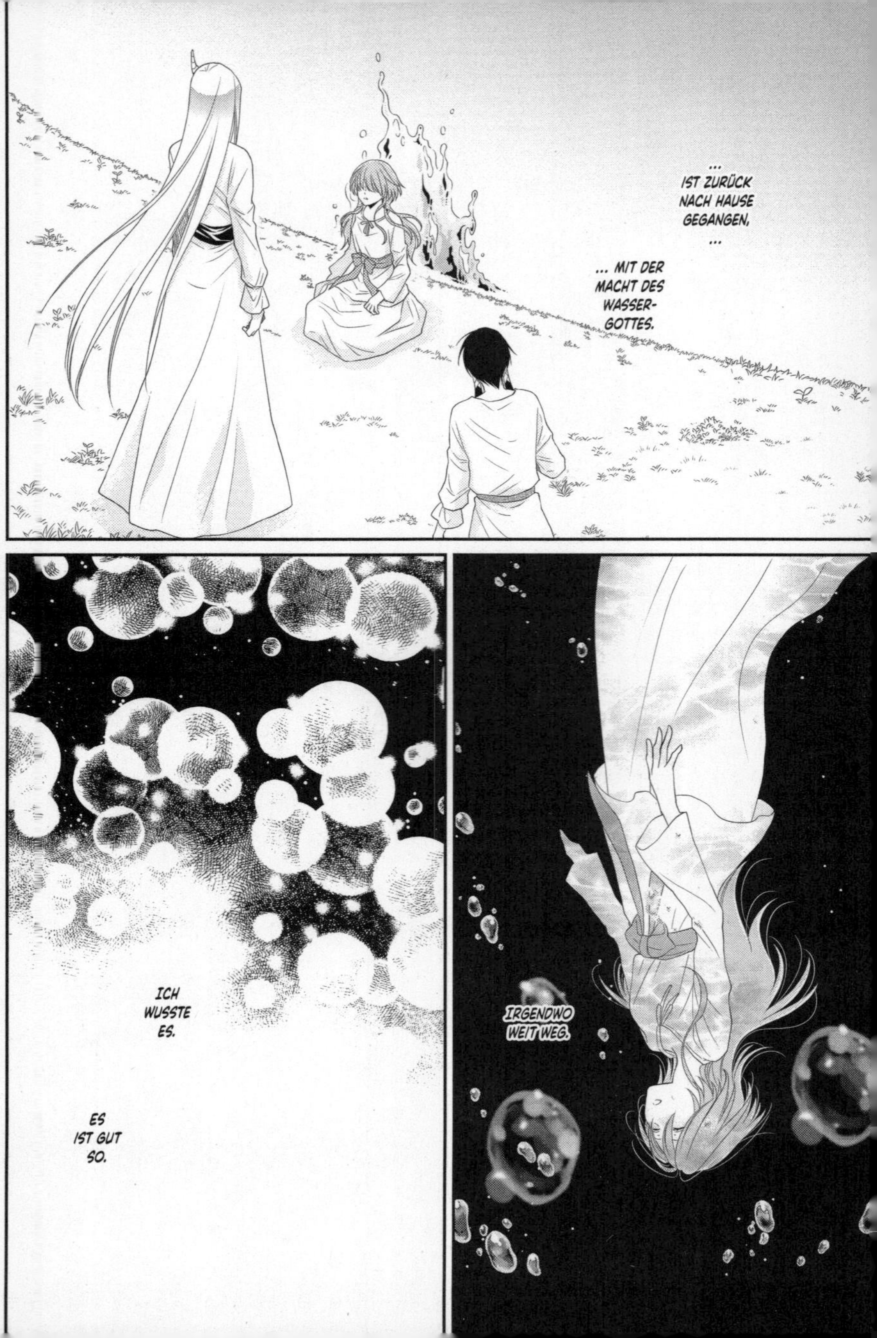

...
IST ZURÜCK
NACH HAUSE
GEGANGEN,
...

... MIT DER
MACHT DES
WASSER-
GOTTES.

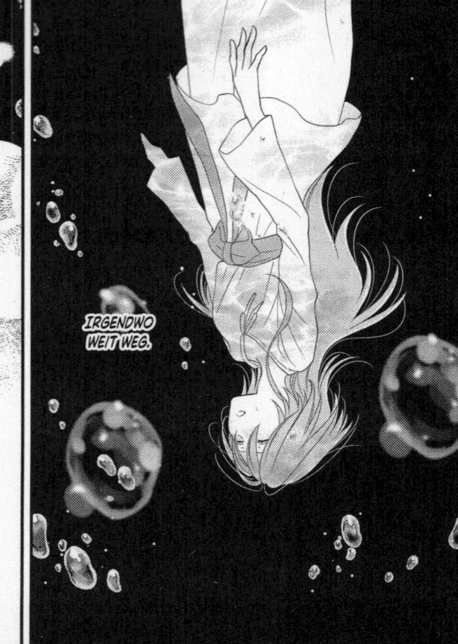

ICH
WUSSTE
ES.

ES
IST GUT
SO.

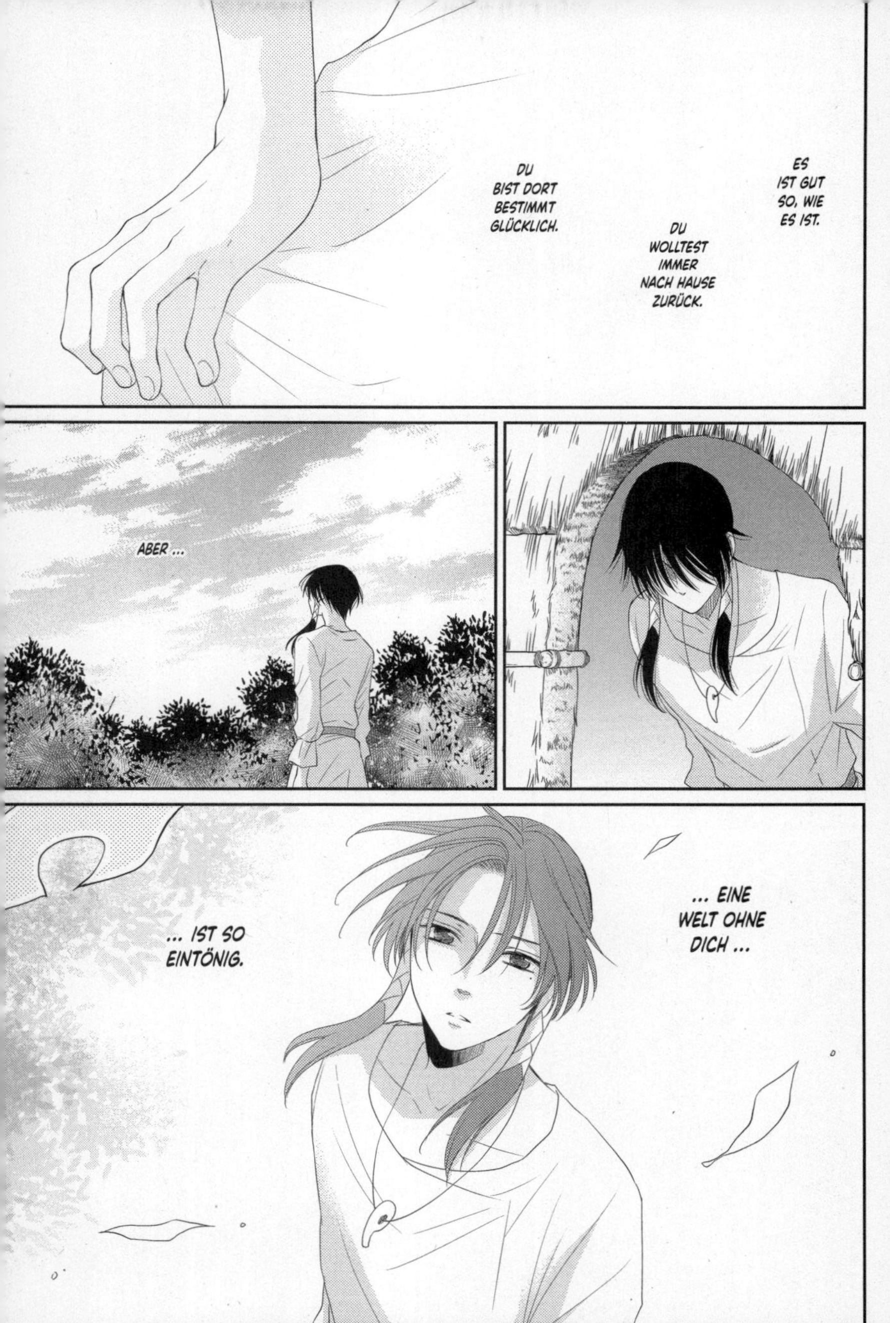
ES IST GUT SO, WIE ES IST.
DU WOLLTEST IMMER NACH HAUSE ZURÜCK.
DU BIST DORT BESTIMMT GLÜCKLICH.
ABER ...
... EINE WELT OHNE DICH ...
... IST SO EINTÖNIG.

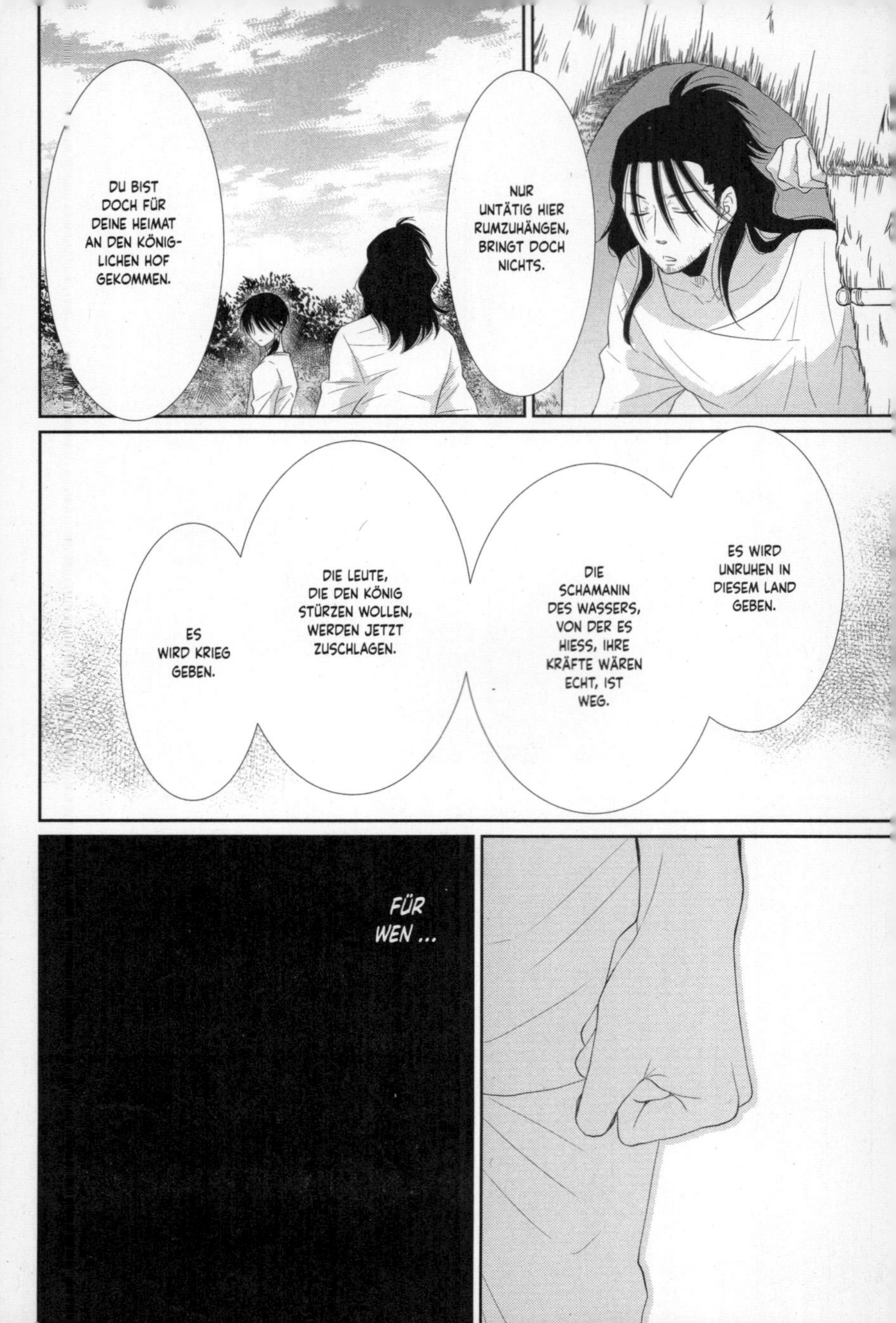
NUR UNTÄTIG HIER RUMZUHÄNGEN, BRINGT DOCH NICHTS.
DU BIST DOCH FÜR DEINE HEIMAT AN DEN KÖNIG-LICHEN HOF GEKOMMEN.
ES WIRD UNRUHEN IN DIESEM LAND GEBEN.
DIE SCHAMANIN DES WASSERS, VON DER ES HIESS, IHRE KRÄFTE WÄREN ECHT, IST WEG.
DIE LEUTE, DIE DEN KÖNIG STÜRZEN WOLLEN, WERDEN JETZT ZUSCHLAGEN.
ES WIRD KRIEG GEBEN.
FÜR WEN ...

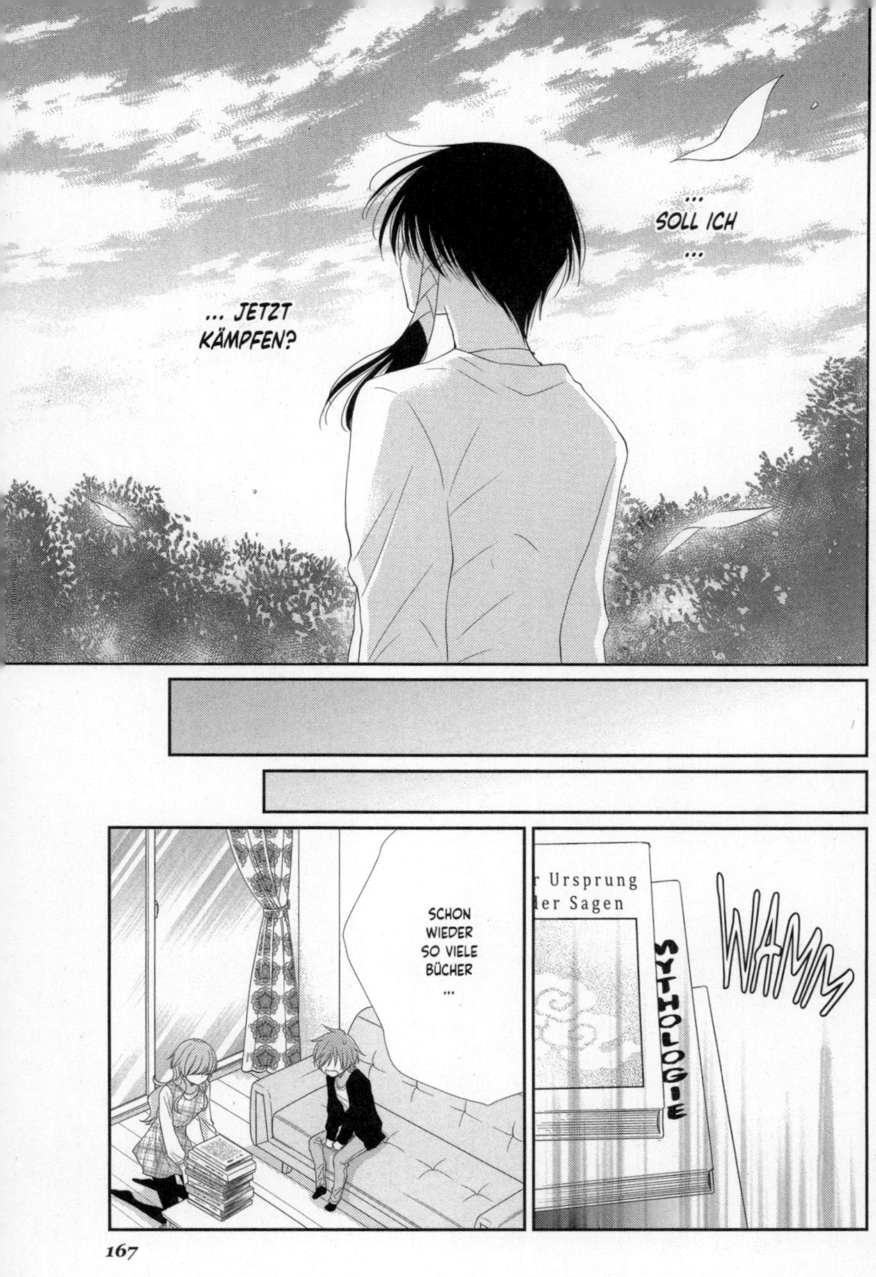

... SOLL ICH ...

... JETZT KÄMPFEN?

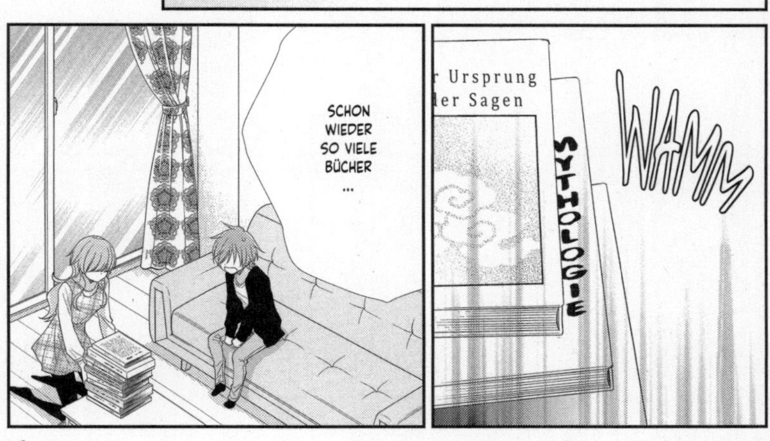

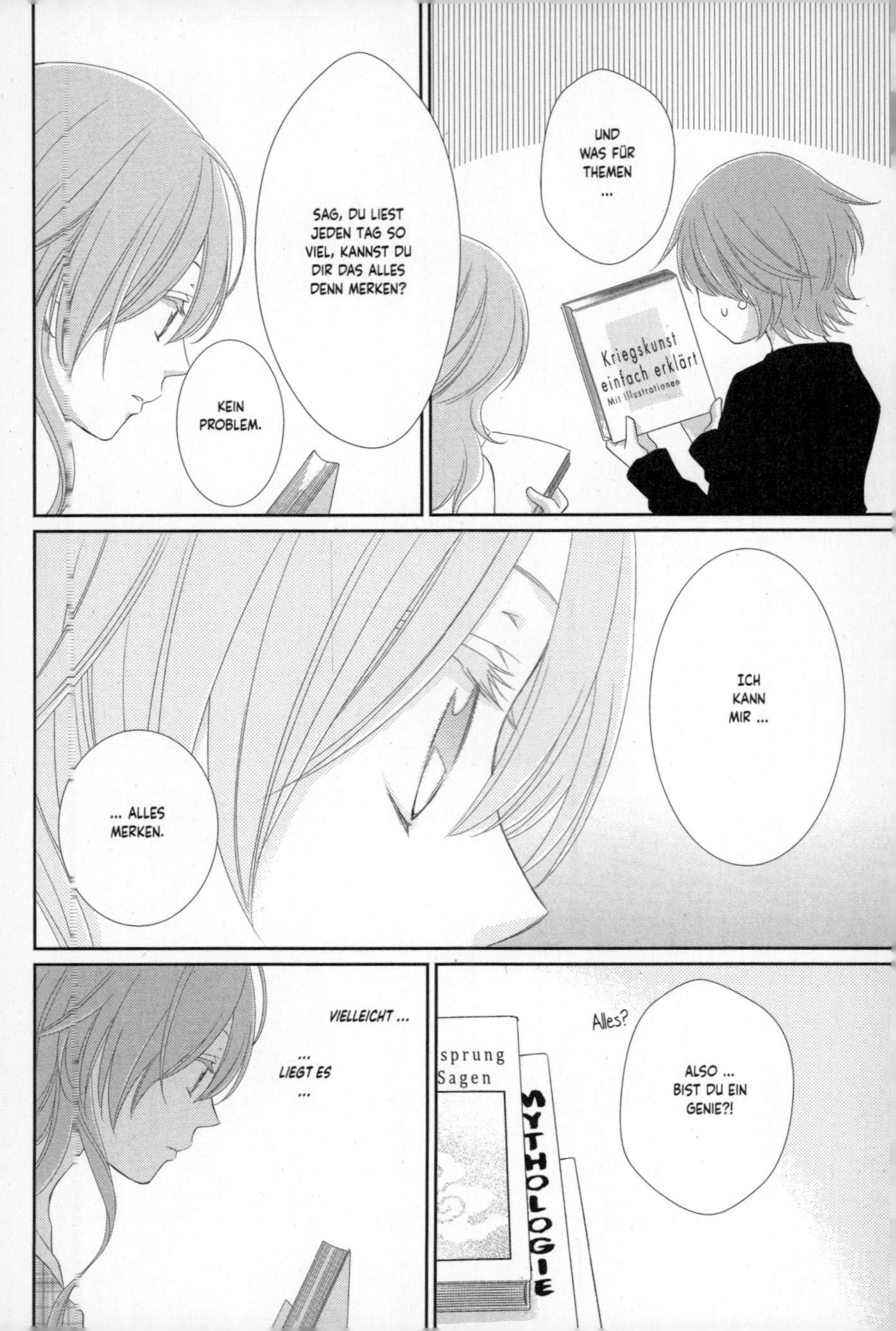
UND WAS FÜR THEMEN ...
Kriegskunst einfach erklärt
Mit Illustrationen
SAG, DU LIEST JEDEN TAG SO VIEL, KANNST DU DIR DAS ALLES DENN MERKEN?
KEIN PROBLEM.
ICH KANN MIR ...
... ALLES MERKEN.
Alles?
ALSO ... BIST DU EIN GENIE?!
sprung
Sagen
MYTHOLOGIE
VIELLEICHT ...
... LIEGT ES ...

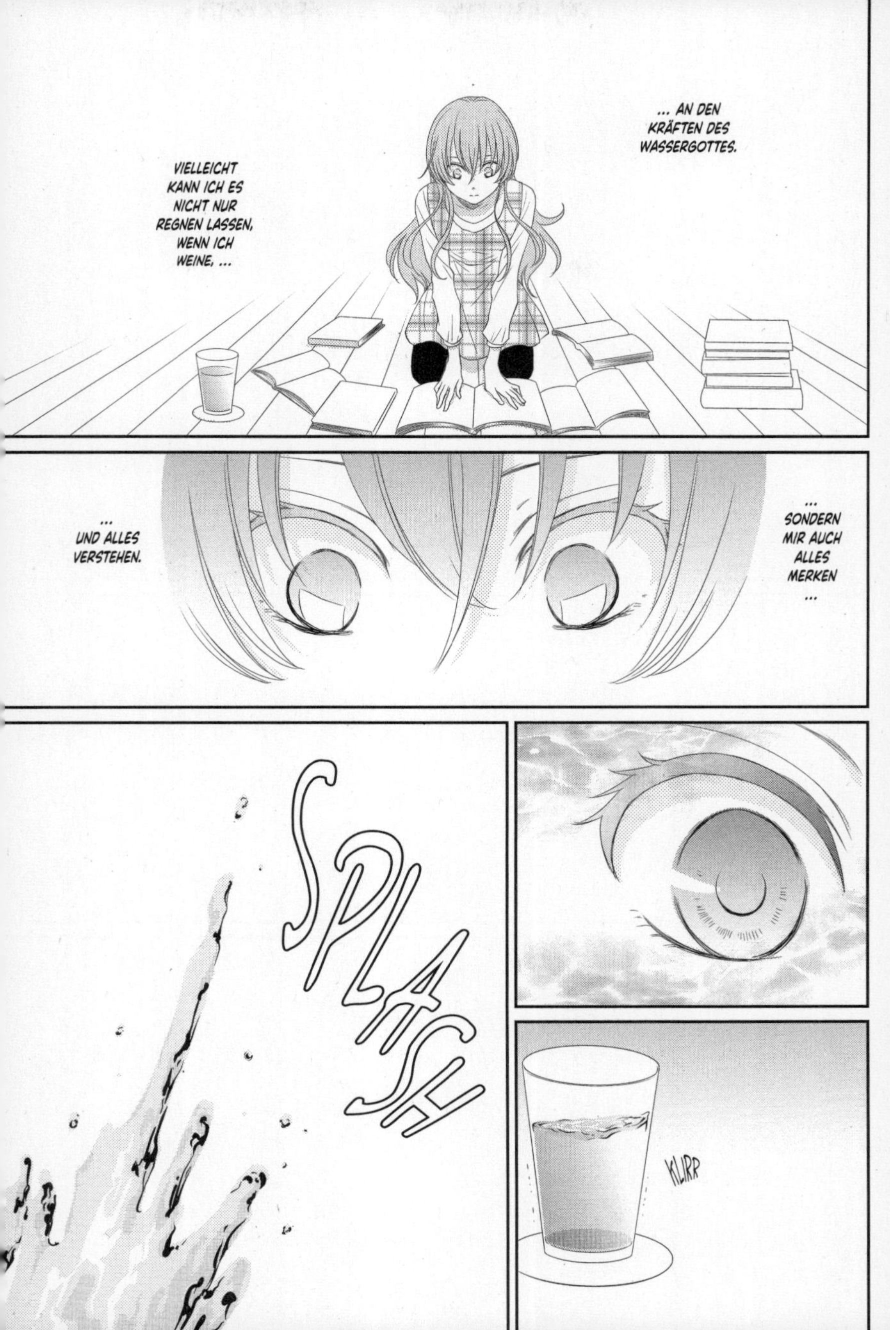
... AN DEN KRÄFTEN DES WASSERGOTTES.
VIELLEICHT KANN ICH ES NICHT NUR REGNEN LASSEN, WENN ICH WEINE, ...
... SONDERN MIR AUCH ALLES MERKEN ...
... UND ALLES VERSTEHEN.
SPLASH
KLIRR

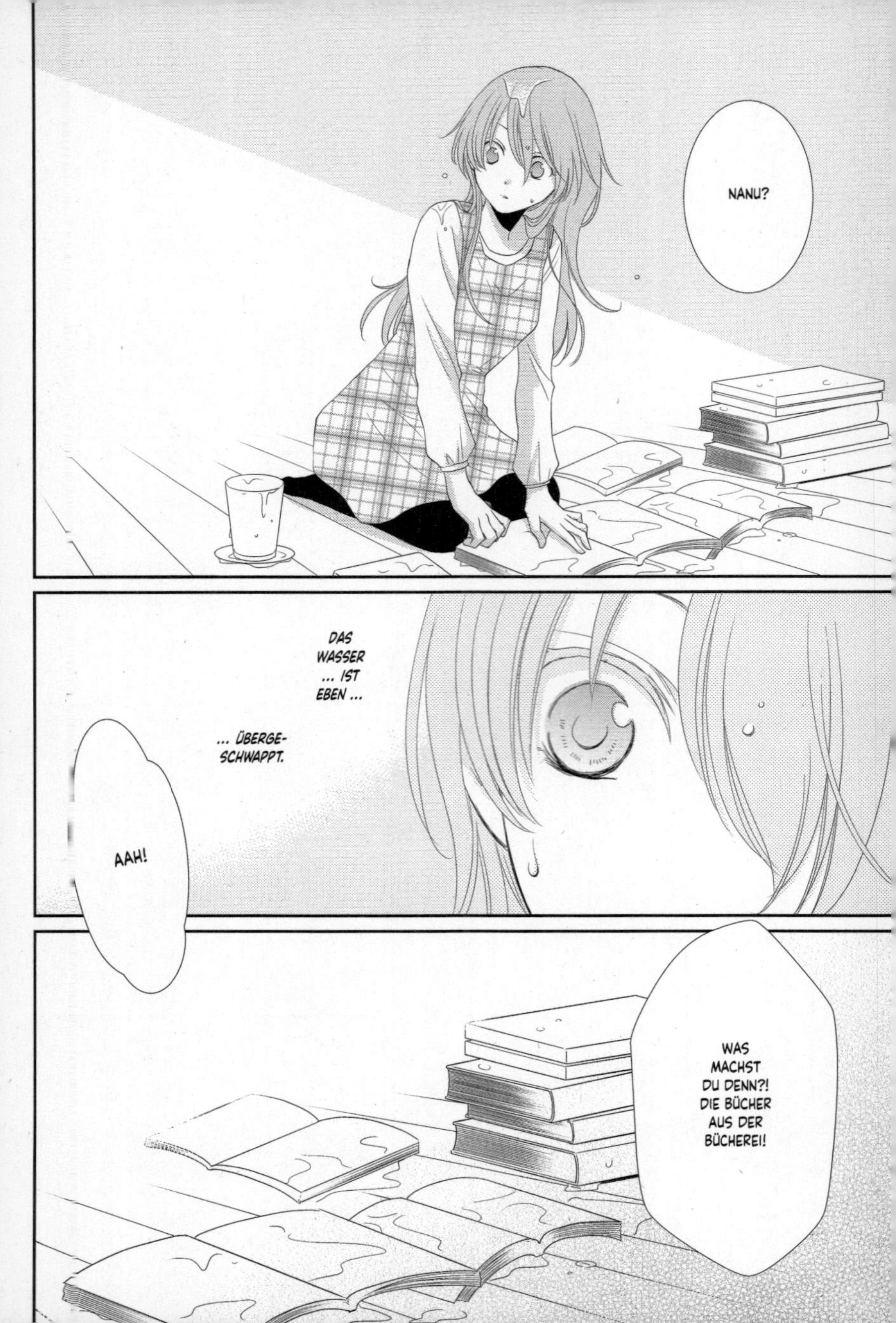
NANU?
DAS WASSER ... IST EBEN ...
... ÜBERGE-SCHWAPPT.
AAH!
WAS MACHST DU DENN?! DIE BÜCHER AUS DER BÜCHEREI!

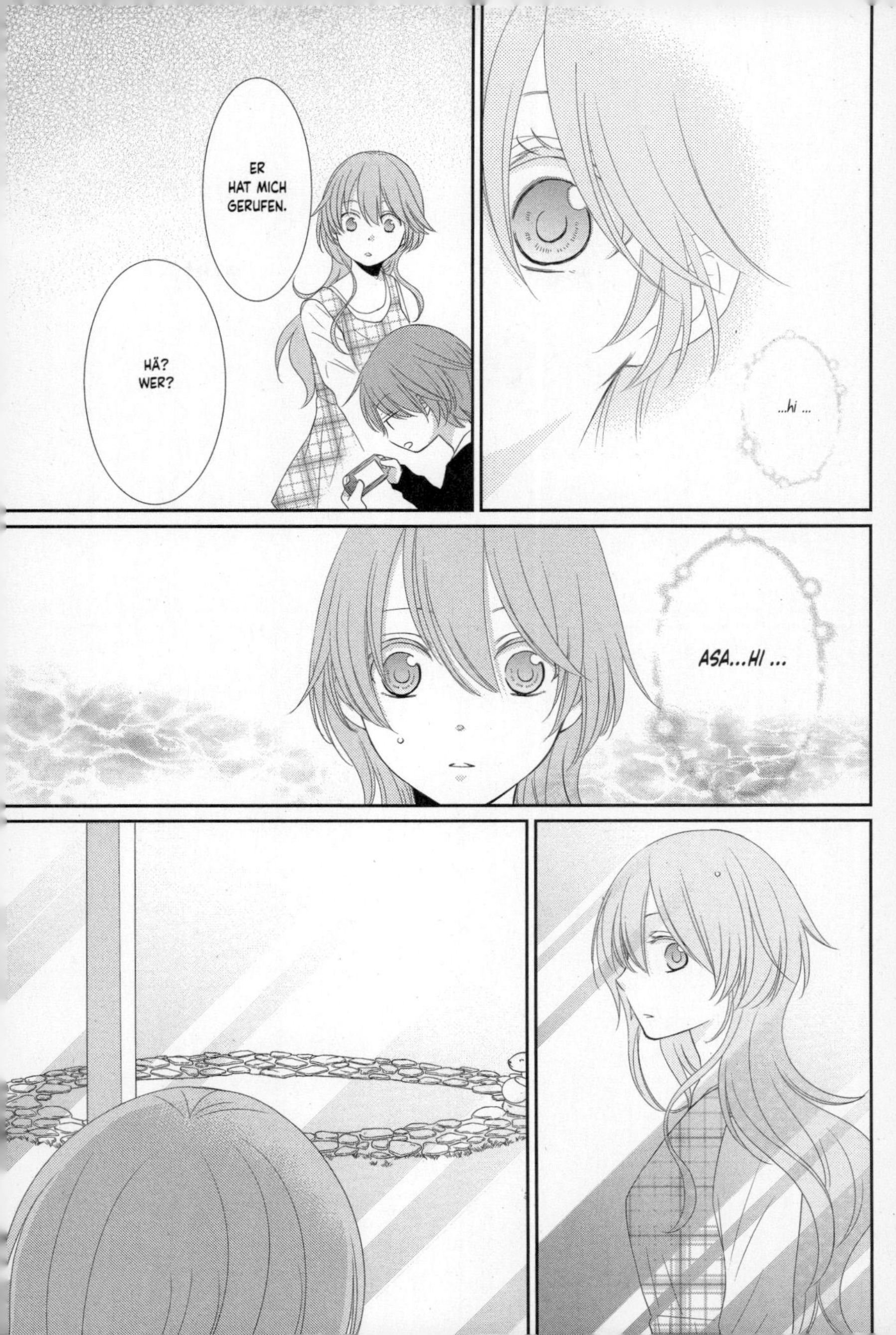
...hi ...
ER HAT MICH GERUFEN.
HÄ? WER?
ASA...HI ...

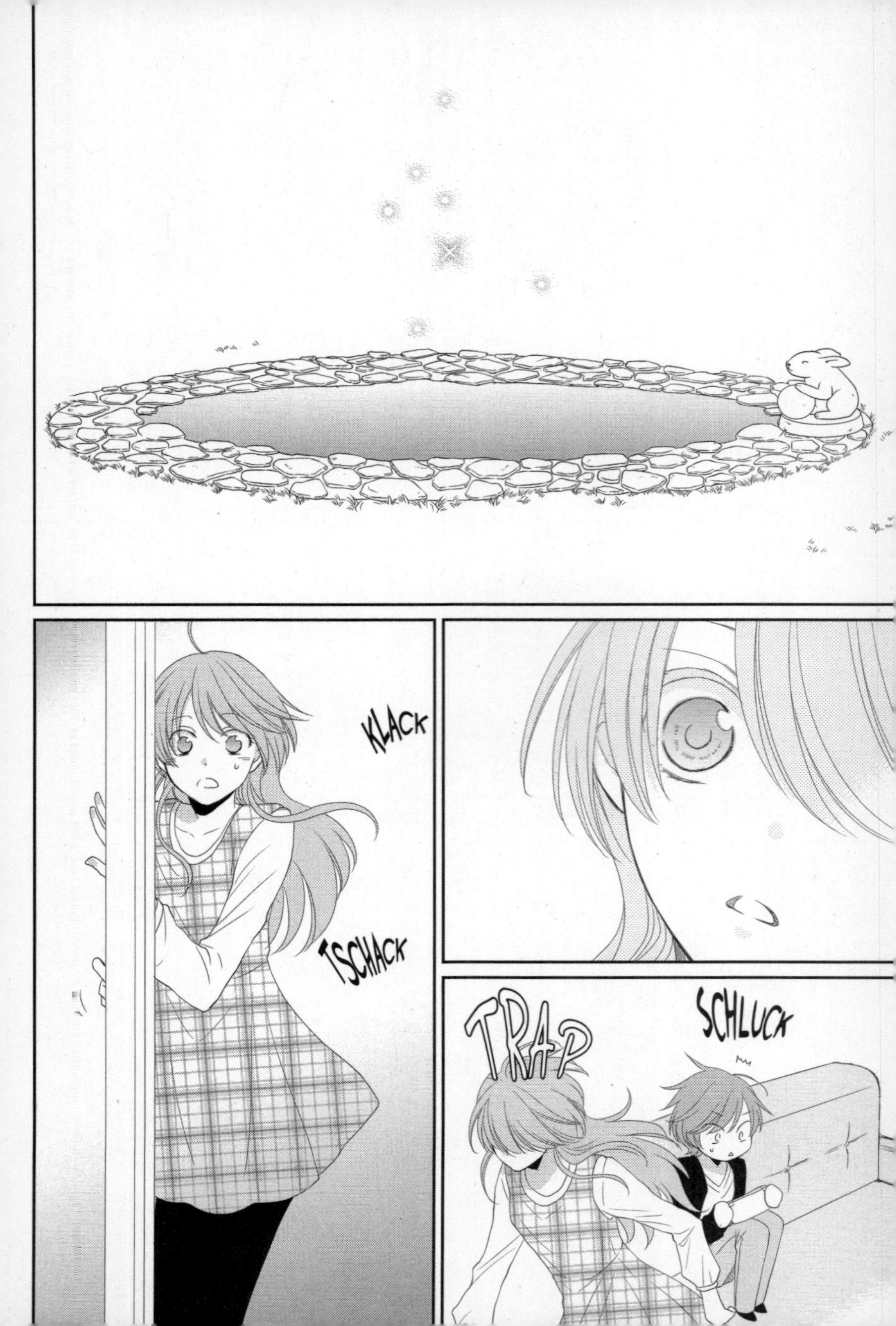

KLACK
TSCHACK
TRAP
SCHLUCK

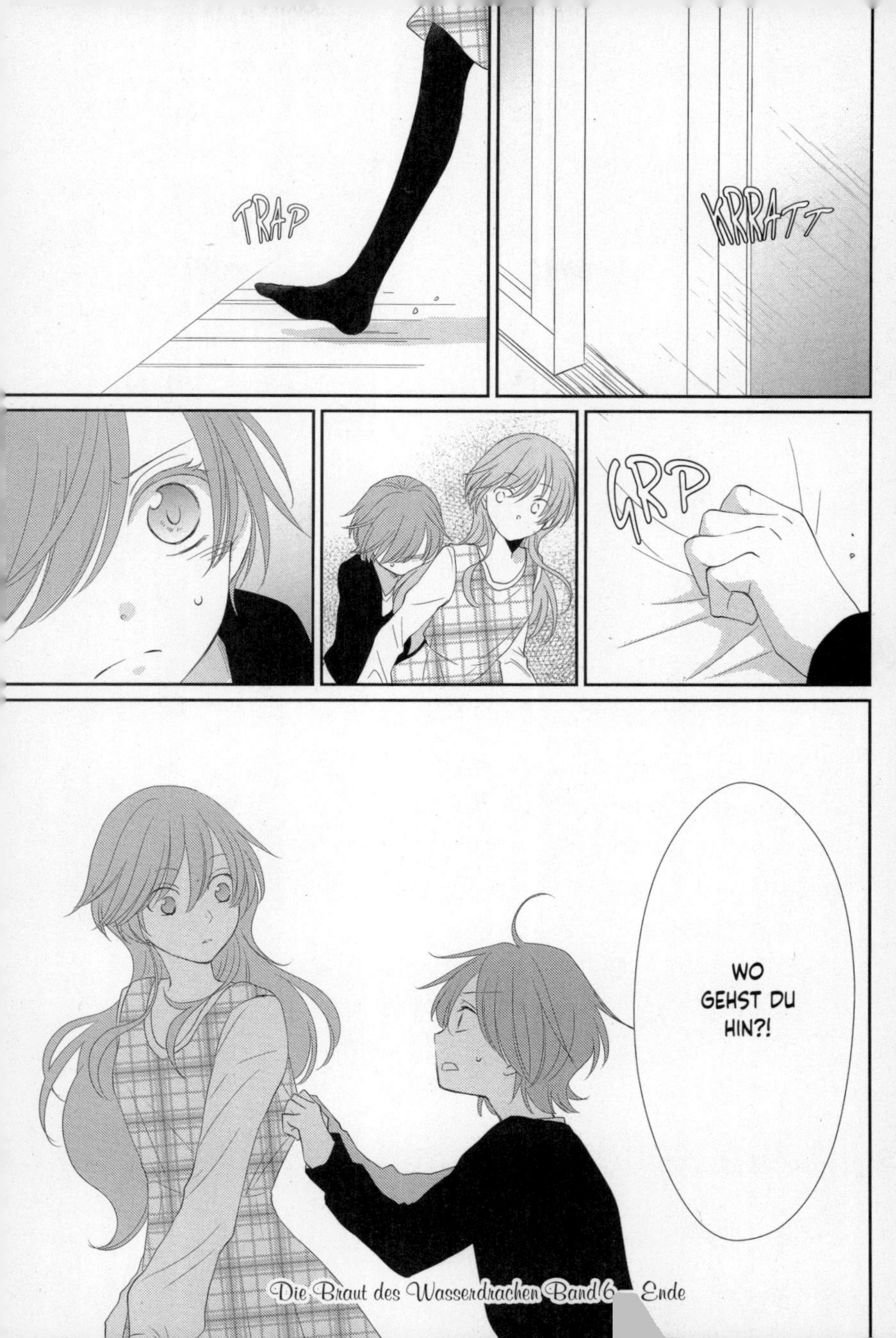
KRRATT
TRAP
GRP
WO GEHST DU HIN?!
Die Braut des Wasserdrachen Band 6 Ende

Ganz-egal-Geschichte ohne Inhalt

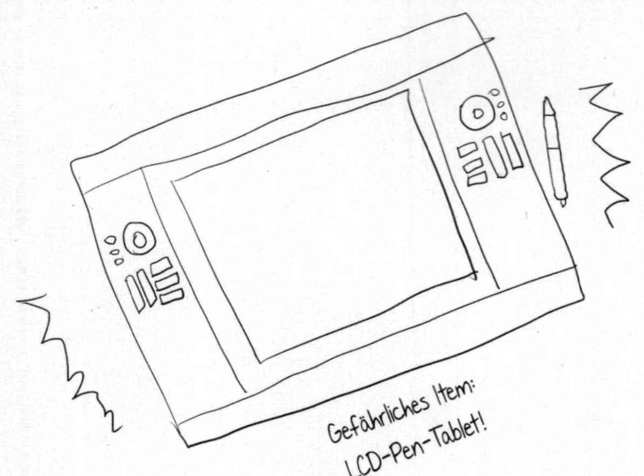

DIE Braut DES Wasserdrachen

Anekdoten vom Wassergott

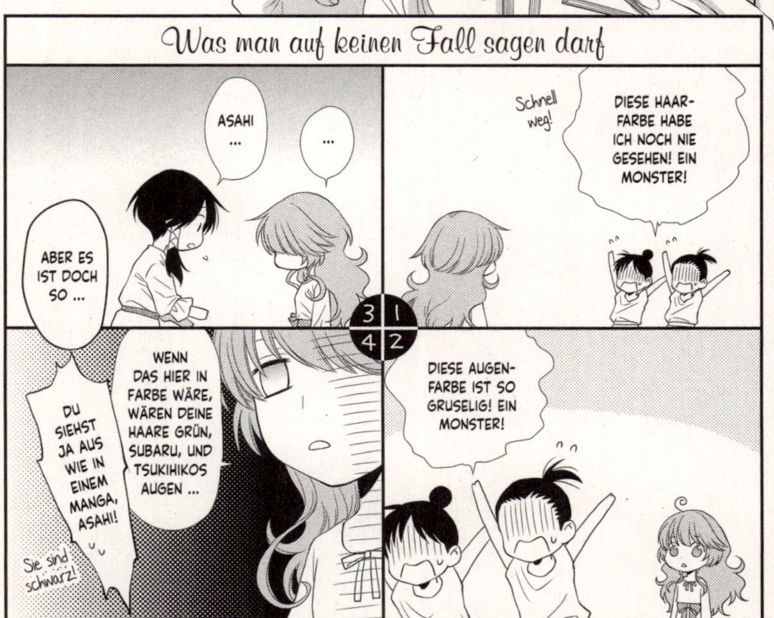

*Dieser Manga hat mit der Hauptstory nichts zu tun.

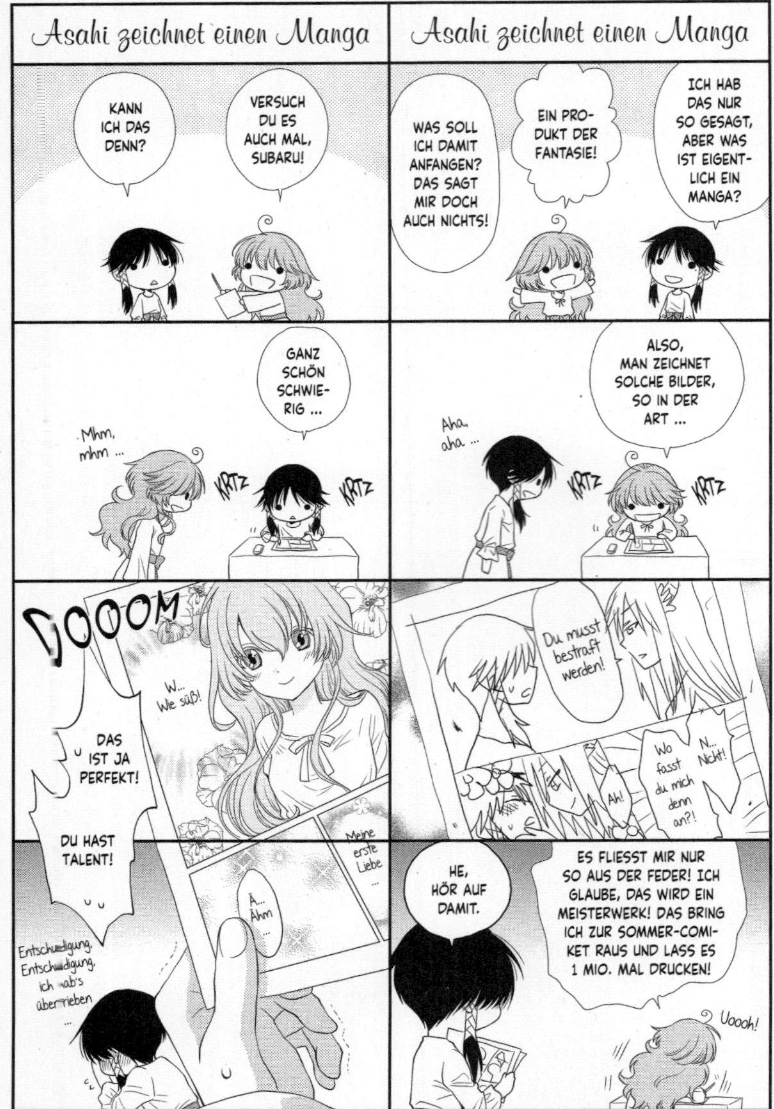
Asahi zeichnet einen Manga
ICH HAB DAS NUR SO GESAGT, ABER WAS IST EIGENTLICH EIN MANGA?
EIN PRODUKT DER FANTASIE!
WAS SOLL ICH DAMIT ANFANGEN? DAS SAGT MIR DOCH AUCH NICHTS!
ALSO, MAN ZEICHNET SOLCHE BILDER, SO IN DER ART ...
KRTZ
KRTZ
Aha, aha ...
N... Nicht!
Wo fasst du mich denn an?!
Ah!
Du musst bestraft werden!
ES FLIESST MIR NUR SO AUS DER FEDER! ICH GLAUBE, DAS WIRD EIN MEISTERWERK! DAS BRING ICH ZUR SOMMER-COMIKET RAUS UND LASS ES 1 MIO. MAL DRUCKEN!
Uoooh!
HE, HÖR AUF DAMIT.
Asahi zeichnet einen Manga
VERSUCH DU ES AUCH MAL, SUBARU!
KANN ICH DAS DENN?
GANZ SCHÖN SCHWIERIG ...
KRTZ
KRTZ
Mhm, mhm ...
DOOOM
W... Wie süß!
DAS IST JA PERFEKT!
DU HAST TALENT!
Meine erste Liebe ...
Ä... Ähm ...
Entschuldigung, Entschuldigung, ich hab's übertrieben ...

Der Wassergott zeichnet einen Manga

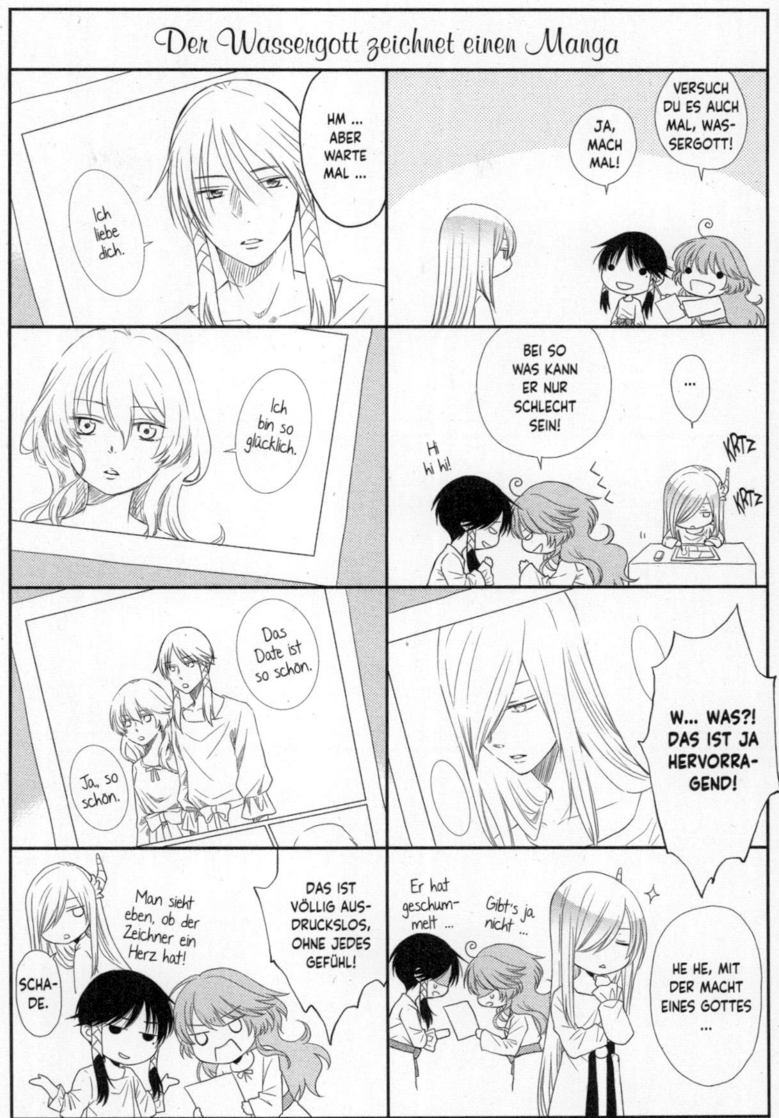

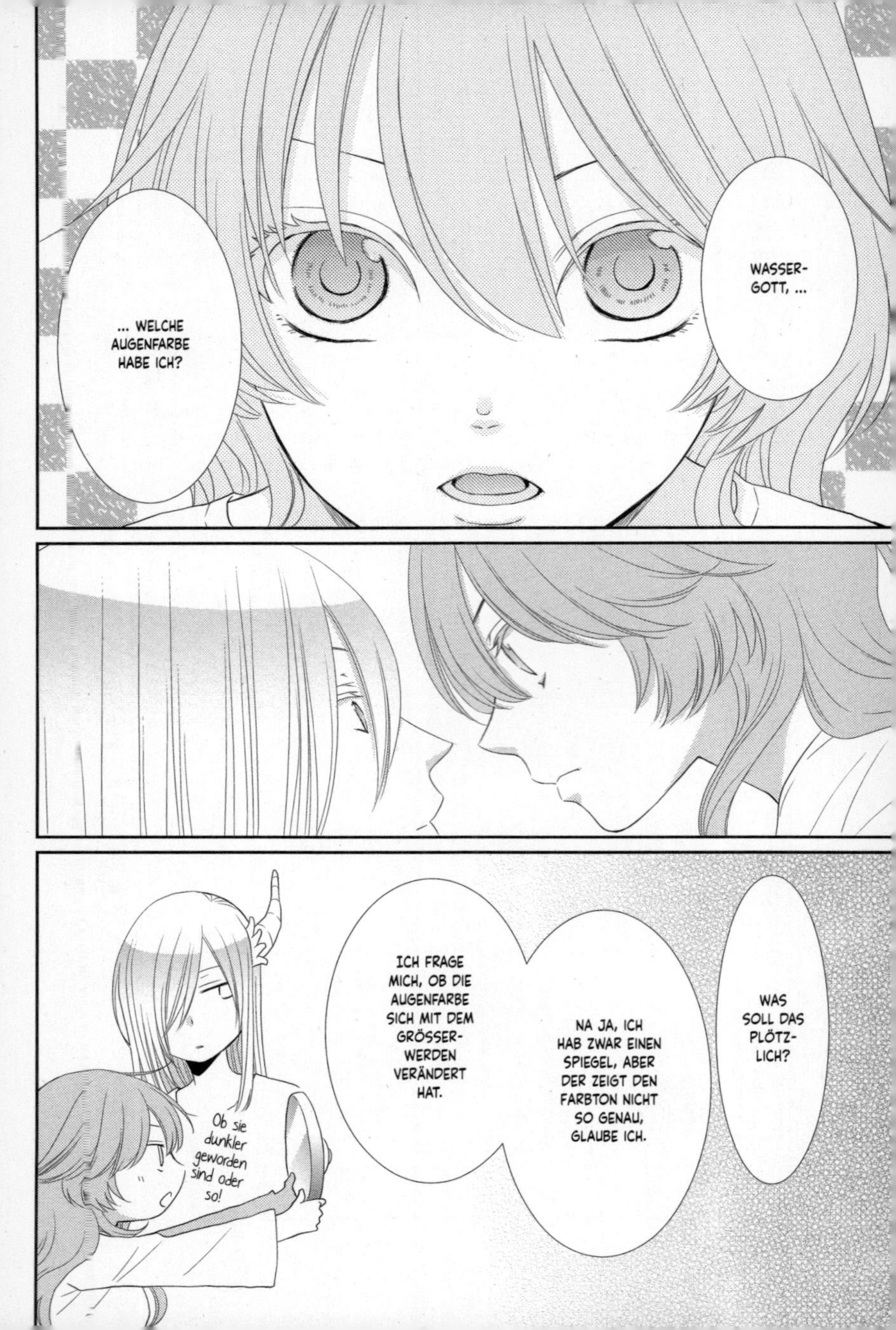
WASSER-
GOTT, ...
... WELCHE
AUGENFARBE
HABE ICH?
WAS
SOLL DAS
PLÖTZ-
LICH?
NA JA, ICH
HAB ZWAR EINEN
SPIEGEL, ABER
DER ZEIGT DEN
FARBTON NICHT
SO GENAU,
GLAUBE ICH.
ICH FRAGE
MICH, OB DIE
AUGENFARBE
SICH MIT DEM
GRÖSSER-
WERDEN
VERÄNDERT
HAT.
Ob sie
dunkler
geworden
sind oder
so!

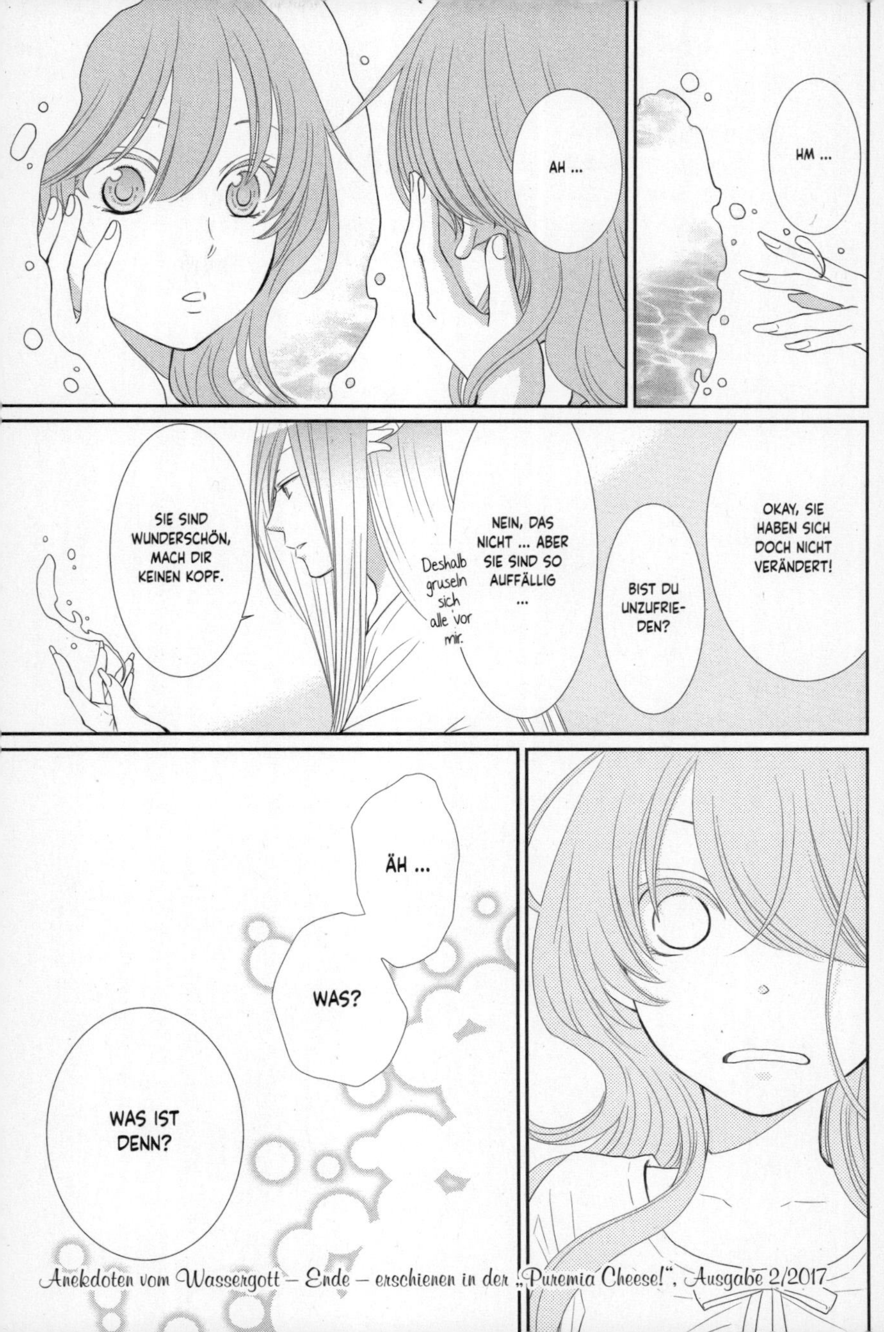

Anekdoten vom Wassergott – Ende – erschienen in der „Puremia Cheese!", Ausgabe 2/2017

Wie immer vielen Dank für eure Post, ich lese sie immer gerne. Darunter waren auch Leser, die schrieben, sie würden zum ersten Mal Fanpost verschicken. Und das an mich! Das ist so nett und freut mich wirklich! Neulich war eine Farbzeichnung von Subaru dabei, die war unglaublich gut, er sah so cool aus! Ich hab mich so gefreut, dass mir jemand eine so schöne Zeichnung schickt. Auch für die vielen anderen, wirklich tollen Zeichnungen ganz herzlichen Dank!

Liebe Grüße!
Rei Toma

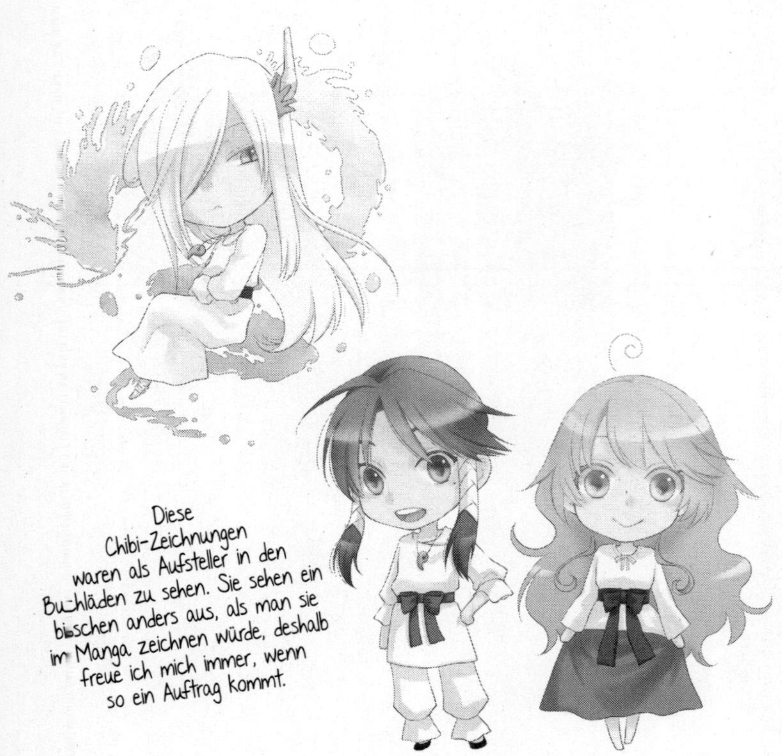

Diese Chibi-Zeichnungen waren als Aufsteller in den Buchläden zu sehen. Sie sehen ein bisschen anders aus, als man sie im Manga zeichnen würde, deshalb freue ich mich immer, wenn so ein Auftrag kommt.

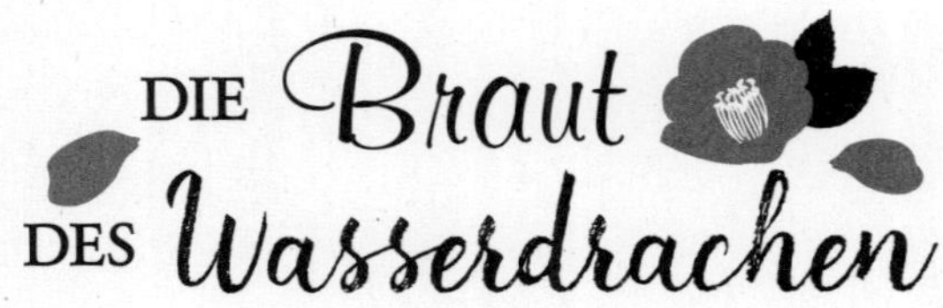

SUIJIN NO HANAYOME Vol. 6
by Rei TOMA

Original Japanese edition published by SHOGAKUKAN.
German translation rights arranged with SHOGAKUKAN.

Verlegt unter dem Label KAZÉ MANGA
durch Crunchyroll SA

Aus dem Japanischen von Dorothea Überall

Redaktion: Christin Tewes
Herstellung: Sonja Lesch
Lettering: Studio CHARON
Druck und Bindung: GGP Media GmbH, Pößneck

ISBN: 978-2-88921-074-9

MONSTERMÄSSIG VERKNALLT

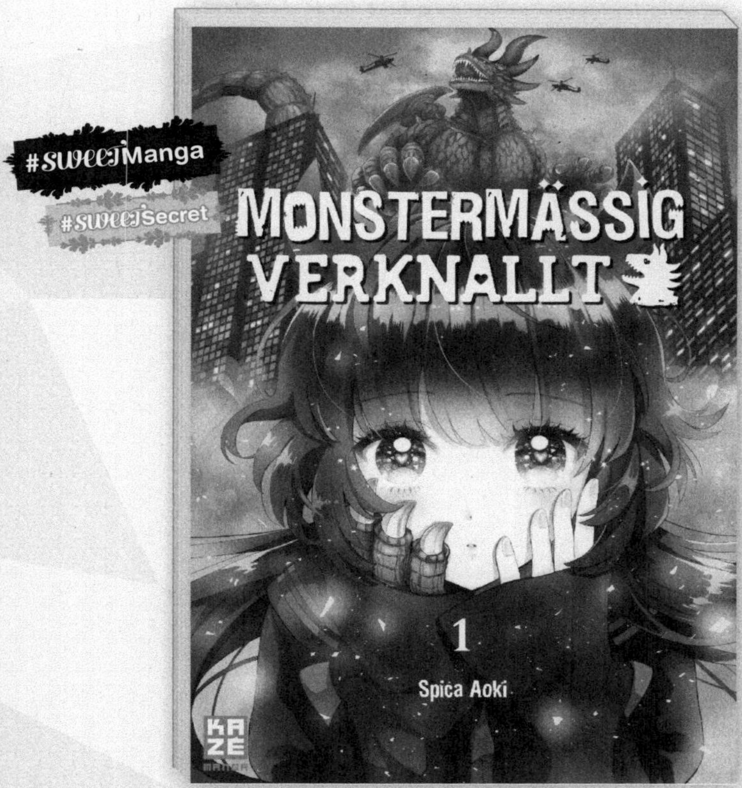

ROMANCE

Liebe im Anzug

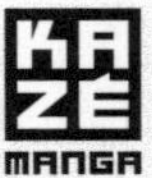

#SWEETManga

#SWEETSecret

KAZE MANGA

1

Hina Sakurada

Liebe im Anzug

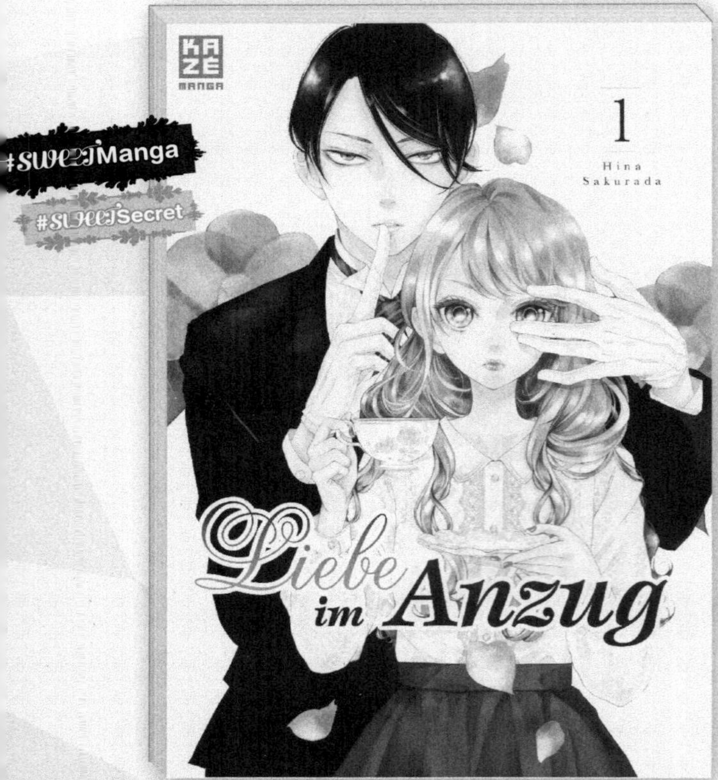

Das Geheimnis des Butlers

Hina Sakurada

Wie unfähig kann ein Butler sein?! Nicht mal kochen kann der! Total genervt rauscht die verwöhnte Oberschülerin Tsubaki aus der Tür, um mit ausgiebigem Shopping ihre Nerven zu beruhigen. Doch dann wird ihr plötzlich ihre Handtasche gestohlen! Haltet den Dieb! Tatsächlich springt ihr ein junger Mann zur Seite, in dessen Hilfsbereitschaft und strubbelige Frisur sie sich sofort verliebt. Tsubaki ahnt nicht, dass sich hinter dem verwegen aussehenden Mann mit Brille ausgerechnet ihr Butler verbirgt …

 www.kaze-online.de   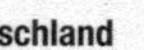 Kaze.Deutschland  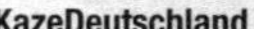 KazeDeutschland